Mayr

Leicht bekömmliche
biologische Küche

Leicht bekömmliche biologische Küche

Von Dipl. Diät-Küchenmeister Peter Mayr

5., überarbeitete Auflage

Karl F. Haug Verlag · Heidelberg

Die Deutsche Bibliothek – CIP-Einheitsaufnahme

Mayr, Peter:
Leicht bekömmliche biologische Küche / von Peter Mayr. –
5., überarb. Aufl. – Heidelberg : Haug, 1994
(Reihe: Ernährung und Diätetik)
ISBN 3–7760–1454–7

Abbildung von Michael Langoth, Fotostudio TRIZEPS,
Zollergasse 9–11, A-1070 Wien

2. Auflage 1986
3. Auflage 1988
4. Auflage 1991
5. Auflage 1994
Titel-Nr. 2454 · ISBN 3-7760-1454-7

Umschlaggestaltung: Haas + Partner Werbeagentur GbR, 68165 Mannheim
Gesamtherstellung: Konkordia Druck GmbH, Bühl/Baden

Inhalt

Einführung 7

Was ist das Besondere dieser Küche? 12

Frühstück 15

Anregungen zum Frühstück 15
Quarkmischungen – Aufstriche 22/25
Frischkornmüsli 29
Keine Angst vor Kalorien! 36
Selbstgemachte Marmeladen 45
Brot und Gebäck aus Vollwertgetreide 55
Der feine Hefeteig 72

Mittagessen 83

Basenvorspeisen – Einfache Salate 83
Kombinierte Salate 101
Milch-Frucht-Mix 113
Basensuppen – Gemüsesuppen 119
Brotsuppen 135
Klare Gemüsesuppen und Suppeneinlagen aus Vollwertgetreide 139
Kaltschalen für heiße Jahreszeiten 158
Fleischlose Gerichte 161
Fleischgerichte vom Kalb 183
Fleischgerichte vom Huhn 201
Innereien 213
Wildgeflügel 219
Lammgerichte 229

Wildgerichte 235
Fleischgerichte vom Rind 247
Fischgerichte 257
Basensaucen aus Gemüse und Kräutern 285
Buttermischungen 306
Beilagen/Kartoffel/Gemüse oder fleischlose Hauptspeisen 307

Dessert 337

Dessertcremes – Soufflés – Warme Getreideaufläufe 337
Gemixte Fruchtsaucen 359
Torten und Kuchen aus Vollwertgetreide 365
Tortencremes – Rouladenfüllungen 375
Rouladen aus Vollwertgetreide 385

Abendessen 393

Schleimsuppen – Suppentöpfe 393
Abendtees 405
Eisparfait – Sorbet 409
Was für Geräte werden benötigt? 419
Fachausdrücke/Bezeichnungen 423
Register 429
Tafelverzeichnis 437

Einführung

Einführung

Vor 7 Jahren erschien erstmals das gemeinsam mit Dr. E. *RAUCH* verfaßte Buch „Milde Ableitungsdiät". Es stellt die Grundlage der vorliegenden Rezeptsammlung dar und behandelt die allgemeinen Richtlinien für gesündere Ernährung. Dort heißt es:

„Richtlinien für gesündere Ernährung können nicht einseitig, nur aus dem Gesichtspunkt der Nahrung erstellt werden! Ernährungsrichtlinien müssen stets sämtliche, den Ernährungsvorgang beeinflussende Faktoren einbeziehen."

Die Mehrzahl dieser Faktoren ist individuell durchaus verschieden und wird in den üblichen Ernährungs- und Kochbüchern überhaupt nicht berücksichtigt. Es ist, als wären sie nicht vorhanden. Diese für den Ernährungs- und Gesundheitszustand des Menschen so wichtigen Faktoren heißen:

1. Die Leistungskraft des Verdauungsapparates (wichtigster, individuell sehr verschiedener Faktor!).

2. Die Eßkultur (Art der Speiseneinnahme, des Kauens, Einspeichelns, der Muße oder Hast beim Essen usw.).

3. Die Nahrungsmenge (sehr variabel!).

4. Die Anzahl der Haupt- und Zwischenmahlzeiten, einschließlich Naschen und Trinken kalorienreicher Getränke (Bier, Wein, gezuckerte Getränke).

5. Die Tageszeiten der Nahrungsaufnahme (besonders der Hauptmahlzeit).

6. Die allgemeinen Lebensbedingungen (Grad der körperlichen Leistung, Bewegung, Sport, Klimafaktoren, psychischer Zustand: Lust- oder Kummeresser, psychogene „Hungerkünstler" usw.).

7. Die Nahrung, ihre Auswahl, Zubereitung und Zusammenstellung.

Alle diese Faktoren sind, wie schon erwähnt, individuell sehr unterschiedlich. Aus diesem Grunde gibt es keine für jedermann gleichermaßen gültige Idealkost, Kochsysteme oder Patentrezepte, und daher sind auch die verschiedenen „alleinseligmachenden" Ernährungssysteme, Mode-Diäten und „Ernährungsweltanschauungen" nie von langer Lebensdauer! Sie berücksichtigen immer nur den Faktor Nahrung und übersehen alle anderen 6 Faktoren. Daher sei auch dieser Schrift die Tatsache vorangestellt:

Die Optimalkost des Menschen ist und bleibt Individualkost!

Es gibt aber einen Weg, der jeden Einzelnen seiner Optimalkost und Optimalernährung zuführt. Es ist der Weg über das heilsame Fasten oder Teilfasten! Dieses dient als stärkste Heilwaffe der Natur der bestmöglichen Normalisierung sämtlicher die Ernährung beeinflussender Faktoren. Die innere Reinigung und Ertüchtigung der Verdauungsorgane durch Fasten führt auch zur Verfeinerung des abgestumpften Nahrungsinstinktes des Zivilisationsmenschen und zu einer individuell richtigeren Auswahl und Aufnahme der Nahrung. Der Mensch verspürt selbst in erhöhtem Ausmaß, **was** und **wieviel** er von dieser oder jener Nahrung benötigt. Diese für die Ernährung grundlegenden Zusammenhänge sind in den Standardwerken von Dr. med. F. X. *Mayr* und in den allgemein verständlichen Schriften von Dr. med. E. *Rauch* klar dargestellt worden.

Auch der **Zubereitung und Zusammenstellung der Nahrung** kommt eine gesundheitlich wesentliche Rolle zu. Diese wurde im eingangs angeführten Grundlagenbuch „Milde Ableitungsdiät" abgehandelt, wobei Richtlinien für die Zubereitung von Gemüsen, Getreiden, Fleisch, Fisch und des weiteren für die Verwendung von Fetten, Gewürzen und die Zusammenstellung der Gerichte aus der Sicht des Säure-Basen-Haushaltes gegeben wurden. In diesen Rahmen fügen sich die hier vorliegenden Kochrezepte der „Leicht bekömmlichen biologischen Küche" ein. Dabei geht es vor allem um die küchentechnischen Hinweise bei der Verwendung verschiedener biologisch hochwertiger Lebensmittel und um deren möglichst bekömmliche, d. h. relativ leicht verdauliche Zubereitungsart. Gewiß sind vollwertige Lebensmittel vielfach schwerer verdaulich als ihre industriell bearbeiteten verfeinerten Produkte, aber keineswegs immer.

Wesentliches hängt gerade hier – neben der individuell verschiedenen Verdauungskraft der einzelnen Konsumenten – von der Art der Zubereitung und der Zusammenstellung des gesamten Menüs ab.

Da, wie angeführt, die geeignetste Kost für jeden Menschen verschieden ist, können wir mit unseren Rezepten keine allgemein gültigen Empfehlungen verknüpfen. Wir bieten **Anregungen** zur Auswahl des Geeigneten, **Antworten** aus der küchentechnischen Praxis auf die Fragen, die in unseren Kochvorträgen, Kursen und Vorführungen immer wieder gestellt werden, sowie **Informationen,** die der Bestätigung, der Neuorientierung oder der Erweiterung und Bereicherung des eigenen Kochplanes dienlich sein können.

Mit dem Wunsche, möglichst vielen Lesern und Jüngern der edlen Kochkunst günstige, individuell bekömmliche Anregungen zu vermitteln, wünschen wir gutes Gelingen und

Guten Appetit!

Juni 1981
Gesundheitszentrum
am Wörthersee
A-9082 Dellach

Peter Mayr

Dipl. Diät-Küchenmeister
und Mitarbeiter

Was ist das Besondere dieser Küche?

Die leicht bekömmliche biologische Küche ist:

1. eine Basiskost für relativ Gesunde, die bestrebt sind, mit Hilfe geeigneter Kostformen ihren Ernährungs- und Gesundheitszustand aufrechtzuerhalten oder sogar noch tunlichst weiter zu verbessern.

2. Eine Basiskost für viele Kranke, die – unabhängig von ihrer jeweils benötigten ärztlichen Behandlung – erkannt haben, daß der Weg zur Gesundheit nicht allein durch die Apotheke führen muß, sondern – oftmals sogar erfolgreicher – durch die Küche! Geeignete Kostformen, richtig zubereitet, können viele Gesundungsvorgänge im Organismus grundlegend unterstützen. Zu Beginn einer solchen Ernährungstherapie, die verständlicherweise zuvor vom Arzt „abzusegnen" ist, hat sich längst in vielen tausenden Fällen die „MILDE ABLEITUNGSDIÄT" als besonders hilfreich erwiesen. Sie wurde als Vorläuferschrift des vorliegenden Buches mit zahlreichen Kochrezepten genau beschrieben.[*] Da es sich dabei aber um keine Dauerkost handelt, sollte man im Anschluß daran auf „Die leicht bekömmliche biologische Küche" übergehen.

Die leicht bekömmliche biologische Küche

stellt eine biologische Basiskost und damit eine grundlegend gesundheitsfördernde und -erhaltende Kostform dar. Dabei sollte man auf möglichst vollwertiges – tunlichst durch keine Umweltgifte beeinträchtigtes –, einwandfreies, naturbelassenes, biologisches Ausgangsmaterial achten; weiterhin die jeweils einfachsten, die Vitalstoffe erhaltenden Zubereitungsformen wählen und verständlicherweise konsequent die sattsam bekannten ungesunden und verdauungsbelastenden Herstellungsweisen vermeiden: Gebackenes, Paniertes, Geröstetes, Eingebranntes und schwimmend im Fett Zubereitetes. Auf biologisch „leere" Kalorienträger wie Auszugsmehl,

---

[*] *Rauch/Mayr*, Milde Ableitungsdiät, 9. Auflage, Karl F. Haug Verlag, Heidelberg 1986.

Weißgebäck, Kuchen, Zucker und Zuckerträger aller Art ist ebenso zu verzichten, wie auf Fleischbrühen, „Packerlsuppen", Fertigbouillons, Konserviertes u. a. m.

Stattdessen sollten einfach herzustellende, biologisch wertvolle, leicht bekömmliche und gleichzeitig hervorragend schmackhafte Menüs die Freude am „gesunden Essen" erhöhen und sich durch Verbesserung des Allgemeinbefindens, der Leistungsfähigkeit und des Gesundheitszustandes auswirken.

Übergewicht – Risikofaktor

Die nährwertmäßig ausgerechneten Rezepte vermitteln dem Übergewichtigen eine Kontrolle über die von ihm zugeführten Kalorien. Sie geben ihm aber auch eine praktische Grundlage, eigene kalorienreduzierte Kostpläne zu gestalten. Eine solcherart zubereitete schmackhafte biologische Küche kann die Erreichung des individuellen Normal- oder sogar Idealgewichtes entscheidend unterstützen. Dabei soll nie auf die kulinarischen Freuden verzichtet werden. Allerdings gehört ein langsames genußvolles Essen und gründlichstes Auskauen mit Ausschmecken jeden Bissens als besonders wirkungsvolle Hilfsmaßnahme jeder gesunden Ernährungsweise dazu. Das Genießen des Essens ist immer zu bejahen, aber nicht das Genießen durch Konsum großer Mengen, sondern durch hochwertige biologische Qualität.

Extragerichte für einzelne Familienangehörige

Bei der *leicht bekömmlichen biologischen Küche* erübrigen sich alle Extratouren für einzelne, etwa besonders empfindliche oder heikle Familienmitglieder. Denn diese Küchenform ist reizarm, fettarm, geschmackvoll und gleichzeitig allgemein leicht bekömmlich. Auch der Diabetiker findet die wichtigen Berechnungen für die empfohlenen Vollwertgerichte und kann sich ohne Schwierigkeiten danach verhalten.

Ein persönlicher Tip

Es ist nicht ratsam, Angehörige, Freunde und Gäste vom gesundheitlichen Wert der beschriebenen Küchenform mit Worten überzeugen zu wollen. Durch mangelnde Aufklärung haben noch die wenigsten Zeitgenossen ein Verständnis für die enorme Bedeutung einer gesundheitsfördernden Küche. Ja viele lehnen eine solche sogar ab, weil sie sie mit Fehlvorstellungen verbinden, die oft auch durch das Wirken fanatischer Ernährungsapostel entstanden sind, die ihre Diäten als Allheilmittel und oft wie eine eigene Religion zu verkaufen versucht haben. Viel besser ist es hingegen, mit viel Freude, Liebe und ein wenig Geschick ein leicht bekömmliches biologisches Essen herzustellen und seine Gäste damit zu bewirten. Erst wenn es wirklich geschmeckt hat, kann man dann auch ein wenig von Gesundheit sprechen.

Und zuletzt

Diese Küchenform ist für den, der sich einmal etwas darin eingearbeitet hat, nicht zeitaufwendig. Sie kostet weniger als die herkömmlichen Küchenarten, bringt aber letztlich wesentlich mehr.

Frühstück

*Anregungen
zum
Frühstück*

Frühstücke wie ein König,
iß mittags wie ein Bürger
und abends wie ein Bettler

Frühstücksgetränk

Malzkaffee mit Milch, Kräutertees, dünn gebrühter Schwarztee mit Milch oder Sahne. Kräutertee mit Milch oder Honig und Zitrone, Milch pur oder mit Malzkaffee, Sauermilch, Bioghurt, Biogarde.

Gemischter Kräutertee
Hagebuttenschalen 50 g,
Erdbeerblätter 20 g,
Lindenblüten 20 g,
Thymian 10 g.

1–2 TL der Kräutermischung mit ¼ l kochendem Wasser überbrühen, 10 Minuten ziehen lassen, mit 1–2 TL Honig anreichern*.

Frühstücksgebäck

Selbstzubereitetes Vollwertbrot (Seite 62), Weizenvollwertbrot, Dinkelbrote aus feinst gemahlenem Vollwertgetreide, feines Knäckebrot, Grahambrot, Laktosebrot von Lubig u. a.

---

* Aus *Rauch, E.*: Natur-Heilbehandlung der Erkältungs- und Infektionskrankheiten. Karl F. Haug Verlag, Heidelberg.

Alle Nährwertberechnungen wurden nach der großen Nährwert-Tabelle von Prof. Dr. med. *H.-D. Cremer* gemacht (Gräfe und Unzer, München).

Abkürzungen:

Ew	=	Eiweißgehalt
F	=	Fettgehalt
KH	=	Kohlenhydratgehalt
kcal	=	Kilokalorie
kJ	=	Kilojoule

Da sich die Kilojoule nicht wie erwartet durchgesetzt hat, wurden sämtliche Berechnungen nur mit Kalorienangabe gemacht.
Die Umrechnung ist denkbar einfach.

$$1 \text{ kcal} = 4{,}184 \text{ kJ}$$

Die empfohlene Nährwertrelation:

50% KH
30% F
20% Ew

evtl. Frühstücksmüsli

Aus frisch geschrotetem unbehandeltem Vollwertgetreide (Seite 34).

Aufstriche

Butter, Reformhausmargarine (Diäsan usw.), Liptauer Käse mit kaltge-preßtem Öl und frischen Kräutern (Seite 25), Quarkaufstriche (Seite 23, 25), Butterkäse, Rahmkäse, Hüttenkäse, Gervais, Camembert.

Beilagen

Evtl. geringe Menge selbstgemachter Fruchtmarmelade (Seite 47), z.B. Banane, Apfel, Melone oder andere reife Fruchtarten; Tomate, Radieschen, Gurke.

Des weiteren: evtl. Käse (wie Camembert, Emmentaler usw.) oder Ei (weich oder im Glas usw.) oder Rinderschinken, Bündner Fleisch u. ä.

Maßangaben

1 Eßlöffel (EL)	15 ccm
1 Teelöffel (TL)	5 ccm
1 Tasse	235 ccm

Bitte probieren Sie selbst aus, welche Ihrer Löffel und Tassen diesen Angaben am besten entsprechen und benutzen Sie dann ausschließlich diese als Maßeinheiten.

Da der Weizen häufig Allergien auslösen kann, ist der Dinkel empfehlenswert.

Verschiedene Frühstücksvorschläge

Variante I

Frischkornmüsli (Seite 34),
Malzkaffee mit Milch,
Weizenvollwertbrot oder -brötchen (Seiten 61–75),
Butter, Liptauer Käse mit frischen Gartenkräutern,
(Brotaufstrich I, Seite 25).

Variante II

Banane, Apfel oder andere reife Fruchtarten,
Kräutertee mit Orangen- oder Zitronensaft,
Weizenvollwertbrot oder -brötchen (Seiten 61–75).
Weichgekochtes Ei oder Rührei.

Variante III

Apfel-Karotten-Rohkost (Seite 90),
Malzkaffee mit Milch,
Weizenvollwert-Mischbrot oder -Brötchen (Seiten 61–75),
Hüttenkäse, Butterkäse (oder fettarmer Rinderschinken).

Variante IV

Frischkornmüsli (Seite 34),
dünngebrühter Schwarztee mit Milch oder Sahne
(evtl. Weizenvollwert-Mischbrot oder -Brötchen),
Reformhausmargarine.

Variante V

Apfel oder Birne oder Tomate,
gemischter Frühstückskräutertee (Seite 17)
und Honig und Zitrone,
Weizenvollwert-Mischbrot oder -Brötchen,
Cornflakes oder Haferbrei (Seite 41),
Butter mit Camembert.

Variante VI

Frischkornmüsli (Seite 34),
Milch mit Malzkaffee,
Weizenvollwertbrot oder -brötchen (Seiten 61–75),
Quarkmischungen mit Sahne (Seite 22),
Hüttenkäse oder Gervais.

Tip:

Statt Weizen kann auch Dinkel genommen werden (ungespritzt).

Quarkmischungen

Quarkmischungen mit kaltgepreßten Pflanzenölen und frischen Garten-kräutern sind in verschiedenen Variationen als Brotaufstrich zum Früh-stück und zum Abendbrot empfehlenswert.

Die Zugabe von Sahne und frischen Kräutern zum Quark sorgt für Basen-zufuhr und Geschmacksaufwertung. Quark soll so frisch wie möglich sein. Je länger er lagert, desto säuerlicher wird er. Quarkmischungen sollen im Mixer auch stets frisch zubereitet werden. Kurzzeitige Lagerung im Kühl-schrank ist möglich (in einer Glasschüssel mit Klarsichtfolie zugedeckt). Die Mischung soll aber vor Verwendung gut durchgerührt werden, damit der Quark wieder glatt und geschmeidig wird*.

---

*   Weitere Quarkaufstriche sind dargestellt in *Rauch/Mayr:* Milde Ableitungsdiät.
    Karl F. Haug Verlag, Heidelberg.

Kräuterquark

Kräuterquark I *4 Portionen*

250 g Magerquark, 6 EL süßer Rahm (60 g), 2 EL kaltgepreßtes Sonnenblumenöl, ¼ TL Kümmel, gemahlen, ½ TL Kresse, frisch und feingehackt, eine Prise Meersalz.

Kräuterquark II *4 Portionen*

250 g Magerquark, 6 EL süßer Rahm (60 g), ½ TL Thymianblätter, frisch, ½ TL Basilikumblätter, frisch, 2 EL kaltgepreßtes Sonnenblumenöl, eine Prise Meersalz.

Kräuterquark III *4 Portionen*

250 g Magerquark, 6 EL süßer Rahm (60 g), 2 EL kaltgepreßtes Sonnenblumenöl, ½ TL Sauerampfer, frisch gehackt, ½ TL Bohnenkraut, frisch gehackt, eine Prise Meersalz.

Kräuterquark von I–VI pro Portion:	11,10 g Ew
	12,00 g F
	1,60 gKH
	159 kcal

Kräuterquark IV *4 Portionen*

*250 g Magerquark, 6 EL süßer Rahm (60 g), 2 EL kaltgepreßtes Sonnenblumenöl,
¼ TL Kümmel, gemahlen, ½ TL Dillkraut, frisch und feingehackt, eine Prise
Meersalz.*

Kräuterquark V *4 Portionen*

*250 g Magerquark, 6 EL süßer Rahm (60 g), ½ TL Schnittlauch, feingeschnitten,
½ TL Petersilie, feingewiegt, 2 EL kaltgepreßtes Sonnenblumenöl, eine Prise Meersalz.*

Kräuterquark VI *4 Portionen*

*250 g Magerquark, 6 EL süßer Rahm (60 g), 2 EL kaltgepreßtes Sonnenblumenöl,
½ TL Kerbelkraut, frisch, ½ TL Majoranblätter, frisch, eine Prise Meersalz.*

Tip:
Anstatt süßen Rahms kann natürlich auch Milch genommen werden!

Zubereitung
Den Quark mit allen Zutaten gut vermischen.

Quark-Brotaufstriche

Brotaufstrich I *4 Portionen*

35 g Butter, 250 g Magerquark, ½ TL Schnittlauch, ½ TL Basilikum, frisch, ¼ TL Paprika, edelsüß, ½ TL Kümmel, gemahlen, 3 Stück Salbeiblätter, frisch.
6 EL Sahne, 10 g Zwiebel, 20 g Gewürzgurke.
Eine Prise Meersalz.

Butter schaumig rühren und mit dem Quark und den frisch gehackten Kräutern sowie Gewürzen gut vermischen. Die Sahne im Mixglas mit Zwiebel und Gewürzgurke mixen und zuletzt unter die Quarkmasse mischen. Mit einem Schneebesen gut durchrühren.

Quark-Brotaufstriche von I–V pro Portion:	11,10 g Ew
	13,10 g F
	2,00 g KH
	171 kcal

Brotaufstrich II *4 Portionen*

35 g Butter, 250 g Magerquark, ½ TL Kerbelkraut, frisch, 4 Stück Minzenblätter, frisch, ½ TL Kümmel, gemahlen.
6 EL Sahne, 15 g Paprikaschoten, 15 g Karotten.
Eine Prise Meersalz.

Butter schaumig rühren und mit dem Quark und den frisch gehackten Kräutern sowie Gewürzen gut vermischen. Die Sahne im Mixglas mit Paprikaschoten und Karotten mixen und zuletzt unter die Quarkmasse mischen.

Brotaufstrich III *4 Portionen*

35 g Butter, 250 g Magerquark, ½ TL Kümmel, gemahlen, ½ TL Kerbel- oder Bohnenkraut, frisch.
6 EL Sahne, 20 g Zucchinigemüse, 20 g Fenchelgemüse.
Eine Prise Meersalz.

Butter schaumig rühren und mit dem Quark und frisch gehackten Kräutern sowie Gewürzen gut vermischen. Die Sahne im Mixglas mit Zucchini- und Fenchelgemüse mixen und zuletzt unter die Quarkmasse mischen.

Brotaufstrich IV *4 Portionen*

35 g Butter, 250 g Magerquark, ½ TL Kümmel, gemahlen, ½ TL Fenchelkraut, frisch.
6 EL Sahne, 30 g Tomaten (geschält und entkernt), 10 g grüne Paprikaschote.
Eine Prise Meersalz.

Butter schaumig rühren und mit dem Quark und den frisch gehackten Kräutern sowie Gewürzen gut vermischen. Die Sahne im Mixglas mit Tomaten und grüner Paprikaschote mixen und zuletzt unter die Quarkmasse mischen.

Brotaufstrich V *4 Portionen*

35 g Butter, 250 g Magerquark, ½ TL Thymianblätter, frisch, ½ TL Kümmel, gemahlen, ½ TL Dillkraut.
6 EL Sahne, 1 EL kaltgepreßtes Sonnenblumenöl, 20 g Bierrettich, geschält, 10 g Radieschen, geschält.
Eine Prise Meersalz.

Butter schaumig rühren und mit dem Quark und den frisch gehackten Kräutern sowie Gewürzen gut vermischen. Die Sahne im Mixglas mit kaltgepreßtem Sonnenblumenöl, Bierrettich und Radieschen mixen und zuletzt unter die Quarkmasse mischen.

Avocadoaufstrich mit Ei *4 Portionen*

4 Stück Avocados, gut weich, 200 g, 4 hartgekochte Eidotter, etwas Salz, weißer Pfeffer aus der Mühle.

Avocados der Länge nach durchschneiden, etwas drehen und den Kern herausnehmen. Dann mit Hilfe eines Löffels das Fruchtfleisch herauslösen und durch ein Sieb drücken oder im Mixer pürieren. Eidotter ebenfalls passieren und alles mit Salz und Pfeffer aus der Mühle gut würzen.

Pro Portion:	3,80 g Ew
	17,20 g F
	1,80 g KH
	177 kcal

Vitaminaufstrich *4 Portionen*

150 g Karotten, 100 g Sellerie, 2 EL Sahne, 2 TL Hefeflocken, 1 TL Sojasauce, etwas Salz, 7 g Butter.

Das Gemüse weichdämpfen und im Mixglas oder mit dem Mixstab unter Beigabe der Zutaten pürieren. Sofort servieren!

Pro Portion:	10,80 g Ew
	2,50 g F
	4,80 g KH
	48 kcal

Frischkornmüsli

Frischkornmüsli

Für ein Müsli aus Frischkorngetreide stehen zahlreiche Grundgetreide-arten wie Hafer, Weizen, Gerste, Buchweizen usw. zur Auswahl. Am leich-testen verdaulich ist das Müsli aus Haferflocken. Wird es gut vertragen, kann man es auch mit Weizen, Gerste oder Buchweizen versuchen. Die gleichzeitige Verwendung von mehreren verschiedenen Getreidearten macht das Müsli wesentlich schwerer verdaulich. Auf alle Fälle empfiehlt sich die Verwendung von biologisch angebauten Getreidesorten. Da diese „lebendige" Produkte darstellen, beginnen die Körner in Verbindung mit Feuchtigkeit bald zu keimen. Deshalb sollen sie stets trocken und dunkel, am besten in Jutesäcken auf Holzregalen gelagert werden. Möglichst kurz vor der Verwendung mahlt man die jeweils gebrauchte Menge frisch. Das gemahlene Getreide darf nicht in sauerstoffreicher Luft liegenbleiben, weil es sonst rasch zu einem Abbau der Vitalstoffe kommt (das ungeschälte Korn ist vor allem Träger des gesamten Vitamin-B-Komplexes). Auch sollte das Getreide als pflanzliches Eiweißprodukt vor allem an fleischlo-sen Tagen als Hauptnahrungsmittel (siehe Seite 163) eingesetzt werden.

Wichtig: Frischkornmüsli soll nur in kleinen Mengen zugeführt wer-den!

Abb. 1: Biologisches Frühstück

Frischkornmüsli, Rezept Seite 34, Vollwertmischbrot, Rezept Seite 67, Hausgemachte Marmelade, Rezept Seite 47, Maisgugelhupf, Rezept Seite 76, Quarkaufstrich, Rezept Seite 22, Linzer Augen, Rezept Seite 78.

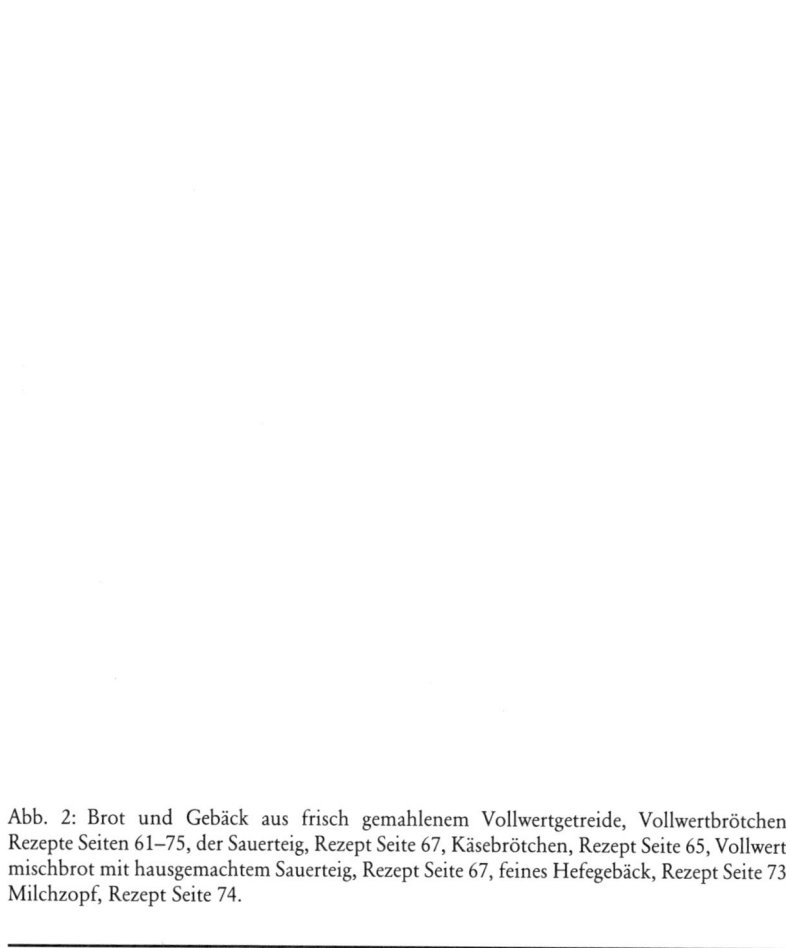

Abb. 2: Brot und Gebäck aus frisch gemahlenem Vollwertgetreide, Vollwertbrötchen, Rezepte Seiten 61–75, der Sauerteig, Rezept Seite 67, Käsebrötchen, Rezept Seite 65, Vollwertmischbrot mit hausgemachtem Sauerteig, Rezept Seite 67, feines Hefegebäck, Rezept Seite 73, Milchzopf, Rezept Seite 74.

Frischkornmüsli mit Milch oder Wasser   *4 Portionen*

4 EL Vollkorngetreide (Hafer, Weizen, Buchweizen . . .), fein gemahlen, ein paar Tropfen Zitronensaft, ca. 1 TL Bienenhonig, 200 g Äpfel, evtl. 300 g Obst der Jahreszeit (z. B. Banane, Heidelbeer, Mango, Erdbeer, Kiwi, Ananas, Orangen usw.), 10 g grobgehackte Nüsse, ¹⁄₁₆ l Sahne, evtl. 1 TL ungeschwefelte Rosinen, etwas Milch zum Verrühren.

Grundrezept I:

Bei fein und unmittelbar vor dem Essen gemahlenem Rohgetreide ist ein Einweichen über Nacht nicht erforderlich. In diesem Fall vermischt man das Getreide mit Milch zu einem dicklichen Mus und mischt dieses mit würfelig geschnittenen Früchten und geschlagener Sahne. Zusätzlich wird mit etwas Rahm und Früchten garniert.

Das Vollkorngetreide wird mit gestrichenen Eßlöffeln gemessen.

Bei Kindern ist es ratsam, wegen des rohen Getreidegeschmackes nur 10 % Getreide und 90 % klein gewürfeltes Obst zu verwenden. Dinkelgetreide eignet sich hier hervorragend.

Pro Portion:	
	2,80 g Ew
	7,70 g F
	28,40 g KH
	194 kcal

Tip:

Verschiedene Getreidearten sowie verschiedene Obstsorten bringen viel Abwechslung in das Müsliprogramm.

Grundrezept II:

Das Vollkorngetreide unmittelbar vor Gebrauch schroten, mit Wasser zu einem dicklichen Brei vermischen und 10 Stunden im Kühlschrank zugedeckt stehen lassen. Das eingeweichte Getreide in eine Schüssel geben und mit geriebenem Apfel (Glas- oder Kunststoffraspel), Honig, Bananenscheiben, Nüssen und evtl. weiteren würfelig geschnittenen Obstsorten vermengen. In Portionsschalen anrichten und mit geschlagener Sahne und Früchten garnieren. Sofort servieren!

Das Frischkornmüsli sollte immer nett und appetitlich in kleinen Portionen angerichtet werden. Sozusagen als Vorspeise zum Frühstück gereicht – bleibt dann noch genügend „Platz" für ein Stück Vollwertbrot mit hausgemachter Marmelade und zwischendurch vielleicht ein weichgekochtes Ei. Keinesfalls sollte es öfter als 2 × pro Woche ein weichgekochtes Ei (Wiener Frühstück) zum Frühstück geben, da ein Hühnerei 220 mg Cholesterin beinhaltet und die erlaubte Tageshöchstmenge bei 300 mg liegt!

Wichtig: Bei Kuhmilchunverträglichkeiten kann Schafmilch oder Sojamilch verwendet werden.

Keine Angst vor Kalorien!

Jede komplizierte Kalorienberechnung erübrigt sich, wenn nicht alles genau gewogen wird. Oft wird ein Produkt als Kalorienkiller verdammt, ohne daran zu denken, daß es auf die Menge ankommt – auf das „vorher" und „nachher" Gegessene.

Da wir durch unsere geänderten Garungstechniken bereits mehr als ²/₃ vom Fett einsparen, ist es immer noch möglich, mit Sahne zu kochen und trotzdem mit den Kalorien zu sparen.

Durchschnittliche Kalorienwerte einzelner Speisen:
a) Basensuppen   pro Portion 150 kcal   630 Joule
b) Hauptspeisen   pro Portion 250 kcal   1050 Joule
c) Dessert   pro Portion 200 kcal   840 Joule

Man bedenke, daß ein Gemüseteller mit frischen Kräutern und Gemüsesaucen nicht mehr als 140 kcal, 588 Joule hat.
Die beste Kalorien-/Jouleberechnung für „Schlankbleiber" ist aber:

> *„Am Abend sehr früh und sehr wenig oder besser gar nichts zu essen"* (Seiten 393–407).

Frischkornfrühstück

mit gekeimtem Getreide, nach Dr. *Evers**

Weizen- oder Roggenvollkorn wird in einer Schüssel mit Wasser bedeckt, über Nacht eingeweicht. Am nächsten Morgen gibt man alles in ein Sieb, braust den Weizen (oder Roggen) mit Wasser ab, läßt ihn abtropfen und gibt ihn bis zum Abend wieder in eine Schüssel, die man mit einem Tuch bedeckt. Am Abend gibt man wieder Wasser über die Körner und wiederholt dies, bis sich kleine Keime zeigen. Dies erfolgt bei Weizen am 2. oder 3. Tag, bei Roggen am 3. oder 4. Tag.

Die Keime sollen ganz kurz, gerade sichtbar sein. Im Kühlschrank kann man den Keimprozeß stoppen, wenn man die Körner nicht gleich verwendet. Die weitere Zubereitung erfolgt wie bei Grundrezept I, durch Untermischen von Obst und geschlagener Sahne.

> Bei Weizenunverträglichkeit eignet sich besonders gut Dinkel oder Amaranth!

Tip:

Diese Art von Müsli ist wesentlich schwerer bekömmlich. Wenn man sie dennoch versuchen will, so achte man ganz besonders auf gründlichstes Kauen und Einspeicheln der Körnerfrüchte.

* Dr. *Evers:* Warum Evers Diät? Karl F. Haug Verlag, Heidelberg.

Das Linomel-Müsli

nach Dr. Johanna *Budwig** *4 Portionen*

1 TL Bienenhonig, 3 EL rohe Milch, 3 EL Leinöl, 100 g Magerquark, 2 EL Linomel** *, frische Früchte und Nüsse.*

In ein Schüsselchen gibt man 2 EL Linomel. Darüber schichtet man die Lage der Früchte, die man je nach Jahreszeit wählt. Man kann die Früchte nach Art des Fruchtsalates mischen oder etwas Beerenfrüchte einer Sorte verwenden. Ein grob geraspelter Apfel kann vielseitige Verwendung finden, indem man durch Zugabe von Kirsch-, Heidelbeer-, Quittensaft oder durch in Apfelsaft aufgeweichte Rosinen, Aprikosen usw. variiert.

Zubereitung der Quark-Leinöl-Creme

Honig, Milch und Leinöl gründlich mischen und Quark zugeben (Mixer). Linomel in ein Schüsselchen geben, Früchte darüberschneiden, die Quarkcreme aufspritzen und mit etwas Früchten garnieren.

Pro Portion:	7,10 g Ew
	13,60 g F
	12,30 g KH
	200 kcal

* Aus Dr. *J. Budwig:* Öl-Eiweiß-Kost. Hyperion Verlag, Freiburg.
** Reformhausprodukt (Leinsaat mit Honig).

Zubereitung von Frischkornmüsli

nach Dr. M. O. *Bruker**

Das Getreide wird am Abend mit einer Getreidemühle frisch geschrotet und mit soviel Wasser verrührt, daß ein dickflüssiger Brei entsteht. Diesen läßt man über Nacht zugedeckt im Kühlschrank stehen.

Am Morgen gibt man ein paar Tropfen Zitronensaft und etwas Honig hinzu, reibt auf einer feinen Glas- oder Kunststoffraspel die Äpfel und vermischt sie mit dem Getreideansatz. Weitere Zutaten wie Nüsse, Trockenfrüchte, Sahne und weitere Obstsorten können zum Müsli gemischt werden. Nach Belieben kann auch alles Obst fein geschnitten oder grob gerieben daruntergehoben werden. Man verteilt das Müsli in Portionsschalen und gibt kleingeschnittenes Obst der Jahreszeit entsprechend darüber. Mit geschlagener Sahne mittels eines Spritzsackes garnieren.

Tips für die Zubereitung

1. *Anstatt Honig können abends gesondert eingeweichte Trockenfrüchte verwendet werden; so z. B. Rosinen, Korinthen.*
2. *Himbeeren und Heidelbeeren sollen immer zu gleichen Teilen mit zerdrückter oder gemixter Banane vermischt werden, da diese Beeren sehr sauer schmecken.*
3. *Die Äpfel sollten nie mit einer Metallraspel, sondern mit einer Glas- oder Kunststoffraspel gerieben werden (Obst auf Metall oxidiert).*
4. *Das Obst, welches als Garnierung verwendet wird, sollte immer wieder gewechselt werden. Ebenso kann es einmal mit Sahne gemixt werden.*

* Dr. *M. O. Bruker*, Bioverlag Gesund leben. Hopferau-Heimen.

5. *Honig und eingeweichte Trockenfrüchte sollen nur in bescheidenen Mengen eingesetzt werden. Sehr oft reicht der Fruchtzuckergehalt von ausgereiften Früchten zum Süßen aus.*

Alle verwendeten Produkte sollen von hochwertiger Qualität sein; das Getreide keimfähig und aus biologischem Anbau, die Zitronen und das Obst ungespritzt, die Trockenfrüchte ungeschwefelt, die Nüsse ausgesuchte Qualität.

Getreidemischungen sind bei besonderer Empfindlichkeit nicht empfehlenswert.
Man beginnt am besten mit Hafer, Weizen oder Dinkel.

Dinkel – die Urform des Weizens – kann bei allen folgenden Müsliarten eingesetzt werden!
Dinkel wächst – im Gegensatz zu Weizen – nur auf ungespritzten Böden.

Hafermüsli I *4 Portionen*

4 EL Demeter Haferflocken (50 g), ein paar Tropfen Zitronensaft, ca. 1 EL Bienenhonig, 200 g Äpfel, 300 g Banane, 1/16 l geschlagene Sahne, ca. 1½ dl Wasser (zum Quellenlassen).

Haferflocken mit kaltem Wasser verrühren und zugedeckt über Nacht (Sommerzeit im Kühlschrank) stehenlassen. Am Morgen mit geraspelten Äpfeln und blättrig geschnittenen Bananen vermischen und nach Geschmack mit Honig süßen. Etwas geschlagene Sahne unterheben. In Portionsschalen anrichten und mit etwas zurückbehaltenem Rahm (in einen Spritzsack gefüllt), kleinen Apfelstückchen (oder -scheiben) und Bananenscheiben garnieren. Sofort servieren.

Pro Portion:	
	3,00 g Ew
	6,60 g F
	18,40 g KH
	214 kcal

Hafermüsli II *4 Portionen*

4 EL Hafervollkorn, ein paar Tropfen Zitronensaft, ca. 1 TL Bienenhonig, 200 g Äpfel, 200 g Banane, 100 g Birne, 1/16 l geschlagene Sahne, etwas Wasser zum Quellen.

Getreide kurz vor Verwendung fein mahlen und mit etwas Wasser zu einem dicklichen Brei rühren. Mit geraspelten Äpfeln und blättrig geschnittenen Bananen, Birnen sowie Honig vermischen. Etwas geschlagene Sahne unterheben und in Portionsschalen abfüllen. Mit etwas zurückbehaltener Sahne und Früchten garnieren. Sofort servieren.

Pro Portion:	
	2,80 g Ew
	6,70 g F
	30,20 g KH
	197 kcal

Tip:

Die nächste Stufe von Hafermüsli nach Berücksichtigung der Verträglichkeit würde so aussehen, daß man das Getreide gröber schrotet, über Nacht quellen läßt und am Morgen mit Früchten und Sahne vermischt.

Weizenmüsli I oder Dinkelmüsli *4 Portionen*

4 EL Weizenvollkorn, etwas Zitronensaft, 1 TL Bienenhonig, 200 g Äpfel, 300 g Banane, ¹/₁₆ l geschlagene Sahne.

Getreide kurz vor Gebrauch fein mahlen und mit etwas Wasser zu einem dicklichen Brei vermischen. Geraspelte Äpfel und würfelig geschnittene Bananen sowie Honig untermischen. Etwas geschlagene Sahne unterheben und in Portionsschalen abfüllen und mit etwas zurückbehaltener Sahne und Früchten garnieren. Sofort servieren.

Pro Portion:	2,70 g Ew
	6,0 g F
	16,90 g KH
	208 kcal

Weizenmüsli II oder Dinkelmüsli *4 Portionen*

4 EL Weizenvollkorn, ein paar Tropfen Zitronensaft, 1 TL Bienenhonig, 200 g Äpfel, 300 g Obst nach Jahreszeit, 10 g grobgehackte Walnüsse, ¹/₁₆ l geschlagene Sahne.

Getreide kurz vor Gebrauch schroten, mit etwas Wasser zu einem dicklichen Brei rühren, zugedeckt über Nacht gekühlt stehen lassen und am Morgen das frische, würfelförmig geschnittene Obst mit der geschlagenen Sahne und den Nüssen vermischen. Mit Früchten und etwas geschlagener Sahne garnieren und sofort servieren.

Pro Portion:	2,90 g Ew
	7,70 g F
	26,50 g KH
	201 kcal

Weizenmüsli III oder Dinkelmüsli *4 Portionen*

4 EL Weizenvollkorn oder Weizenflocken, etwas Zitronensaft, 1 TL Bienenhonig, 200 g Äpfel, 100 g Banane, 100 g frische Erdbeeren, 50 g Pfirsich, 50 g Kiwi, 10 g grobgehackte Walnüsse, ¹⁄₁₆ l süße Sahne, etwas Wasser zum Quellen.

Zubereitung wie bei Grundrezept (Seite 34), Getreide fein mahlen oder schroten.

Pro Portion:	2,80 g Ew
	7,60 g F
	25,40 g KH
	203 kcal

Gerstenmüsli *4 Portionen*

4 EL Gerstenvollkorn, etwas Zitronensaft, 1 TL Bienenhonig, 200 g Äpfel, 300 g Obst nach Jahreszeit, 10 g grobgehackte Nüsse, ¹⁄₁₆ l geschlagene Sahne, etwas Wasser zum Quellen.

Zubereitung wie bei Grundrezept (Seite 34), Getreide fein mahlen oder schroten.

Pro Portion:	2,80 g Ew
	7,70 g F
	27,90 g KH
	203 kcal

Tip:

Falls die vorangegangenen Müsliarten gut vertragen werden, kann man es auch einmal mit Roggen oder Waldstaude versuchen.

Roggen-Weizen-Müsli *4 Portionen*

2 EL Weizenvollkorn, 2 EL Roggenvollkorn, ein paar Tropfen Zitronensaft, 1 TL Bienenhonig, 200 g Äpfel, 300 g Obst nach Jahreszeit, 10 g Rosinen (ungeschwefelt), 1/16 l geschlagene Sahne, etwas Wasser zum Quellen.

Zubereitung wie bei Grundrezept (Seite 34), Getreide fein mahlen oder schroten.

Pro Portion:

2,60 g Ew
6,20 g F
27,80 g KH
191 kcal

Roggenmüsli *4 Portionen*

4 EL Roggenvollkorn, ein paar Tropfen Zitronensaft, 1 TL Bienenhonig, 200 g Äpfel, 300 g Obst nach Jahreszeit, 10 g Rosinen, 1/16 l geschlagene Sahne, etwas Wasser zum Quellen.

Zubereitung wie bei Grundrezept (Seite 34), Getreide fein mahlen oder schroten.

Pro Portion:

2,60 g Ew
6,20 g F
27,70 g KH
191 kcal

Selbstgemachte
Marmeladen

Selbstgemachte Marmeladen

Fruchtmarmeladen können innerhalb kürzester Zeit gefertigt werden. Speziell während der Fruchtsaison, aber auch über den Winter kann man Marmeladen in einem Arbeitsaufwand von ½ Stunde einkochen. Natürlich halten diese Marmeladen nicht jahrelang. Dafür sind sie reine Naturprodukte ohne Konservierungsmittel. Die Auswahl von einwandfreien, unbehandelten und ausgereiften Obstarten bestimmt die Qualität und den Wohlgeschmack von Fruchtmarmeladen. Durch natürliches Reifen der Früchte braucht man oft überhaupt keinen Honig oder Roh-Rohrzucker zum Nachsüßen. Ebenso kann Birnex (eingedickter Birnensaft) anstatt Honig verwendet werden.

Die allgemein üblichen Fruchtmarmeladen werden viel zu süß eingekocht. Sehr häufig verwendet man fälschlicherweise sogar zu gleichen Teilen Früchte und Zucker!

Keine Frucht braucht diese Menge an Zucker,
wenn man sie gut ausgereift verarbeitet!

Versuchen Sie die folgenden Rezepte:

Verwendet man Honig zum Süßen der Fruchtmasse, so gibt man diesen erst nach dem Dämpfen der Früchte dazu, wodurch die Nährstoffe erhalten bleiben. Das Mengenverhältnis von Bienenhonig zu Roh-Rohrzucker und Birnex bleibt gleich. An sich genügt es, die Fruchtmasse (noch heiß) in Gläser abzufüllen und mit dem Schraubverschluß gut zu verschließen.

Will man Marmeladen für Monate haltbar machen, so gibt es eine weitere Möglichkeit:

Die gemixte Fruchtmasse noch heiß in ein Weckglas füllen und den Gummiring daraufsetzen. Die Masse mit ein Paar Spritzern Weingeist beträufeln, anzünden, langsam zumachen und fest andrücken. In kühlen Räumen aufbewahren.

Abb. 3: Einfache und kombinierte Salate mit Salatsauce und Dressing, Fenchelsalat, Rezepte Seite 95, 98–100, Vogerlsalat, Rezept Seite 88, Karottensalat, Rezept Seite 89, Blumenkohlsalat, Rezept Seite 92, Gemischter Salat, Rezept Seite 94, Käsesalat, Rezept Seite 106, Sauerrahm-Creme, Rezept Seite 95, Roquefort-Dressing, Rezept Seite 100.

Abb. 4: Basensuppe, Basensauce, Gemüsesuppe und Suppeneinlagen aus Vollwertgetreide.

Kartoffel-Gemüsesuppe, Rezept Seite 122, Klare Gemüsesuppe, Rezept Seite 143, Kräuter-sauce, Rezept Seite 290, Weizenvollwertnockerln, Rezept Seite 146, Frittaten, Rezept Seite 148, Fadennudeln, Rezept Seite 153, Kaiserschöberln, Rezept Seite 154, Markknödel, Rezept Seite 156, Kresse-Eierstich, Rezept Seite 157.

Achtung! Verwendet man Roh-Rohrzucker, so ist dieser vor dem Dämpfen mit den Früchten zu vermischen. Nimmt man aber Honig, so darf man mit diesem erst nach dem Dämpfen süßen! Dies gilt für alle weiteren Marmeladen!

Aprikosenmarmelade – Grundrezept 16 Portionen

500 g Aprikosen (Marillen), gewaschen und entkernt, 70 g Bienenhonig oder Roh-Rohrzucker.

Aprikosen vierteln (evtl. mit Roh-Rohrzucker vermischen) und in einer Kasserolle, unter öfterem Umrühren, bei mäßiger Hitze zugedeckt etwa 20 Minuten dämpfen lassen. Im Mixer pürieren oder durch ein Sieb streichen (den Honig gut untermischen) und noch heiß in ein Glasgefäß abfüllen. Mit Klarsichtfolie oder Schraubverschluß zudecken. Abkühlen lassen und zum Gebrauch in den Kühlschrank stellen.

Oder für längere Zeit die Marmelade einrexen (einwecken), siehe Seite 47.

Pro Portion à 30 g:	0,30 g Ew
	0,10 g F
	7,40 g KH
	32 kcal

Tip:

Zur Zeit der heimischen gut ausgereiften Früchte ist der natürliche Fruchtzuckergehalt so groß, daß er allein als Konservierungsmittel ausreicht. 1 EL Fruchtpüree auf einen Teller geben und kurze Zeit in den Kühlschrank stellen = Gelierprobe!
Sollte zu wenig natürliche Gelierkraft vorhanden sein, mit etwas Pektin, Agar-Agar oder Gelatine nachhelfen. Herstelleranleitung beachten.

Alle angeführten Früchte zur Herstellung von Marmeladen können zur Hälfte mit geschälten, kleingeschnittenen Äpfeln vermischt werden. Dann kann man evtl. Honig oder Rohrzucker weglassen – und die Konsistenz ist besser (Pektingehalt der Äpfel).
Diabetikermarmelade wird entweder mit Fruchtzucker (KH anrechnen) oder mit kalorienfreiem Süßstoff gemacht.

Erdbeermarmelade *16 Portionen*

500 g frische Garten- oder Walderdbeeren, 70 g Bienenhonig oder Roh-Rohrzucker.

Erdbeeren putzen, waschen und abtropfen (evtl. mit Roh-Rohrzucker vermischen). In einer Kasserolle, unter öfterem Umrühren, bei mäßiger Hitze zugedeckt etwa 10–15 Minuten dämpfen lassen. Im Mixer pürieren oder durch ein Sieb streichen (mit Honig süßen) und noch heiß in ein Glasgefäß abfüllen. Mit Klarsichtfolie oder Schraubverschluß zudecken. Abkühlen lassen und zum Gebrauch in den Kühlschrank stellen.

Pro Portion à 30 g:

0,30 g Ew
0,20 g F
5,80 g KH
26 kcal

Pfirsichmarmelade *16 Portionen*

500 g gut reife Pfirsiche, gewaschen und entkernt, 70 g Bienenhonig oder Roh-Rohrzucker.

Pfirsiche vierteln (evtl. mit Roh-Rohrzucker vermischen) und in einer Kasserolle, unter öfterem Umrühren, bei mäßiger Hitze zugedeckt etwa 10–15 Minuten dämpfen lassen. Im Mixer pürieren oder durch ein Sieb streichen (mit Honig süßen) und noch heiß in ein Glasgefäß abfüllen. Mit Klarsichtfolie oder Schraubverschluß zudecken. Abkühlen lassen und zum Gebrauch in den Kühlschrank stellen.

Pro Portion à 30 g:

0,20 g Ew
0,0 g F
6,60 g KH
26 kcal

Himbeermarmelade *16 Portionen*

500 g Himbeeren, 70 g Bienenhonig oder Roh-Rohrzucker.

Himbeeren waschen und abtropfen (evtl. mit Roh-Rohrzucker vermischen). In einer Kasserolle, unter öfterem Umrühren, bei mäßiger Hitze zugedeckt etwa 10–15 Minuten dämpfen lassen. Im Mixer pürieren oder durch ein Sieb streichen (mit Honig süßen) und noch heiß in ein Glasgefäß abfüllen. Mit Klarsichtfolie oder Schraubverschluß zudecken. Abkühlen lassen und zum Gebrauch in den Kühlschrank stellen.

Pro Portion à 30 g:	0,40 g Ew
	0,10 g F
	6,50 g KH
	29 kcal

Sauerkirschmarmelade

1000 g Sauerkirschen, 200 g Roh-Rohrzucker, Zimtrinde, Zitronenschale, 7 Blatt Gelatine oder ein Päckchen Opekta oder 2–3 TL Agar-Agar gemahlen.

Die entstielten Früchte gut waschen und entsteinen. Die Früchte in einen Topf geben, mit Roh-Rohrzucker überschütten, mit einem Holzkochlöffel unter Beigabe von Zimtrinde und Zitronenschale etwa 15 Minuten leicht kochen lassen. Eingeweichte Gelatine (Opekta oder Agar-Agar) zugeben. Man läßt die Früchte ganz. Gelierprobe machen. Die Zimtrinde und Zitronenschale herausfischen. In vorbereitete Gläser füllen, verschließen – auskühlen und kühl aufbewahren.

Pro Portion à 30 g:	0,30 g Ew
	0,10 g F
	10,50 g KH
	44 kcal

Aprikosenmarmelade mit Cognac

1 kg Aprikosen, 200 g Bienenhonig, ¹⁄₁₆ l Cognac, etwas Zitronensaft, 7 Blatt Gelatine oder ein Päckchen Opekta oder 2–3 TL Agar-Agar gemahlen.

Die Aprikosen waschen, halbieren, entkernen, kleinschneiden und 10 Minuten kochen lassen. Eingeweichte Gelatineblätter, Opekta oder Agar-Agar angerührt, darin auflösen. Zitronensaft, Honig und Cognac hinzugeben. Die Marmelade in saubere Gläser füllen. Auf den Deckel des Einweckglases ein paar Tropfen hochprozentigen Alkohol verteilen, anzünden und sofort den Deckel fest andrücken. Probe machen, ob der Deckel hält! Sonst Vorgang wiederholen. Dann auskühlen und kühl aufbewahren.

Pro Portion à 30 g:	0,30 g Ew
	0,10 g F
	8,90 g KH
	45 kcal

Mangomarmelade ohne Zucker und Honig

2 gut reife Mango-Früchte, 4–6 säuerliche Äpfel.

Die Äpfel schälen und in kleine Würfel schneiden. Mango schälen, entkernen und kleinschneiden.
Alles in einer großen Kasserolle bei mäßiger Hitze weichdämpfen und in der Moulinex pürieren. Auskühlen lassen und im Kühlschrank aufbewahren (wochenlang haltbar).

Anstatt Mango kann jede andere, gut ausgereifte Frucht verwendet werden (Erdbeeren, Himbeeren usw.).

Brot und Gebäck

aus

Vollwertgetreide

Was man über das Brotbacken wissen sollte

Wer den köstlichen Duft von frischgemachtem Gebäck liebt, der sollte versuchen, einmal selbst ein würziges Brot zu backen. Es macht nicht mehr Arbeit, als einen Kuchen zu fertigen, und es genügt dazu der normale Elektroherd oder ein Warmluftofen (Konvektomat).

Was braucht man dazu?

Man benötigt eine Getreidemühle*, möglichst mit Naturmahlsteinen, und ein unbehandeltes Vollkorngetreide aus biologischem Anbau. Eine Schüssel, Wasser, Hefe, Salz und Kümmel. Ein Brotkörbchen (⌀ ca. 22 cm) und einen Backofen.

Richtlinien

Durch die Verbindung von Mehl und Wasser entsteht unter Einwirkung von Hitze Brot. Wird ungeschältes Weizenvollkorn verarbeitet, entsteht leichtes, helles Brot. Mischt man Roggenvollkornmehl dazu, wird es etwas schwerer und dunkler. Gibt man ganze Getreidekörner dazu, wird es ein Schrotbrot. Die Wertigkeit des Brotes liegt darin, daß ausgesuchte, hochwertige Qualität von Vollkorngetreide verwendet wird. Will man die wertvollen Nährstoffe in optimaler Form erhalten, so mahlt man das Vollkorngetreide kurz vor der Zubereitung des Brotteiges auf feinster Stufe. Damit erhält man ein Mehl, welches auch Randschichten und Schalenanteile enthält.

---

* Für alle in diesem Buch angegebenen Getreiderezepte wurde zum Mahlen eine Osttiroler Getreidemühle, feinste Einstellung, verwendet.

Backregeln

Man sorge für eine gleichmäßige, warme Temperatur in der Küche und vermeide jede Zugluft. Das Vollkornmehl ist durch das Frischmahlen angewärmt und dadurch ideal zum Verarbeiten.

Triebmittel lockern den Teig. Das ursprüngliche Triebmittel ist der Sauerteig, dessen Bakterien und Hefen Gärung bewirken. Die mit Hefe gebackenen Brote sind am schnellsten herzustellen und für den Anfang empfehlenswert. Etwas länger dauert die Zubereitung mit Sauerteig, aber das Brot schmeckt durch den leicht säuerlichen Geschmack noch besser. Sauerteig und Hefe entwickeln durch Vergärung des Zuckers Alkohol und Kohlensäure, die das Aufgehen des Teiges bewirken. Durch einen Spritzer Essig wird dieser Prozeß noch beschleunigt.

Jeder Teig verlangt ein gutes „Durchkneten". Ist man Besitzer einer Küchenmaschine mit Teigrührgerät, kostet das wenig Zeit und keine Mühe, andernfalls muß der Teig sehr kräftig 30 Minuten mit der Hand geknetet werden. Den gekneteten Teig zum „Gehen" stellt man immer an einen warmen Ort und deckt ihn mit einem Tuch zu. Hefeteige sollen sich verdoppeln, Sauerteige um die Hälfte vergrößern. Vor der Weiterverarbeitung macht man eine Fingerprobe! Der Teig muß sich beim Fingereindruck sofort wieder schließen.

Tip:

Schaltet man beispielsweise den E-Herd auf knapp 50° C und gleich wieder aus, so ist dies zum Aufgehen von geformtem Brot oder Brötchen ein behelfsmäßiger Gärschrank.

Das Brot soll immer in den vorgeheizten Ofen geschoben werden. Große Brote auf die unterste Schiene, kleine Brote, Kuchengebäck und Brötchen jeder Art auf die mittlere Schiene einschieben und dort backen.

Zum Backen eignet sich vorzüglich ein Warmluftofen, aber auch jeder normale E-Herd. Damit der Brotteig gut aufgehen kann, braucht er beim Backen Wasserdampf. Um diesen Dampf zu erzeugen, stellt man entweder ein Schälchen kochendes Wasser in den Backofen oder gießt eine Tasse Wasser auf den Boden des Backofens, bevor man den Teig einschiebt. Die Ofentür muß rasch wieder geschlossen werden, damit der Dampf nicht entweicht.

Man erkennt ein gut gebackenes Brot daran, daß es hohl klingt, wenn man es an der Unterseite anklopft. Damit der Dampf im gebackenen Brot nach allen Seiten entweichen kann, kühlt man es am besten schräg gestellt oder auf einem Gitter aus.

Soll das Brot hell glänzen, dann bestreicht man es gleich, wenn es aus dem Ofen genommen wird, mit Wasser oder Malzkaffee.

Die Brotlagerung

Das Brot soll trocken, kühl und luftig aufbewahrt werden. Es ist vor Geruchsbeeinträchtigung zu schützen. Am besten eignet sich ein kühler Raum dafür. Bei jeder Art von Verpackung soll daran gedacht werden, daß das Brot „atmen" kann.

Eine weitere Möglichkeit, sich eine Vorratshaltung von Brot anzulegen, ist das

Einfrieren von Brot

Brot und Brötchen sollen immer nach dem Backen eingefroren werden. Das ofenfrische Brot sollte nach Abkühlung möglichst rasch, in einem Kunststoffbeutel verpackt, bei Tieftemperatur eingefroren werden. In diesem Zustand ist verpacktes Brot mehrere Wochen lagerfähig.

Das Auftauen dauert ca. 2–3 Stunden bei Zimmertemperatur. Im warmen Backofen (50 °C) ist das Brot in einer Stunde aufgetaut. Ebenso können Brötchen mehrere Wochen lang gut verpackt eingefroren werden. Es bestehen 3 Möglichkeiten. Zum einen kann man die Brötchen tischfertig backen, so daß man sie zum Essen nur mehr auftauen läßt, oder aber man bäckt die Brötchen vor dem Einfrieren nicht ganz fertig und gibt sie nach dem Auftauen zum Fertigbacken noch einmal in den Ofen. Dadurch bekommen sie dann eine schöne Bräunung und werden besonders knusprig. Die dritte Möglichkeit: Brot oder Brötchen werden geformt und in den Kühlschrank gestellt (z. B. über Nacht). Am frühen Morgen längere Zeit „gehen" lassen und ofenfrisch backen.

Tip:

Da frischgeerntetes Vollkorngetreide saftig ist und längere Zeit gelagertes Getreide trocken wird, kann es mitunter zu geringfügigen Schwankungen des Verhältnisses von Mehl und Wasser kommen. Man hilft sich in diesem Fall mit etwas weniger oder mehr Wasser. Empfehlenswert bleibt, auch das Wasser zu wiegen!

Wenn es besonders schnell gehen soll, so können Sie alle Hefeteige ohne Vorteig einfach mit allen Zutaten verkneten, sofort formen, dann „gehen" lassen und backen.

Je weicher der Teig, desto schneller wird er „aufgehen"!

Er darf aber auch nicht „übergehen", sonst fällt er zusammen. Auf gleichmäßige Wärme achten!

Vollwertbrötchen mit Hefe *Für 15 Brötchen*

600 g Weizenvollkorn, 4 dl (400 g) lauwarmes Wasser, ½ Päckchen Hefe (= 21 g), 1 TL Meersalz, 1 EL Koriander, 1 TL naturreiner Apfelessig.

Hefe im Wasser auflösen, in einen Rührkessel geben und mit dem frisch gemahlenen Weizenvollkornmehl und allen Zutaten mittels Rührwerk ca. 10 Minuten zu einem glatten geschmeidigen Teig kneten. (An einem warmen Ort ca. ½ Stunde „gehen" lassen.) Kleinere Brötchen zu ca. 60 g formen und auf einem bestäubten Backblech noch einmal ca. 15 Minuten gehen lassen. Mit einem Messer einschneiden und im vorgeheizten Ofen (E-Herd 220 °C) 15–20 Minuten backen.

Pro Stück:	4,60 g Ew
	0,80 g F
	24,10 g KH
	128 kcal

Tip:

Durch Bestreuen mit Kümmel, Koriander, Sesam usw. (vor dem Backen) kann man verschiedene Geschmacksrichtungen wählen. Das Weizenmehl kann auch zur Hälfte mit Roggenmehl gemischt werden.

Wichtig: Statt Weizen kann bei allen Rezepten Dinkel genommen werden.
Bei allen Rezepten das feinstgemahlene Mehl genau wiegen!

Vollwertweizenbrot mit Hefe *15 Scheiben*

Grundrezept I

*600 g Weizenvollkorn, 4 dl (400 g) lauwarmes Wasser, 1 Päckchen Hefe (= 42 g),
1 TL Meersalz, 1 TL Koriander, ½ TL Anis, 1 TL naturreiner Apfelessig.*

Vollkorngetreide auf der feinsten Stufe der Getreidemühle ausmahlen.
Hefe mit dem Wasser auflösen und mit dem Weizenvollkornmehl in einer
Schüssel mittels Rührwerk 10 Minuten lang zu einem glatten geschmeidigen Teig verarbeiten. Salz und Gewürze zugeben und nochmals gut durcharbeiten, bis sich der Teig vom Rand der Schüssel löst. Auf einem bemehlten Brett zu einer Kugel schleifen.

Pro Scheibe à 65 g:	
	4,60 g Ew
	0,80 g F
	24,10 g KH
	128 kcal

Tip:

*Man stellt die Schüssel mit dem Mehl auf die Waage und läßt das Wasser dazu-
laufen.*
*Ratsam ist es, den Hefeteig grundsätzlich etwas weicher zu halten, denn etwas Mehl
kann allemal noch dazugearbeitet werden. Ist der Teig aber zu fest, wird er auch
durch Zugabe von Flüssigkeit nicht mehr so richtig: Das hat entscheidenden Einfluß
auf die kürzere „Gehzeit" und lockere Beschaffenheit aller Brot- und Hefeteige.
Geknetet wird auf langsamer Stufe. Auch hier kann der Weizen vor dem Mahlen
zur Hälfte mit Roggen gemischt werden.*

Ein Brotkörbchen mit etwas Weizenvollkornmehl (notfalls reicht auch eine randhohe Glasschüssel) gut ausstäuben und die Teigmasse (Teigschluß nach oben) einfüllen. Mit etwas Weizenvollkornmehl bestäuben und mit einem Tuch zugedeckt an einem warmen Ort ca. 1 Stunde lang gehen lassen. Inzwischen stellt man auf den Boden des vorgeheizten Ofens ein kleines feuerfestes Geschirr mit Wasser gefüllt (siehe Anleitung, Seite 59). Der Brotteig wird nun vom Körbchen auf ein mit etwas Weizenvollkornmehl bestäubtes Backblech gestürzt und im vorgeheizten Ofen (E-Herd, 200°C) 45 Minuten gebacken.
Herausnehmen und auf einem Gitter erkalten lassen.

Tip:

Es empfiehlt sich, mit Dinkel- oder Weizenbrot anzufangen, da es am leichtesten zu vertragen ist. Verwendet man Sauerteig zu diesem Grundrezept I (siehe Seite 67), so ist nur ½ Päckchen Hefe zu nehmen.

Bei besonders „Empfindlichen" kann man anfangs zur Hälfte Weißmehl dazumischen (bessere Verträglichkeit).

Der Sauerteig

Der Sauerteig ist die Grundlage aller würzigen lockeren Brote. Seine Herstellung ist wohl die einzige Schwierigkeit beim selbständigen Backen des Brotes. Ist der erste Sauerteig gelungen, dann ist das Problem gelöst. Dann kann man sich bei jedem Backen die gleiche Menge des fertigen Teiges aufbewahren und ihn beim nächsten Backen verwenden. Allerdings müßte man wie auf dem Lande regelmäßig backen, denn der Teig hält sich auch im Kühlschrank nur ungefähr 8 Tage.
Unter Sauerteig versteht man einen sauer gärenden Roggenmehlteig, bei dem Milch und Essigsäurebakterien die Säurebildung bewirken. Die Kohlensäure entsteht aus der Hefevergärung. Der Sauerteig macht das Mehl backfertig und gibt ihm den erwünschten mild-säuerlichen Geschmack.

Heute sind es fast nur mehr Bäcker auf dem Lande, die ihren Sauerteig noch selbst zubereiten. Mit Recht können sie stolz auf ihr Handwerk sein; es erfordert viel Mühe und große Sorgfalt. Die „Sauerteigführung" ist eine richtige Kunst!

Herstellung des Sauerteiges
Wir wollen den Sauerteig etwas entfremden und zusätzlich etwas Hefe dazugeben. Dies hat den Vorteil, daß das Brot schneller gärt und lockerer wird, wobei es auch noch das typische Sauerteigaroma behält.

Grundrezept Sauerteig
300 g frisches, fein gemahlenes Roggenvollkornmehl in eine Schüssel geben. 2 dl (200 g) lauwarmes Wasser mit einem halben Päckchen Hefe verrühren. 1 EL Buttermilch und 1 TL gemahlenen Kümmel zugeben und alles gut vermischen. Dies macht man am besten mit einer Rührmaschine. Es muß ein fester Teig entstehen, und dieser soll mindestens 48 Stunden mit einem feuchten Tuch bedeckt an einem warmen Ort stehen, damit er genügend gären kann. Läßt man den Sauerteig länger stehen als 48 Stunden, so wird er immer säuerlicher. Der Gärungsprozeß kann im Kühlschrank gestoppt werden. Maximale Haltbarkeit ca. 8 Tage.
Anstelle des stets feuchten Tuchs kann auch Klarsichtfolie verwendet werden. Diese wird über die Schüssel mit Sauerteig gespannt.

Tip:
Idealer, milder Sauerteig nach 2 Tagen Gärzeit! Nach mehrmaligem Brotbacken soll der Sauerteig neu angesetzt werden.

Käsebrötchen *15 Stück*

500 g frischgemahlenes Vollwertweizenmehl, 1 Paket Hefe (42 g), ⅜ l Milch, lauwarm, 80 g zerlassene Butter, 1 TL Meersalz, 200 g Emmentaler Käse, feinwürfelig geschnitten, 100 g Butterkäse, fein gerieben, zum Bestreuen, 1 TL Koriander, fein gemahlen.

Butter in erwärmter Milch auflösen und in einer Schüssel (mittels Rührmaschine) mit Hefe, Salz und Mehl 5 Minuten gut durcharbeiten. Kleingeschnittenen Käse und Kümmel gut untermischen. Den Teig ca. 20 Minuten „gehen" lassen. Danach kleine Brötchen formen, diese auf ein bemehltes Backblech legen und nochmals ca. 20 Minuten zugedeckt an einem warmen Ort gehen lassen. Dann mit Milch bestreichen, mit dem fein geriebenen Butterkäse belegen und im vorgeheizten Ofen (E-Herd 220 °C) 20 Minuten backen. Auf einem Gitter erkalten lassen.

Pro Stück:	
	10,20 g Ew
	12,10 g F
	21,30 g KH
	244 kcal

Tip:

Bei guter Wärme verringert sich die „Gehzeit" der Brötchen. Es ist auf alle Fälle darauf zu achten, daß die Gebäckstücke nicht „übergehen". Wie beim zu raschen „Gehen" würden sie dann zusammenfallen. Fingerprobe machen! Zum Herunternehmen der gebackenen Brötchen eignet sich bestens ein breiter Spachtel.

Knoblauchbrötchen *18 Stück*

500 g frisch gemahlenes Vollweizenmehl, 1 Paket Hefe (42 g), ⅜ l lauwarme Milch, 80 g zerlassene Butter, 1 TL Meersalz, 20 g feingehackter Knoblauch, Petersilie, 100 g geriebener Hartkäse zum Bestreuen, 1 TL Kümmel, fein gemahlen, etwas Kümmel, ganz.

Butter in Milch auflösen und in einer Schüssel (mittels Rührmaschine) mit Salz, Mehl, Hefe und Kümmel durcharbeiten. Fein gehackten Knoblauch und Petersilie in Butter hellbraun anschwitzen lassen, dazugeben und nochmals 5 Minuten gut durcharbeiten. Die Masse ca. 20 Minuten „gehen" lassen. Danach kleine Brötchen formen, diese auf ein bemehltes Backblech legen und 20 Minuten zugedeckt an einem warmen Ort gehen lassen. Dann mit Milch bestreichen, mit Käse belegen, mit ganzem Kümmel bestreuen und im vorgeheizten Ofen (E-Herd 220 °C) ca. 15 Minuten backen. Auf einem Gitter erkalten lassen.

Pro Stück:	5,60 g Ew
	6,70 g F
	12,80 g KH
	160 kcal

Kräuterweckerln *15 Stück*

500 g frisch gemahlenes Vollwertweizenmehl, 1 Paket Hefe (42 g), ⅜ l Milch, lauwarm, 80 g zerlassene Butter, 1 TL Meersalz, 50 g frisch gehackte Gartenkräuter wie: Liebstöckel, Majoran, Kerbelkraut, Minzenblätter, 1 TL frisch gemahlenen Kümmel.

Zubereitung wie Käsebrötchen Seite 65.

Pro Stück:	4,80 g Ew
	6,20 g F
	21,40 g KH
	165 kcal

Vollwertmischbrot mit hausgemachtem Sauerteig

Sauerteig (2 Tage vorher ansetzen)

300 g Roggenvollkorn, 2 dl (200 g) lauwarmes Wasser, ½ Päckchen Hefe (= 21 g), ½ TL Koriander oder Kümmel, frisch gemahlen, 1 EL Buttermilch.

Roggenvollkorn kurz vor der Verwendung in der Getreidemühle auf feinster Stufe ausmahlen. In eine Schüssel geben. Die Hefe im Wasser auflösen und zugeben. Mit allen Zutaten zu einem glatten, geschmeidigen Teig verrühren. Diesen in eine Schüssel geben und mit Klarsichtfolie bedeckt bei Zimmertemperatur stehenlassen. Nach ca. 48 Stunden hat man einen selbstgefertigten Sauerteig und kann mit dem Brotbacken beginnen.

Pro Scheibe:	4,60 g Ew
	0,60 g F
	24,30 g KH
	127 kcal

Hauptteig *15 Scheiben à 65 g*

300 g Weizenvollkorn, 300 g Roggenvollkorn, 4 dl (400 g) lauwarmes Wasser, ½ Päckchen Hefe (= 21 g), 1 TL Meersalz, 1 EL Koriander, frisch gemahlen, 1 TL naturreiner Apfelessig.

Weizenvollkorn kurz vor Verwendung auf der feinsten Stufe der Getreidemühle ausmahlen und in eine Schüssel geben. (Durch das Frischmahlen ist das Vollkornmehl bereits erwärmt.) Die Hefe im Wasser auflösen, Geschmackszutaten und den oben angeführten Sauerteig zugeben. Mit der Rührmaschine zu einem glatten Teig gut durcharbeiten (10 Minuten). Man nimmt nun von der Brotmasse 300 g weg und läßt diesen Teig bei Zimmertemperatur in einer Schüssel, mit Klarsichtfolie zugedeckt, 2 Tage stehen, um wieder einen Sauerteig für den nächsten Backprozeß zu haben (Sauerteigführung).

Der restliche Teig wird auf einem Brett zu einer Kugel geformt und in ein gut mit Weizenvollkornmehl bestäubtes Brotkörbchen (∅ ca. 22 cm) mit dem Teigschluß nach oben eingefüllt. (Notfalls in eine kleine randhohe Glasschüssel.) An einem warmen Ort läßt man den Teig mit einem Tuch zugedeckt gut 1 Stunde lang gehen. Nun stellt man auf den Boden des vorgeheizten Ofens ein kleines feuerfestes Gefäß, mit Wasser gefüllt, um damit beim Backprozeß etwas Dampf zu erzeugen. Der Brotteig wird nun vom Körbchen auf ein mit Mehl bestäubtes Backblech gestürzt im vorgeheizten Ofen (E-Herd, 200 °C) 45 Minuten lang gebacken.
Herausnehmen und auf einem schräggestellten Teller oder Gitter erkalten lassen.

Tip:

Trockenhefe kann genauso verwendet werden. Man kann auch die gesamte Menge an Sauerteig im Teig lassen.

Weiter besteht die Möglichkeit, einen Sauerteig mit Backferment zuzubereiten. Dazu rührt man das Ferment mit etwas Mehl und Wasser zu einem dicklichen Brei und läßt diesen Ansatz dann 2 Tage lang stehen. Die weitere Zubereitung des Haupt-Brotteiges bleibt gleich. Man kann auch mit der angegebenen Sauerteigmenge 5 Brote zugleich machen – backen und evtl. einfrieren.
Braucht man den Sauerteig nicht mehr zur „Sauerteigführung", kann er auch in der Brotmasse bleiben.
Für diesen Fall reicht bei einem Brotlaib auch ⅓ des auf Seite 63 angeführten Sauerteiges.

Dinkel-Brot *15 Scheiben à 65 g*

Hauptteig

300 g Roggenvollkorn, 300 g Dinkel, 4 dl (400 g) lauwarmes Wasser, 1 Päckchen Hefe (= 42 g), 1 TL Meersalz, 1 TL Koriander, gemahlen, evtl. 1 TL naturreiner Apfelessig, 3 EL Sonnenblumenkerne.

Kurz vor der Zubereitung das Getreide auf der feinsten Stufe der Getreidemühle ausmahlen.

Dieses Grundrezept kann man je nach Wahl mit Hefe oder mit Sauerteig (siehe Seite 62, 67) verarbeiten. Für das Backen kleiner Brötchen siehe Seite 61, 65.

Pro Scheibe:	4,60 g Ew
	0,80 g F
	24,10 g KH
	128 kcal

Tip:

Bei Verarbeitung mit Sauerteig für den Hauptteig nur ½ Päckchen Hefe verwenden! Zum Brotteig kann gemischt werden: In Butter geschwenkter Bärlauch, Schnittlauch oder Frühlingszwiebel.

Sesambrot *15 Scheiben à 65 g*

Hauptteig

600 g Weizenvollkorn, 3 EL Sesam, 4 dl (400 g) lauwarmes Wasser, 1 Päckchen Hefe (= 42 g), 1 TL Meersalz, 1 TL Fenchel, gemahlen, evtl. 1 TL naturreiner Apfelessig.

Weizen auf der feinsten Stufe der Getreidemühle ausmahlen. Sesam unter den Teig mischen.

Dieses Grundrezept kann man mit Hefe oder mit Sauerteig (siehe Seite 62, 67) verarbeiten. Für kleine Brötchen siehe Seite 61, 65.

Pro Scheibe:	5,0 g Ew
	1,80 g F
	24,40 g KH
	140 kcal

Tip:

Bei Verarbeitung mit Sauerteig nur ½ Päckchen Hefe verwenden oder bei Verzicht auf Hefe die Gärzeit auf 3–4 Stunden anheben. Das angegebene Weizenmehl kann jederzeit zur Hälfte mit Dinkelmehl, Roggenmehl, Hirsemehl oder Maismehl gemischt werden!

Wichtig: Es wird nicht das ganze Getreide, sondern immer das Mehl gewogen! Dinkel kann statt Weizen bei allen Rezepturen verwendet werden.

Leinsamenbrot *15 Scheiben à 65 g*

Hauptteig

600 g Weizenvollkorn, 3 EL Leinsamen, 4 dl (400 g) lauwarmes Wasser, 1 Päckchen Hefe (= 42 g), 1 TL Meersalz, 1 TL Fenchel, gemahlen, evtl. 1 TL naturreiner Apfelessig, 50 g grob gehackte Nüsse.

Weizen auf der feinsten Stufe der Getreidemühle ausmahlen und den Leinsamen (geschrotet) und Nüsse unter den Teig mengen.
Dieses Grundrezept kann man mit Hefe oder mit Sauerteig (siehe Seite 62, 67) verarbeiten. Für kleinere Brötchen siehe Seite 61, 65.

Pro Scheibe:	5,0 g Ew
	1,50 g F
	24,20 g KH
	137 kcal

Dörrpflaumenbrot *15 Scheiben*

9 Eier, 70 g Nüsse, 150 g Dörrpflaumen, 2 cl Rum, 120 g Honig, 200 g Vollwertmehl (Weizen), 70 g Butter, Schale einer halben Zitrone.

Die kleingehackten Nüsse und die in kleine Stückchen geschnittenen Dörrpflaumen sowie die geriebene Zitronenschale mit dem Rum begießen und zur Seite stellen. 6 Eidotter, 3 ganze Eier und den Honig in einer Rührschüssel über dem Wasserbad schaumig rühren, dann vom Herd nehmen und bis zum Kaltwerden weiterrühren. Mit der kalten Masse vorsichtig das Mehl, dann die zerkleinerten Pflaumen und zuletzt die lauwarme Butter vermengen. Den Teig in eine längliche, mit Butter bestrichene, mit Mehl bestäubte Form geben, bei mäßiger Hitze (170 °C) 40–45 Minuten backen. Auf ein mit Mehl bestäubtes Brett oder ein Gitter stürzen. Vollkommen erkaltet in Schnitten schneiden.

Pro Stück:	4,90 g Ew
	10,40 g F
	20,40 g KH
	207 kcal

Achtung:

Bei sämtlichen Rezepten sollte darauf geachtet werden, daß das Getreide immer kurz vor Verwendung auf der feinsten Stufe der Getreidemühle gemahlen wird. Bei allen Brot- und Brötchenteigen darauf achten, daß alle Zutaten stimmen. Etwas Mehl kann immer dazugegeben werden, doch bei zu festen Teigen ist es umgekehrt mit Wasser äußerst schwierig.
Die Konsistenz bei allen Teigen sollte so sein, daß es ein weicher Teig ist, der gerade formbar ist. Der Brotteig ist fester, da er ja nach dem Gehen aus dem Körbchen gestürzt wird.

Der feine Hefeteig

Frisch gemahlenes Vollwertgetreide, Hefe, Salz, lauwarme Milch, etwas Honig und weitere Geschmackszutaten.

Das Dinkelmehl in eine Schüssel geben. Die Butter in der lauwarmen Milch auflösen, die Hefe zerbröckeln und mit allen anderen Zutaten verrühren. Es soll ein sehr lockerer Hefeteig entstehen. Den Teig zugedeckt etwa 20 Minuten an einem warmen Ort „gehen" lassen.
Danach den Hefeteig zu einer Rolle formen und die Teigstücke mit ca. 60 g abstechen. Daraus kleine Gebäckstücke formen, diese auf ein bemehltes Backblech legen und ca. 15 Minuten „gehen" lassen. Mit Eidotter bestreichen, mit Mohn, Nüssen oder Sesam bestreuen und ca. 15 Minuten bei 220 Grad backen. Auf einem Gitter erkalten lassen.

Tip:

Wenn es besonders schnell gehen soll, kann man auch alle Zutaten auf einmal in die Moulinex geben und durchmixen. Ist man im Besitz eines kräftigen Rührwerks, so kann man genauso alle Zutaten auf langsamer Stufe durchkneten.

Feines Hefegebäck (Brioches) *15 Stück*

500 g Weizenvollkorn, 125 g Butter, 1 Päckchen Hefe (= 42 g), 2 EL Honig, ¼ lauwarme Milch, 3 Eigelb, 1 Prise Salz, abgeriebene Schale von ½ ungespritzter Zitrone, zum Bestreichen 1 verquirltes Eigelb.

Den Weizen kurz vor Gebrauch durch die Mühle zu feinem Mehl ausmahlen und mit der Hefe verbröseln. Die Butter mit dem Honig in der erwärmten Milch auflösen und samt den anderen Zutaten zu dem Mehl-Hefe-Gemisch geben. Den Teig mit der Küchenmaschine so lange kneten, bis er Blasen wirft. Dann zugedeckt an einem warmen Ort gehen lassen, bis er sich verdoppelt hat. Auf einem Brett zu einer langen Rolle formen und 15 gleichmäßige Stücke davon abschneiden.

Aus den Teigstücken Brioches (Kipferln-Schnecken usw.) formen, auf ein mit Mehl bestäubtes Blech setzen, 10–15 Minuten „gehen" lassen, dann mit Eidotter bestreichen und im vorgeheizten Ofen (E-Herd oder Warmluftofen, 220 °C) ca. 15 Minuten backen lassen.

Pro Stück:	
	5,20 g Ew
	9,60 g F
	23,10 g KH
	205 kcal

Tip:

Zusätzlich kann das Gebäck mit Mohn, Sesam oder Leinsamen bestreut werden. Das Bestreichen mit Eigelb kann kurz vor dem Einschieben in den Ofen geschehen. Dazu verwendet man einen feinen Haarpinsel! Siehe auch Tip Seite 72 für berufstätige Hausfrauen oder Schnellköche.

Milchbrot *15 Stücke*

500 g Weizenvollkorn, ½ Päckchen Hefe (= 21 g), ⅜ l lauwarme Milch, 60 g Bienenhonig, 80 g zerlassene Butter, 50 g ungeschwefelte Rosinen, eine Prise Meersalz, 1 Eigelb zum Bestreichen.

Den Weizen kurz vor Gebrauch mit der Getreidemühle zu feinem Mehl ausmahlen. Die Butter und den Honig in lauwarmer Milch auflösen. Das Mehl in eine große Schüssel geben, mit den Rosinen und dem Salz vermischen. Die Hefe dazubröckeln, alles zu einem Teig vermengen und diesen sehr gut durchschlagen, bis er Blasen wirft. An einem warmen Ort zugedeckt ca. 20 Minuten „gehen" lassen und leicht durcharbeiten. Einen länglichen Wecken formen, auf ein mit Mehl bestäubtes Backblech legen und nochmals ½ Stunde gehen lassen, mit Eigelb bestreichen. Im vorgeheizten Ofen (E-Herd oder Warmluftofen, 200 °C) ca. 20 Minuten zu schöner Farbe backen und danach evtl. mit etwas Milch bestreichen.

Pro Stück:	4,50 g Ew
	5,90 g F
	26,0 g KH
	182 kcal

Tip:

Wenn es besonders schnell gehen soll, kann auf den Vorteig und die erste „Gehzeit" auch verzichtet werden. Alle Zutaten werden auf einmal in der Rührschüssel verknetet – geformt –; den Teig „gehen lassen" und backen. Siehe Seite 72.

Quarkstollen *30 Portionen*

150 g Butter, 100 g Bienenhonig, ½ TL Vanille, echt, 3 Eier, 100 g getrocknete Aprikosen, 100 g Orangeat, 50 g Zitronat, Saft einer Orange, Saft einer Zitrone, 250 g Magerquark, 600 g frisch gemahlenes Weizenvollwertmehl, 1 Päckchen Backpulver, 120 g Rosinen, Butter zum Einfetten, Mehl zum Bestäuben.
Zum Bestreichen: 50 g zerlassene Butter mit 1 EL Bienenhonig.

Butter schaumig rühren. Honig, Vanille und Eier nach und nach dazugeben. Kräftig weiterrühren. Aprikosen waschen, abtropfen lassen und zusammen mit Orangeat und Zitronat fein hacken. Mit Orangen- und Zitronensaft in die Schüssel geben. Quark (evtl. mit etwas Rahm glattrühren) zugeben, Mehl und Backpulver darüberstreuen. Alles gut verrühren und kräftig kneten, bis ein fester Teig entsteht. Rosinen in einem Sieb unter heißem Wasser gründlich abbrausen. Abtropfen lassen und trockenreiben. In etwas Mehl wälzen und in den Teig kneten. Den Teig zu einem Stollen formen und auf das eingefettete und mit Mehl bestäubte Backblech legen. Im vorgeheizten Ofen auf mittlerer Schiene einschieben. Bei 200 °C ca. 70 Minuten backen. Nach 45 Minuten mit Alufolie abdecken. Aus dem Ofen nehmen und noch warm mit zerlassener Butter und Honig bestreichen. Erkalten lassen und 30 Stücke schneiden.

Pro Portion:	
	4,40 g Ew
	6,20 g F
	23,0 g KH
	166 kcal

Tip:

Ein empfehlenswertes Weihnachtsgebäck.
Anstatt Orangeat und Zitronat kann man auch Dörrpflaumen nehmen!

Maisgugelhupf *16 Portionen*

250 g Maisvollkorn, 250 g Weizenvollkorn, ⅛ l süßer Rahm, ⅛ l lauwarme Milch, 150 g Bienenhonig, 90 g Rosinen, ungeschwefelt, 60 g grobgehackte Walnüsse, 1 Päckchen Hefe (= 42 g), eine Prise Meersalz, 4 Eidotter, abgeriebene Schale von ½ ungespritzter Zitrone.

Kurz vor Gebrauch Mais und Weizen auf der feinsten Stufe der Getreidemühle ausmahlen, in eine Schüssel geben und eine Grube eindrücken. Die Hefe in der lauwarmen Milch auflösen, in die Grube geben, mit etwas Mehl zu einem dicklichen Brei verrühren und mit einem Tuch zugedeckt ca. 15 Minuten an einem warmen Ort gehen lassen. Inzwischen die Eidotter mit Rahm, Honig und Salz schaumig schlagen und zur Grundmasse geben. Alle weiteren Zutaten beigeben und den Teig mit einer Küchenmaschine gut verrühren. Die Masse in eine mit Butter ausgestrichene und ausgebröselte Gugelhupfform füllen. Gut 1 Stunde gehen lassen, bis sich die Masse ca. verdoppelt hat, und im vorgeheizten Ofen (E-Herd 170°C) ca. 40 Minuten backen lassen. Danach aus der Form stürzen und erkalten lassen.

Wenn es schnell gehen soll, kann man einfach alle Zutaten vermischen, dann die Masse in der Form „gehen lassen" und backen.

Pro Portion:	
	4,70 g Ew
	6,10 g F
	32,50 g KH
	206 kcal

Tip:

Zum Schneiden eignet sich ein Elektromesser bestens! Gugelhupf nur kurze Zeit aufbewahren, da er rasch austrocknet. Kann auch als Dessert mit Orangensaft getränkt und mit Fruchtsauce und etwas Schlagsahne serviert werden. Anstatt Maismehl kann auch feines Hirsemehl genommen werden.

Aprikosenplätzchen *ca. 15 Stück*

Für den Teig:
300 g frischgemahlenes Weizenvollwertmehl, 1 Ei, eine Prise Salz, abgeriebene Schale einer halben Zitrone, 100 g Bienenhonig, 150 g Butter, Mehl zum Ausrollen.
Für die Füllung:
180 g Zartbitterschokolade und 40 g Butter.
Für die Garnierung:
100 g Aprikosenmarmelade.

Für den Teig Mehl auf die Arbeitsfläche geben und in die Mitte eine Mulde drücken. Honig, Ei, Salz und Zitronenschale dazugeben. Butter in Flöckchen darauf verteilen. Schnell von außen nach innen einen glatten Teig kneten und diesen ½ Stunde zugedeckt in den Kühlschrank stellen. Arbeitsfläche mit Mehl bestäuben und den Teig darauf dünn ausrollen. Runde Teigstücke von ca. 4 cm Durchmesser ausstechen (für den Abschluß mit einem kleinen Ausstecher die Mitte ausstechen) und auf ein ungefettetes Backblech legen. In den vorgeheizten Backofen auf die mittlere Schiene schieben und bei 200 °C 5 Min. backen. Dann herausnehmen und die Plätzchen auskühlen lassen. Schokolade und Butter im Wasserbad erwärmen und gut verrühren. Jeweils 3 Plätzchen mit Schokolade bestreichen und zusammensetzen. Das vierte ausgestochene Plätzchen als Abschluß darauflegen. Die Plätzchen rundum noch mit Schokolade bestreichen und in die Mitte die Aprikosenmarmelade einfüllen. Trocknen lassen.

Pro Stück:	1,10 g Ew
	4,47 g F
	8,20 g KH
	73 kcal

Tip:

Statt Weizen kann auch Dinkel verwendet werden!

Linzer Augen *60 Stück*

Für den Teig:
500 g frischgemahlenes Weizenvollwertmehl*, 1 Ei, 2 cl Rum, 100 g Bienenhonig,
50 g gemahlene Haselnüsse, abgeriebene Schale einer Zitrone, abgeschabtes Mark
einer halben Vanillestange, eine Prise Salz, 250 g Butter, Mehl zum Ausrollen.
Für die Füllung 200 g Aprikosenmarmelade.

Mehl auf die Arbeitsfläche geben und in die Mitte eine Mulde drücken. Ei,
Rum und Honig dazugeben. Haselnüsse, abgeriebene Zitronenschale und
Vanillemark darübergeben. Butter in Flöckchen auf dem Mehlrand verteilen. Von außen nach innen alles rasch zu einem glatten Mürbeteig kneten.
Zugedeckt in einer Schüssel 60 Minuten im Kühlschrank ruhen lassen.
Teig auf einer mit Mehl bestäubten Arbeitsfläche etwa 3 mm dick ausrollen. Runde Plätzchen von etwa 6 cm Durchmesser und ebensoviele Ringe
(Rand etwa 1 cm breit) ausstechen. Plätzchen und Ringe auf ein ungefettetes Backblech legen und auf mittlerer Schiene in den vorgeheizten Ofen
schieben. Bei 180 °C 12 Minuten backen. Gebäck vorsichtig vom Blech
lösen. Die noch heißen Plätzchen mit Marmelade bestreichen und jeweils
einen Ring daraufsetzen. Etwas Marmelade in die Ringmitte setzen.

Pro Stück:	
	1,14 g Ew
	3,73 g F
	8,60 g KH
	75 kcal

* Statt Weizen kann man Dinkel nehmen!

Luzerner Lebkuchen *16 Stück*

200 g Bienenhonig, ¼ l Sahne, 1 TL Zimt, 1 TL Anis, 1 Messerspitze gemahlener Kardamom, 1 cl Branntwein, 1½ TL Natron, ⅛ l Milch, 200 g frischgemahlenes Weizenvollwertmehl, Butter zum Einfetten.
Zum Bestreichen:
2 EL Honig, 1 EL Branntwein.

Honig in einem Topf (über Dampf) erwärmen, bis er leicht flüssig, aber nicht heiß ist. Sahne in einer Schüssel steifschlagen. Honig mit Zimt, Anis, Nelkenpulver und Kordamom in die steifgeschlagene Sahne rühren. Branntwein in einem Topf leicht erwärmen. Alles zur Sahne geben und mischen. Nach und nach das Mehl einrühren, bis ein dickflüssiger Teig entsteht. Eine Springform von 24 cm Durchmesser mit Butter einfetten. Den Teig einfüllen und im vorgeheizten Ofen (mittlere Schiene) bei 200 °C 35 Minuten backen.
Zum Bestreichen Honig und Branntwein erwärmen, bis der Honig streichfähig ist. Kuchen aus dem Ofen nehmen, auf ein Gitter gleiten lassen und noch warm mit dem Honiggemisch bestreichen. Den Kuchen zugedeckt an einem kühlen Ort 3 Tage ruhen lassen. Dann in 16 Stücke schneiden.

	Pro Stück:	2,13 g Ew
		5,50 g F
		19,60 g KH
		141 kcal

Tip:

Luzerner Lebkuchen, Linzer Augen (Seite 78), Aprikosenplätzchen (Seite 77), Quarkstollen (Seite 75) und Pflaumenbrot (Seite 71) ist auch als Weihnachtsgebäck zu empfehlen.

> Übrigens muß niemand auf die „geliebte" Weihnachtsbäckerei verzichten. Mein Tip: Reduzieren Sie bei „altbewährten" Rezepten die Zuckermenge um ein Drittel und nehmen Sie dafür Honig. Das Weißmehl tauschen Sie mit feinstgemahlenem Vollwertmehl, dann gelingt jedes Rezept!

Abb. 5: Fleischlose Gerichte

Polenta-Maisgrießschnitten, Rezept Seite 164, Hirseauflauf, Rezept Seite 174, Mais-Vollwert-Auflauf, Rezept Seite 176, Thymiansauce, Rezept Seite 292, Gemüsegulasch-Ragout, Rezept Seite 320, Hirse-Käsekrapferln, Rezept Seite 173.

Abb. 6: Fleischlose Gerichte

Spinatnudeln mit Steinpilzragout, Rezept Seite 171, Weizenvollwertnudeln, Rezept Seite 153.

Mittagessen

Basenvorspeisen
Einfache Salate

Die Gestaltung des Mittagessens

Ein bekömmliches Mittagsmahl kann – aber muß keinesfalls – aus mehreren Gängen bestehen. Für den täglichen Haushaltsplan wird sich zumeist ein zweiteiliges Menü empfehlen: Eine Vorspeise (basisches Frischkostgericht oder Basensuppe) und ein Hauptgericht. Gelegentlich, aber keinesfalls täglich, können auch Nachspeisen (Desserts) die Mahlzeit abschließen. Der alltägliche Konsum von Fleisch- oder Fischgerichten, Wurstwaren usw. wirkt sich gesundheitlich sehr ungünstig aus, was auch durch die neuesten Forschungen eindeutig bewiesen werden konnte*.

Völlig fleischlose Tage, bei denen das Hauptgericht etwa aus Basensuppe, Gemüse und Getreidegerichten bestehen kann, sind unerläßlich, wobei lediglich die günstige Anzahl der fleischlosen Tage und der Tage mit Fleisch individuell sehr stark variieren wird. Im allgemeinen, gar wenn man die Menüs in den Gaststätten betrachtet, sollten die Fleischportionen wesentlich kleiner und die basischen Beilagen, wie Kartoffel und Gemüse, eher größer werden. Besonders frische Salate und Kräuter verdienten vielfach eine vermehrte Berücksichtigung. Dies gilt auch für die Zusammenstellung der Kost. Zwischen den basenspendenden Lebensmitteln, wie Milch, Gemüse, Kartoffel, Kräuter usw., und den säureüberschüssigen Nahrungsmitteln, wie Fleisch, Fisch, Käse usw., sollte ein ausgewogenes Verhältnis bestehen. Siehe Säure-Basen-Tabelle**.

Die grundlegende Bedeutung der richtigen Art der Speiseneinnahme, das gründliche Kauen und Einspeicheln jedes Bissens, das rechtzeitige Aufhören mit dem Essen usw. wurde bereits ausführlich im Buch „Milde Ableitungsdiät" behandelt, so daß hier nur kurz darauf hingewiesen wird. Gerade für eine „gesunde" Küche gilt das Wort:

Gut gekaut ist halb verdaut!

---

* *Wendt*, L. u. Th.: Über die Entstehung der alimentären Arteriosklerose durch Eiweißüberernährung und ihre Heilung durch Eiweißfasten. Erfahrungsheilkunde 1980, Heft 11. Karl F. Haug Verlag, Heidelberg.
** *Rauch/Mayr:* Milde Ableitungsdiät. Karl F. Haug Verlag, Heidelberg.

Die leicht bekömmliche biologische Küche sollte möglichst einfach und bescheiden, möglichst natürlich und möglichst gut zubereitet sein, so daß sie von den Verdauungsorganen gut aufgeschlossen werden kann und trotz ihres natürlichen Wohlgeschmackes nicht zum schädlichen Überkonsum und Schlemmen verführt. Auch dazu ist das langsame Essen und das gründlichste Kauen unerläßlich!!!

Basenvorspeisen – Einfache Salate

Falls irgend möglich, sollten Salate besonders frisch sein. Verwendet man keine Marinade, so macht man den Salat in einer großen Schüssel mit kaltgepreßten Pflanzenölen, naturreinem Apfelessig und Meersalz an. Das Anmachen von Salaten hat immer kurz vor dem Servieren zu geschehen, so daß beim Anrichten fast keine Flüssigkeit in der Schüssel übrigbleibt.

Kurzes und gründliches Waschen in ausreichend Wasser ist unumgänglich. Danach den Salat abtropfen lassen, anmachen und servieren. Man lasse sich beim Einkauf von Salat und Gemüse nicht durch das optische Aussehen blenden. Ungespritzte Qualität bürgt für den besten Geschmack und gesundheitlichen Wert. Tiefkühlprodukte sind besser als lange abgestandene Ware auf dem Frischmarkt.

Die Auswahl der verschiedenen einfachen oder kombinierten Salate sollte nach der Jahreszeit getroffen werden. So wird ein Tomatensalat von Freilandtomaten im August hervorragend schmecken, während der gleiche Salat im Winter geschmacklos bleiben wird. Hier kann auch das beste Öl nicht helfen!

Merke:

1. Frisch gestochener Kopfsalat ist nicht mit überlagertem, in Plastikbeuteln verpacktem Salat zu vergleichen.
   Man achte darauf, daß Salat und Gemüse nach dem Einkauf kurzfristig gekühlt werden. Salate und Gemüse können durch Lagerung in warmen Räumen mehr als die Hälfte ihres Nährwertes (Vitamin C) verlieren.
2. Man verwende für Salate immer kaltgepreßte Öle aus dem Reformhaus und guten Apfelessig oder Zitronensaft oder sauren Rahm.
3. Man mische Salate reichlich mit frischen Kräutern.
4. Man verwende frische Salate öfter als Vorspeisen vor oder anstelle der Suppe.

Einfache Salate

Feld-, Rapunzel- oder Vogerlsalat

In reichlich kaltem Wasser kurz und gründlich waschen, in einem Sieb abtropfen lassen, in eine Schüssel geben und mit kaltgepreßtem Öl, naturreinem Apfelessig und Meersalz anmachen.

Tip:

Mit kleinen Radieschenscheiben und frischen Tomatenstücken sorgt man für Abwechslung. Auch Gartenkresse, Löwenzahn, Ruccola, Bärlauch, Jungzwiebel, Bachkresse und Fenchelstreifen können untergemischt werden.

Löwenzahnsalat

Jungen, frisch gestochenen Löwenzahn in reichlich kaltem Wasser kurz und gründlich waschen, in einem Sieb abtropfen lassen und in einer Schüssel mit kaltgepreßtem Öl, naturreinem Apfelessig und Meersalz anmachen (eventuell mit Vogerl- oder Schnittsalat mischen). Besonders gut passen zu diesem Salat warme Kartoffeln, welche den Bittergeschmack des Salates wegnehmen. Kann auch mit anderen Blattsalaten gemischt werden.

Tip:

Auf keinen Fall frische Salate in Wasser liegen lassen. Es kommt dabei zum Auslaugen der wasserlöslichen Vitamine!

Gartenkressesalat

Gartenkresse und Ruccola oder Schnittsalat in reichlich Wasser kurz waschen und abtropfen lassen. In einer Schüssel mit kaltgepreßtem Öl, naturreinem Apfelessig und Meersalz anmachen. Kann mit verschiedenen Blattsalaten kombiniert werden.

Tip:

Mit feingeschnittenen Radieschen- und Bierrettichscheibchen garnieren.

Als Vorspeise gereicht, leistet der Salat wertvolle Dienste: Es werden Verdauungssäfte gebildet, besonders durch sogenannte Bitterstoffe, wie sie im Löwenzahnsalat oder bei Endivien-Salat vorkommen.

Der Magen wird sozusagen auf den nächsten Speisengang vorbereitet. Wichtig: Zum Essen selbst nichts trinken, damit die Verdauungssäfte nicht wieder verdünnt werden. Vor oder nach dem Essen trinken!

Karotten- oder Möhrensalat *2 Portionen*

200 g frische, junge Karotten (Möhren), 50 g Bach- oder Gartenkresse, ½ TL Bienenhonig, 1 TL Zitronensaft, 3 EL kaltgepreßtes Distelöl, eine Prise Meersalz.

Karotten putzen, waschen und in ½ cm starke Scheiben schneiden. Im Dampfdrucktopf kernig weich dämpfen und in eine Salatschüssel geben. Noch warm mit Honig, Zitronensaft und Öl vermischen. Die Kresse gewaschen und abgetropft zugeben, mit Meersalz würzen und unterheben.

Pro Portion:	
	2,16 g Ew
	15,50 g F
	11,80 g KH
	195 kcal

Karotten-Apfel-Salat *2 Portionen*

150 g Äpfel, 150 g junge Karotten.

Äpfel schälen, Kerngehäuse ausstechen und mit einer Glas- oder Kunst-stoffraspel fein raspeln. Die Karotten putzen, waschen, abschaben und ebenfalls fein raspeln. Alles gut vermischen und auf mariniertem Schnitt-salat anrichten.

Pro Portion:

1,10 g Ew
0,50 g F
16,70 g KH
74 kcal

Tip:

Besonders empfehlenswert bei Infekten und Durchfall.
Mit Sahne oder saurer Sahne durchmischen (= basische Vorspeise!).

Frühlingssalat *2 Portionen*

60 g Schnittsalat, 30 g Garten- oder Bachkresse, 4 Radieschen, 50 g Frühlingszwie-bel, 1 Bund Bärlauch, frisch und feingeschnitten.

Zum Anmachen
2 EL Nußöl, 1 EL naturreiner Apfelessig oder Balsamico, eine Prise Meer-salz.

Salat sowie Zutaten putzen, waschen und abtropfen lassen. Die Salatblätter in eine Schüssel geben. Radieschen halbieren und mit einem gezackten Messer in dünne Scheibchen schneiden, Frühlingszwiebel fein schneiden. Gartenkresse und Bärlauch ebenfalls dazumischen und mit Öl, Essig und Salz anmachen.

Pro Portion:

4,10 g Ew
0,70 g F
8,50 g KH
59 kcal

Selleriesalat *2 Portionen*

100 g Knollensellerie, 100 g Äpfel, 50 g frische Ananaswürfelchen, eine Prise Meersalz, etwas Zitronensaft. 2 EL Mayonnaise (siehe Grundrezept Seite 99).

Sellerie schälen und in ganz feine Streifen schneiden oder mit einer feinen Raspel in Streifen aufarbeiten. Mit Zitronensaft vermischen. Die Äpfel schälen, ausstechen und ebenfalls aufraspeln. Ananaswürfelchen zugeben und alles zusammen mit Mayonnaise anmachen. Den Salat durchkühlen lassen.

Pro Portion:	2,10 g Ew
	10,30 g F
	14,10 g KH
	159 kcal

Tip:

Evtl. mit halbierten Walnußkernen garnieren. Anstatt Mayonnaise kann auch Sauerrahm verwendet werden.

Salat von Wildkräutern

Da dieser Salat nur im Frühjahr zu bereiten ist, macht man etwas Besonderes daraus:
Man verwende als Hauptbestandteil Feldsalat oder Gartenkresse und mische ein paar junge Sauerampferblätter, Bärlauch, Löwenzahn, junge Brennesseln und Bachkresse darunter. In einer Schüssel mit kaltgepreßtem Öl, naturreinem Apfelessig und Meersalz anmachen.

Tip:

Salate sollen immer kurz vor dem Verzehr mit ⅔ Öl und ⅓ Essig so vermischt werden, daß nichts in der Schüssel bleibt.

Gurkensalat

Junge Salatgurken mit der Schale verwenden, ältere Gurken schälen, halbieren und entkernen. Mit einer Kunststoffreibe dünne Scheiben schneiden und mit kaltgepreßtem Öl, Kümmel, naturreinem Apfelessig und Meersalz anmachen.

Will man den Salat mit saurer Sahne, so wird er mit einer entsprechenden Salatmarinade (Rezept Seite 95) angemacht. Zum Garnieren und Untermischen verwendet man frisch geschnittenes Dillkraut oder Bohnenkraut.

Tip:

Zur Abwechslung verwende man zwischendurch etwas Knoblauchzehe mit Petersilie zerdrückt und ein wenig gemahlenen Kümmel. Ist das Knoblauchfleisch störend, so reibt man die Glasschüssel mit einer Knoblauchzehe aus.

Blumenkohlsalat *2 Portionen*

200 g geputzte Blumenkohlröschen (Karfiol), frisch, 1 TL Petersilie, frisch gehackt, 1 rote Paprikaschote.

Zum Anmachen
2 EL kaltgepreßtes Öl, 1 EL naturreiner Apfelessig, eine Prise Meersalz.

Blumenkohl waschen und in Rosen teilen. In einem Dampfdrucktopf oder in Salzwasser (das Gemüsewasser weiterverwenden!) die Röschen kernig weich dämpfen oder kochen. Paprikaschote waschen, halbieren, das Gehäuse entfernen und in kleine Würfelchen schneiden. Den Blumenkohlsalat noch warm in einer Schüssel mit allen Zutaten anmachen, einige Zeit ziehen lassen und mit frischer Petersilie bestreuen. Eventuell mit Vogerlsalat mischen.

Pro Portion:	3,0 g Ew
	10,30 g F
	5,80 g KH
	127 kcal

Spargelsalat *2 Portionen*

200 g Spargel, frisch, 50 g Gartenkresse, 4 Radieschen, 30 g junge Lauchzwiebel (Frühlingszwiebel).

Zum Anmachen
3 EL kaltgepreßtes Öl, 2 EL naturreiner Apfelessig, eine Prise Meersalz.

Spargel vom Kopf zum Ende hin dicker werdend schälen, alle holzigen Fasern entfernen, das Ende etwa um 1 cm stutzen und die Stangen in 3 cm lange Stücke schneiden, in kochendem Salzwasser (Brühe weiterverwenden!) kernig weich garen. Mit einem Netzschöpfer herausheben und in eine Salatschüssel geben. Lauchzwiebel der Länge nach halbieren und quer in kleinste Ringe schneiden. Radieschen halbieren und in dünne Scheibchen schneiden. Gartenkresse waschen und abtropfen.
Alles zusammen mit Öl, Salz und Essig in der Salatschüssel vermischen. Auf Blattsalat anrichten.

Pro Portion:	3,90 g Ew
	15,60 g F
	6,50 g KH
	182 kcal

Tip:

Anstatt Öl und Essig kann man zur Abwechslung die Sauerrahm-Salatmarinade (Rezept Seite 95) verwenden! Mohnöl, Kürbiskernöl oder Walnußöl sorgen für besten Geschmack und harmonieren gut zu Balsamico-Essig.
Das kaltgepreßte Leinöl ist an sich das wertvollste Öl überhaupt. Doch ist es nicht jedermanns Geschmack. Deshalb wurde bei allen Rezepturen das kaltgepreßte Distelöl verwendet, weil es neutraler schmeckt!

Tomatensalat

Junge, feste Tomaten (Freilandtomaten) gut waschen, den Strunk entfernen und in Scheiben oder Stücke schneiden. Will man die Tomate schälen, so wird die eingeritzte Tomate kurz in kochendes Wasser getaucht; dann zieht man die Haut ab. Die Tomatenscheiben in eine Schüssel legen und mit einer Marinade aus Meersalz, kaltgepreßtem Öl und naturreinem Apfelessig (Balsamico) übergießen. Kurze Zeit einwirken lassen. Mit kleinstgeschnittener Zwiebel und frischer Petersilie bestreuen.

Tip:

Nicht die Tomaten, welche optisch am besten aussehen, sondern solche, die auch nach Tomaten schmecken, sollen verwendet werden. Alles zu seiner Zeit!

Gemischter Salat *2 Portionen*

50 g junger Lauch, 60 g Radieschen, 150 g Kopfsalatherzen (oder Schnittsalat).

Kopfsalatherzen gut waschen, abtropfen und in eine Schüssel geben. Lauch in feinste Streifen schneiden, Radieschen ebenfalls, und mit kaltgepreßtem Öl, naturreinem Apfelessig und Meersalz anmachen.

Pro Portion:

1,80 g Ew
0,30 g F
3,70 g KH
26 kcal

Tip:

Die Salate sollen der Jahreszeit entsprechend gewählt werden. Die Qualität an frischen Produkten ist ausschlaggebend.

Spinatsalat

Frische, junge Spinatblätter (nur bei Bedarf entstielen) und Schnittsalat in reichlich kaltem Wasser kurz und gründlich waschen, abtropfen und in eine Schüssel geben. Mit kaltgepreßtem Öl (Kürbiskernöl), naturreinem Apfelessig (Balsamico) und Meersalz anmachen.

Tip:

Mit einem Tupfen saurer Sahne und Radieschenscheiben garnieren. Kann auch beliebig gemischt werden! Auf Kartoffelsalat anrichten.

Salatmarinaden

für trocken gemischte Salate je 2 Portionen

Sauerrahm-Creme
4 EL saure Sahne, 1 EL kaltgepreßtes Öl, 1 EL naturreiner Apfelessig, eine Prise Meersalz, 1 EL Schnittlauch, frisch und feingeschnitten.
Alle Zutaten mit einem Schneebesen gut vermischen!

Pro Portion:

1,30 g Ew
9,0 g F
1,80 g KH
92 kcal

Öl-Essig-Marinade
4 EL kaltgepreßtes Öl (Nuß- oder Mandelöl), 2 EL naturreiner Apfelessig (Balsamico), 1 TL Gartenkräuter, frisch und feingehackt, eine Prise Meersalz.
Alle Zutaten mit einem Schneebesen gut vermischen!

Pro Portion:

0,10 g Ew
20,0 g F
0,20 g KH
181 kcal

Abb. 7: Fleischlose Gerichte

Naturreisring mit Zucchini-Champignon-Ragout, Rezept Seite 179, Fenchelgratin, Rezept Seite 175, Kräutersauce, Rezept Seite 290, Gemüseragout, Rezept Seite 320.

Abb. 8: Kohlroulade mit Champignon-Reis-Füllung, Rezept Seite 178.

Joghurt-Dressing
4 EL Joghurt (Biogarde – Bioghurt), 1 EL kaltgepreßtes Öl, 1 TL Zitronensaft, eine Prise Meersalz, 1 EL Balsamico, 1 Bd. frisch gehackter Kerbel.
Alle Zutaten mit einem Schneebesen gut vermischen oder mit Kerbel im Mixglas pürieren.

Pro Portion:	
	1,80 g Ew
	5,0 g F
	2,0 g KH
	61 kcal

Wichtig: Bei Milchunverträglichkeit eignen sich sämtliche Schafs-milchprodukte (Joghurt – Quark).

Tip:

Die Verwendung von Salatmarinaden hat den Vorteil, daß es auch dann knackige, frische Salate gibt, wenn nicht auf die Minute genau gegessen wird. Der Salat wird vorbereitet und kurz vor dem Servieren mit Dressing versehen.
Natürlich kann der Salat auch auf dem Tisch mit Öl, Essig und Salz abgeschmeckt werden, wie es zu den Gepflogenheiten unserer italienischen Landsleute gehört. Denn ein altes Sprichwort sagt: „Allen recht getan ist eine Kunst, die niemand kann!"

Sauce Mayonnaise Grundrezept *4 Portionen*

1 Eigelb, ½ TL Zitronensaft, ½ TL Senf, 3 EL kaltgepreßtes Pflanzenöl, 2 EL Sauerrahm oder Quark, Salz, Pfeffer.

Eigelb mit Salz, Zitronensaft und Senf in einem Gefäß gut verrühren und das Öl tropfenweise einrühren. Zuletzt den Sauerrahm oder Quark beimengen und abschmecken (kann auch im Mixer gemacht werden).

Pro Portion:	1,30 g Ew
	9,90 g F
	0,40 g KH
	96 kcal

Kräutermayonnaise
Zum Grundrezept mischt man 1 EL frische Wild- oder Gartenkräuter.

Knoblauchmayonnaise
2 Knoblauchzehen mit Meersalz und gehackter Petersilie fein zerdrückt der Mayonnaise zugeben, evtl. mit gemixtem Bärlauch verfeinern.

Tomatenmayonnaise
Zum Grundrezept mischt man 2 TL frisch pürierte Tomaten (Mark). Gibt man 1 TL Cognac dazu, etwas Salz und Pfeffer, so hat man eine Cocktailsauce.

Südfranzösisches Rotweindressing
Salatmayonnaise wird mit Senf und Rotwein verrührt und mit abgeriebener Orangenschale, Salz und Pfeffer abgeschmeckt.

Tip:
Alle Salatsaucen können im Mixer gemacht werden.

Saure Sahnesauce *4 Portionen*

4 EL Sauerrahm, 2 EL kaltgepreßtes Pflanzenöl, 1 EL Apfelessig, Zitronensaft, 1 TL frische Kresse, gut vermischen.

Pro Portion:	*0,70 g EW*
	7,0 g F
	0,90 g KH
	68 kcal

Roquefort-Dressing
Zu diesem Dressing streicht man Roquefortkäse durch ein Sieb, verrührt ihn mit Sauerrahm und einem Teil der Sauce Mayonnaise und gibt zum Schluß gehacktes Kerbelkraut dazu.

Orangen-Rahmdressing
Dicke saure Sahne wird mit wenig Öl, Joghurt und Orangensaft aufgerührt und mit Salz und weißem Pfeffer abgeschmeckt.

Genfer Dressing
Durchpassierte, hartgekochte Eigelbe werden wie eine Mayonnaise mit Zitronensaft und Öl aufgerührt und zum Schluß mit passierten Kräutern, Sauerrahm und geriebenen Mandeln gemischt.

Kartoffeldressing
Gekochte, geschälte Kartoffeln werden mit Sauerrahm oder Joghurt, mit Essig, Salz und Pfeffer im Mixglas püriert. Bei grünem Dressing gibt man etwas Bärlauch, Spinat, Löwenzahn, Kerbel oder Petersilie dazu.

Kombinierte Salate

Kombinierte Salate

Kombinierte Salate sind wertvolle Basenspender, die sowohl als Vorspeise wie als Beilage verwendet werden können.

Chicoréesalat *2 Portionen*

1 Chicorée (Brüsseler Spitzen), 200 g, 40 g Gartenkresse, frisch, Vogerl- oder Schnittsalat, 50 g Champignons, frisch, zum Garnieren 4 Orangenspalten.

Zum Anmachen
2 EL kaltgepreßtes Öl, 1 EL naturreiner Apfelessig, eine Prise Meersalz.

Chicorée putzen, den bitteren Kern kegelförmig herausstechen und die Chicoréestangen quer in etwa fingerdicke Stücke schneiden, waschen und abtropfen. Champignons putzen, waschen und in Scheiben schneiden. Kresse ebenfalls waschen, abtropfen lassen und alles zusammen in einer Schüssel mit Öl, Essig und Salz anmachen. Anrichten und mit frischen Orangenfilets garnieren.

Pro Portion:	
	2,90 g Ew
	11,50 g F
	4,50 g KH
	125 kcal

Tip:

Bei Orangenfilets wird die Orange wie ein Apfel geschält, dabei die weiße Haut völlig entfernt, und die hautlosen Filets mit einem kleinen, scharfen Messer spaltenförmig herausgeschnitten.

Fenchelsalat in der Schale *3 Portionen*

400 g Fenchelknollen, frisch, 3 EL kaltgepreßtes Öl, ½ EL naturreiner Apfelessig, ½ TL Leinölsenf, ½ TL Zitronensaft, 1 EL Garten- oder Bachkresse, frisch, 1 EL saure Sahne, 1 Tomate (80 g), 1 Eidotter, eine Prise Meersalz, 80 g Salatgurke (Ruccola oder Schnittsalat).

Fenchelknollen putzen (braune Schalenteile wegschneiden) und waschen. Die 2 äußeren Schalenteile des Fenchelstrunkes ablösen und beiseite legen. Das restliche Fenchelfleisch streifenförmig aufschneiden und in eine Schüssel geben. Die Gurke waschen, in der Mitte teilen, mit einem Eßlöffel entkernen und ebenfalls streifenförmig geschnitten zum Fenchel mischen. Die Tomate einschneiden, sekundenlang in heißes Wasser tauchen, schälen, entkernen und in 6 Ecken schneiden.

Salatsauce/Mayonnaise
In einer Schüssel Eidotter mit Salz, Senf und Zitronensaft würzen und mit einem Schneebesen unter gutem Rühren das Öl tropfenweise zurühren, bis die Sauce sämig ist. Essig sowie saure Sahne unterrühren. Mit dieser Marinade den Salat vermischen und die frische Kresse zuletzt unterheben.

In 2 kleine Salatschüsseln gibt man nun je eine Fenchelschale und füllt diese mit dem angemachten Salat. Zuletzt wird mit den Tomatenecken, etwas Kresse und frischem Fenchelgrün garniert.

Pro Portion:	4,70 g Ew
	27,90 g F
	13,80 g KH
	193 kcal

Radieschensalat *2 Portionen*

150 g Radieschen, 40 g Gartenkresse, Schnittsalat oder Häupelsalat, eine Prise Meersalz, 2 EL kaltgepreßtes Öl, 1 EL naturreiner Apfelessig.

Radieschen putzen, waschen, halbieren und in dünne Scheibchen schneiden. Gartenkresse waschen, abtropfen lassen, in eine Schüssel geben und mit den Radieschen vermischen. Mit Öl, Salz und Essig anmachen. Evtl. warme Kartoffelscheiben dazumischen.

Pro Portion:

1,70 g Ew
10,30 g F
3,40 g KH
114 kcal

Bierrettichsalat *2 Portionen*

150 g Bierrettich, 50 g Kopfsalatherzen, eine Prise Meersalz, 2 EL kaltgepreßtes Öl, 1 EL naturreiner Apfelessig, 2 Salatblätter zum Anrichten.

Bierrettich putzen, waschen, abschaben und mit einer Glas- oder Kunststoffraspel grob aufraspeln. Kopfsalat waschen, abtropfen lassen, in Streifen schneiden und mit dem Rettich vermischen.
In einer Schüssel mit Salz, Öl und Essig anmachen und auf Salatblättern anrichten.

Pro Portion:

1,10 g Ew
10,10 g F
3,10 g KH
108 kcal

Tip:

Evtl. mit einem Tupfen saurer Sahne garnieren. Zu allen Salaten kann man beliebig Feldsalat oder Kopfsalat mischen.

Geflügelsalat *2 Portionen*

2 Hühnerbrüstchen, gekocht, 50 g Champignons, frisch, 50 g Spargel, 50 g Prinzeßbohnen, 1 TL Majoranblätter, frisch, 2 EL saure Sahne, Pfeffer aus der Mühle, eine Prise Meersalz, 2 Tomatenspalten zum Garnieren.

Hühnerbrüstchen von Knochen und Hautresten befreien, in Streifen schneiden und in eine Glasschüssel geben. Spargel vom Kopf zum Ende hin dicker werdend schälen, dabei alle holzigen Fasern entfernen und die

Spitzen von den Stangen trennen. Die Stangen in 3 cm lange Stücke teilen und in kochendem Salzwasser kernig weich kochen, mit einem Netzschöpfer herausheben und zum Hühnerfleisch mischen. Bohnen an den Enden stutzen, evtl. die Fäden entfernen, und ebenfalls im selben Salzwasser kernig weich kochen. Herausheben, evtl. einmal durchschneiden und zum Hühnerfleisch geben. Champignons waschen, abtropfen, blättrig schneiden und ebenfalls zugeben. Alles zusammen mit saurer Sahne, Pfeffer, Salz und Majoranblättern vermischen und mit den kurz gekochten Spargelspitzen und Tomatenspalten garnieren.

Pro Portion:	25,20 g Ew
	3,10 g F
	3,80 g KH
	146 kcal

Tip:

Anstelle von Sauerrahm kann man auch eine selbstgemachte Mayonnaise (Rezept Seite 99) zum Anmachen verwenden.

Käsesalat 2 Portionen

150 g Emmentaler Käse, 50 g Paprikaschote, 30 g Radieschen, 30 g Gartenkresse, frisch, 50 g Brotcroûtons, 50 g Maiskörner, eingelegt.

Zum Anmachen
2 EL kaltgepreßtes Öl, 1 EL naturreiner Apfelessig, eine Prise Meersalz.

Käse in ½ cm starke Würfelchen schneiden. Die Paprikaschote ebenfalls würfeln, die Radieschen vierteln und in dünne Scheibchen schneiden. Die Gartenkresse waschen, abtropfen lassen und in eine Schüssel geben. Mit allen Zutaten sowie Öl, Essig und Salz vermischen.
Auf mariniertem Blattsalat anrichten und mit Brotcroûtons garnieren.

Pro Portion:

21,70 g Ew
33,20 g F
2,30 g KH
405 kcal

Tip:

In Cocktailschalen servieren. Kann auch mit Joghurt oder Sauerrahm gemischt werden.

Fischsalat *2 Portionen*

150 g Seezungenfilet, 30 g Brunnenkresse, 1 TL Zitronensaft, 50 g junge Karotten, geputzt, 30 g Zucchini, geputzt, eine Prise Meersalz, 1 TL Basilikumblätter, frisch, 1 EL saure Sahne, 1 EL kaltgepreßtes Öl, 1 EL naturreiner Apfelessig.

Seezungenfilets quer in 1 cm dicke Scheiben schneiden und in etwas Fischsud (gewürztes Fischwasser) 2 Minuten ziehen lassen. Mit einem Netzschöpfer herausheben und vorsichtig in eine Schüssel geben. Mit frischen Basilikumblättern bestreut und mit Zitronensaft beträufelt ziehen lassen. Inzwischen die Karotten und Zucchini in feine, längliche Streifen schneiden, ganz kurz überdämpfen, zugeben und mit saurer Sahne, Öl, Salz und Apfelessig abschmecken. Die Seezungenfilets unterheben und den Salat auf gewaschener und abgetropfter Brunnenkresse anrichten.

Pro Portion:

14,20 g Ew
6,90 g F
5,10 g KH
145 kcal

Tip:

Anstelle von Seezunge kann auch Scholle, Forelle, Kabeljau usw. für Fischsalat verwendet werden. Als weitere Variante gibt man 50 g Tiefseekrabben, Scampi oder Calamari zum Salat. Der Fisch kann auch gedämpft werden.

Schinkensalat *2 Portionen*

150 g magerer Rinderschinken, 50 g junge Frühlingszwiebeln, eine Prise Meersalz, etwas Pfeffer aus der Mühle, 50 g Mais (ganzes Korn, tiefgekühlt), 1 EL Schnittlauch, frisch.

Zum Anmachen
2 EL kaltgepreßtes Öl, 1 EL naturreiner Apfelessig.

Rinderschinken mit der Aufschnittmaschine in ½ cm dicke Scheiben schneiden, diese mit einem Messer in Streifen teilen und in eine Schüssel geben. Frühlingszwiebeln putzen, in kleine Ringe schneiden, waschen, abtropfen lassen und zugeben. Mais in kochendem Salzwasser kernig weich kochen, abtropfen lassen, überkühlen und ebenfalls zugeben. Mit allen Zutaten sowie Pfeffer, Salz, Öl, Essig und Schnittlauch anmachen.

Pro Portion:	
	3,70 g Ew
	11,10 g F
	20,10 g KH
	207 kcal

Tip:

Zur Abwechslung mischt man zusätzlich rote und grüne Paprikaschoten, in Streifen oder Würfel geschnitten, unter den Salat. Die Haut der Paprika läßt sich gut abziehen, wenn man diese kurze Zeit ins heiße Backrohr gibt.

Bohnensalat *2 Portionen*

200 g feine Prinzeßbohnen, 1 kleine Zwiebel, ½ rote Paprikaschote, 1 TL Bohnen-
kraut, frisch, eine Prise Meersalz, 3 EL kaltgepreßtes Öl, 2 EL naturreiner Apfel-
essig, etwas Pfeffer aus der Mühle.

Bohnen putzen, evtl. Fäden abziehen und in kochendem Salzwasser kernig
weich kochen (das Wasser weiterverwenden). Mit einem Netzschöpfer her-
ausheben und in eine Salatschüssel geben.
Paprikaschote von Stiel und Kernen befreit in feine Streifen schneiden.
Zwiebel in feine Würfel schneiden. Öl, Essig, Pfeffer und das grobgehackte
Bohnenkraut zu einer Marinade rühren und damit den Salat anmachen.

Pro Portion:	21,90 g Ew
	16,70 g F
	60,0 g KH
	486 kcal

Tip:

Nach Geschmack verwende man dazu auch etwas zerdrückten Knoblauch.

Rote-Bete-Salat mit Sahne, Meerrettich und Äpfeln 4 *Portionen*

⅛ l Sahne, 1 EL Zitronensaft, 3 EL frisch geriebener Meerrettich, Salz, 1 TL Bienenhonig, 500 g rote Bete, 2 saure Äpfel (250 g), 1 Bund Schnittlauch, 2 EL Balsamico und Nußöl.

Wurzeln und Blätter der roten Bete abschneiden, aber nicht zu kurz, damit die Knollen nicht ausgelaugt werden. Knollen unter fließendem Wasser mit einer Bürste gründlich reinigen. Wasser mit Salz in einem Topf aufkochen, rote Bete hineingeben, aufkochen und bei schwacher Hitze garen. Dann abschrecken, schälen und in Scheiben oder Stifte schneiden.
Sahne steifschlagen. Zitronensaft, Salz, Meerrettich, Öl, Essig und Honig in einer anderen Schüssel mischen und Sahne unterheben. Abschmecken. Äpfel schälen, halbieren, entkernen und in Streifen schneiden. Alles vermischen, anrichten und zuletzt mit frischem Schnittlauch garnieren.

Pro Portion:	
	3,20 g Ew
	11,70 g F
	24,80 g KH
	217 kcal

Fleischsalat 2 *Portionen*

150 g gekochtes Rindfleisch oder Kalbfleisch, 50 g Paprikaschoten, 30 g junge Lauchzwiebel, 50 g geschälte und entkernte Tomatenspalten, 1 El Majoranblätter, frisch, 1 TL Petersilie, frisch gehackt, 2 Kopfsalatblätter zum Anrichten.

Zum Anmachen
2 EL kaltgepreßtes Öl, 1 EL naturreiner Apfelessig, etwas Pfeffer aus der Mühle, eine Prise Meersalz.

Fleisch in dünne Scheibchen schneiden und in eine Schüssel geben. Paprika und Lauchzwiebel in kleine Würfelchen schneiden und mit den Tomatenspalten zugeben. Majoranblätter und Petersilie darüberstreuen und mit Pfeffer, Salz, Öl und Essig anmachen. – Auf Kopfsalatblättern anrichten.

Sauerkraut-Rettich-Salat *4 Portionen*

2 Orangen, 1 großen weißen Rettich (250 g), 2 säuerliche Äpfel (180 g), Saft einer halben Zitrone, 200 g Weinsauerkraut.
Für die Marinade: ⅛ l saure Sahne, 1 TL Bienenhonig, Salz, ½ Bund Schnittlauch.

Sauerkraut und Rettich eignen sich hervorragend zur inneren Reinigung. Darum sollte man diesen Salat wie eine gute Medizin häufig, aber in Maßen genießen, denn zusammen haben sie die doppelte Wirkung.
Rettich unter frischem Wasser gründlich bürsten, dann in eine Schüssel hobeln, mit Salz bestreuen und 10 Minuten „weinen" lassen, das heißt durchziehen lassen. Inzwischen Sauerkraut abtropfen lassen und hacken. Äpfel schälen, vierteln und fein würfeln. Mit Zitronensaft beträufeln. Orangen schälen und schöne Filets herausschneiden. Den Saft auffangen. Rettichwasser abgießen und alles in einer Schüssel mischen. Für die Marinade saure Sahne in einer Schüssel glattrühren, mit Honig, Salz und Pfeffer abschmecken und über den Salat gießen. Gut mischen und kurze Zeit kühlstellen.

Milch-Frucht-Mix

Milch-Frucht-Mix

Milch-Frucht-Mixe sind wertvolle Basenspender, die man vor allem für die heiße Jahreszeit anstelle von Basensuppen (Seite 121) empfehlen kann. Besonders erfrischend und appetitanregend sind Mixgetränke mit frischen Beerenfrüchten. Wildwachsende Früchte haben das beste Aroma. So schmeckt ein Erdbeer-Mix mit Walderdbeeren unvergleichlich besser als mit Gartenerdbeeren.

Man achte darauf, daß das Getränk erst unmittelbar vor dem Servieren gemixt wird, damit es sofort verzehrt werden kann.

In der internationalen Küche werden Frucht-Mixe als „Kaltschalen" bezeichnet und wie eine Suppe vorweg serviert. Siehe Seite 116/118.

Milch-Frucht-Mix

Bananen-Mix *2 Portionen*

2 dl (200 g) Milch, 150 g Banane, geschält.

Milch mit Banane im Mixglas mixen.

Pro Portion:

4,0 g Ew
3,70 g F
21,60 g KH
136 kcal

Erdbeer-Mix *2 Portionen*

2 dl (200 g) Milch, 150 g frische Erdbeeren (Wald- oder Gartenerdbeeren).

Milch mit Erdbeeren im Mixglas mixen.

Pro Portion:

3,80 g Ew
3,90 g F
10,20 g KH
92 kcal

Apfel-Mix *2 Portionen*

2 dl (200 g) Milch, 150 g Apfel, geschält und entkernt.

Apfel kleinschneiden und mit der Milch im Mixglas mixen.

Pro Portion:

3,40 g Ew
4,0 g F
14,80 g KH
105 kcal

Milch-Gemüse-Mix

Karotten-Mix *2 Portionen*

2 dl (200 g) Milch, 150 g junge Karotten, geputzt und abgeschabt.

Die Karotten klein aufschneiden und mit der Milch im Mixglas mixen.

Pro Portion:

4,0 g Ew
3,70 g F
11,20 g KH
94 kcal

Apfel-Karotten-Mix *2 Portionen*

2 dl (200 g) Milch, 70 g Apfel, geschält und entkernt, 80 g Karotten, geputzt und abgeschabt.

Apfel und Karotten kleinschneiden und mit der Milch im Mixglas mixen.

Pro Portion:

4,70 g Ew
4,60 g F
12,80 g KH
100 kcal

Obst-Gemüse-Saft *6 Portionen*

1 kg Äpfel, ½ kg Sellerie, 1 kg Karotten, 2 Zitronen.

Äpfel vierteln, Sellerie und Karotten ungeschält in große Stücke teilen, alles zusammen durch den elektrischen Entsafter treiben und mit Zitronensaft mischen.

Pro Portion:

3,70 g Ew
1,60 g F
44,20 g KH
207 kcal

Melonenkaltschale *4 Portionen*

½ Wassermelone, ½ Zuckermelone, ½ Honigmelone, Honig nach Geschmack, ½ l Buttermilch, 1 Zitrone (Saft und geriebene Schale), ½ Gläschen Sherrywein (4 cl), Zitronenmelisseblätter.

Die halbe Menge der Wassermelone wird sorgfältig von den Kernen befreit. Man schneidet das Fruchtfleisch von der Schale und schneidet es in Stücke. Im Mixer oder mit dem Schnellmixstab mit Honig nach Geschmack und der Buttermilch fein pürieren. Mit Zitronensaft, geriebener Zitronenschale, einer Prise Zimt und wenig Sherry abschmecken. Das übrige Fleisch der Wassermelone und das ebenfalls von den Kernen befreite Fleisch der anderen Melonen wird in Würfel geschnitten oder in Kugeln ausgestochen und dem pürierten Saft beigegeben. Gut ziehen und kühlen lassen. Mit Zitronenmelisseblättern garniert servieren.

Pro Portion:	
	6,0 g Ew
	1,60 g F
	15,90 g KH
	62 kcal

Tip:

Alle Früchte und viele Gemüsearten können so zu kalorienarmen Kaltschalen gemacht werden, z. B. Gurkenkaltschale, Fenchelkaltschale, Karottenkaltschale usw. Siehe auch Seite 158.

Basensuppen

Gemüsesuppen

Basensuppen

Einfach, natürlich und unkompliziert kann man in kurzer Zeit eine wertvolle Suppe zubereiten. Dabei gibt es kein erhitztes Fett, kein Stauben mit Weißmehl und kein Aufgießen mit Fleischbrühe.

Durch das Mixen im Mixglas erhält man eine Suppe von sämiger Konsistenz. Durch zusätzliches Mitmixen von frischen Gartenkräutern wird die Suppe einen unvergleichlichen Aromageschmack erhalten. Man achte darauf, daß junges, ungespritztes Wurzelwerk, möglichst aus biologischem Anbau, verwendet wird. Älteres Wurzelwerk kann holzig sein. Am besten schmecken die Suppen frisch zubereitet und sogleich serviert.

Kartoffeln und Wurzelgemüse sind **Basenspender***
Gemüsebrühen   sind **Basenspender**
Frische Kräuter   sind **Basenspender**

Vor dem Verzehr *einer säurespendenden Kost, wie Fleisch- oder Fischspeisen,* empfiehlt sich stets eine *basenspendende Vorspeise (Basensuppe, Milch-Frucht-Mix, Salat).*

---

* *Rauch/Mayr:* Milde Ableitungsdiät. Karl F. Haug Verlag, Heidelberg.

Gemüsesuppen

Kartoffelsuppe I – besonders leicht bekömmlich –
2 Portionen

¾ l Gemüsebrühe (Rezept Seite 142), 10 g Butter, 250 g Kartoffeln, geschält, eine Prise Meersalz, etwas Kümmel, frisch gemahlen.

Legierung:
2 EL saure Sahne, 1 EL Majoranblätter, frisch (oder in Öl eingelegt).

Kartoffeln in kleine Würfel schneiden und in Butter anschwitzen. Mit Gemüsebrühe aufgießen, mit Salz und Kümmel würzen und zugedeckt etwa 20 Minuten köcheln lassen. Im Mixglas zu einer sämigen Suppe mixen und mit saurer Sahne legieren. Zum Schluß die frischen Majoranblätter unterziehen und abschmecken.

Pro Portion:	
	2,50 g Ew
	4,20 g F
	20,0 g KH
	128 kcal

Kartoffelsuppe II *2 Portionen*

¾ l Gemüsebrühe (Rezept Seite 142), 10 g Butter, 50 g junger Lauch, 200 g Kartoffeln, geschält, eine Prise Meersalz, etwas Koriander, frisch gemahlen.

Legierung:
2 EL saure Sahne.

Lauch fein aufschneiden und in Butter anschwitzen. Würfelig geschnittene Kartoffeln zugeben, mit Gemüsebrühe aufgießen, würzen und zugedeckt etwa 20 Minuten köcheln lassen. Im Mixglas zu einer sämigen Suppe mixen und mit saurer Sahne legieren. Abschmecken.

Pro Portion:	
	3,70 g Ew
	8,30 g F
	18,60 g KH
	162 kcal

Tip:

Zum Legieren gibt man die saure Sahne in eine kleine Schüssel und verrührt mit etwas gemixter Flüssigkeit, welche man dann in die Suppe mit einem Schneebesen einrührt. Nach dem Legieren nicht mehr kochen!

Kümmelsuppe *2 Portionen*

1/8 l warme Milch, 1/4 l und 1/16 l Gemüsebrühe (Rezept Seite 142), 1 TL Kümmel, ganz, 1 EL Vollreismehl (oder Pfeilwurzelmehl), frisch gemahlen, eine Prise Meersalz, 1 TL Gartenkresse, frisch.

Vollreismehl mit warmer Milch und Gemüsebrühe mittels Schneebesen glattrühren und einmal aufkochen lassen. Vom Feuer nehmen, den ganzen Kümmel mit einer Kaffeemühle mahlen und Salz und frische Gartenkräuter dazugeben. Evtl. mit etwas saurer Sahne legieren. Vor dem Servieren mit etwas Kümmel und Gartenkresse garnieren.

Pro Portion:	
	3,0 g Ew
	2,50 g F
	11,0 g KH
	79 kcal

Tip:

Suppen können auch mit Vollkornmehlbutter (frisch gemahlenes Korn und Butter zu gleichen Teilen verknetet) gebunden werden.
Dies ist allerdings nur bei Milchsuppen nötig. Bei allen anderen Suppen gibt das verwendete Gemüse die Bindung.

Dillsuppe   *2 Portionen*

⅛ l warme Milch, ¼ l und ¹⁄₁₆ l Gemüsebrühe (Rezept Seite 142), 1 TL Dillkraut, frisch und jung, 1 EL Weizenvollkornmehl, frisch gemahlen, eine Prise Meersalz, etwas Muskatnuß, frisch gerieben.

Weizenmehl mit warmer Milch und Gemüsebrühe mittels Schneebesen glattrühren, einmal aufkochen lassen, vom Feuer nehmen und mit Salz und Muskat würzen. Das frische Dillkraut zuletzt untermischen und mit einem kleinen Dillzweig garnieren.

Pro Portion:	
	3,50 g Ew
	2,60 g F
	10,0 g KH
	78 kcal

Tip:

Anstatt Dill kann auch frischer Majoran, Thymian, Origano oder Zitronenmelisse verwendet werden.
Obige Dillsuppe kann auch wie Kartoffelsuppe, Seite 122, gemacht werden.
Zum Pürieren eignet sich auch ein guter Stabmixer!

Spargelsuppe legiert *2 Portionen*

300 g Spargel, frisch, ½ l Gemüsebrühe (Rezept Seite 142), 10 g Butter, weißer Pfeffer aus der Mühle, 2 EL Sahne, evtl. 1 Eidotter, 1 TL Kerbelkraut, frisch gehackt, 1 EL Weißwein.

Spargel waschen, vom Kopf zum Ende hin dicker werdend schälen, damit alle holzigen Fasern entfernt werden. Die Stangen in ein feuchtes Tuch einschlagen und zur Seite legen. Spargelabfälle mit der Gemüsebrühe übergießen und 10 Minuten köcheln lassen. Durch ein Sieb gießen, die Reste kräftig ausdrücken und den Sud in einen Topf geben. Die Spitzen von den Spargelstangen abtrennen und zur Seite legen. Die Stangen kleinschneiden, mit der Butter in einer Kasserolle anschwitzen, mit dem Spargelsud aufgießen und ca. 15 Minuten bei schwacher Hitze zugedeckt garziehen lassen.

Die etwas überkühlte Suppe im Mixglas mixen und evtl. noch durch ein Haarsieb streichen. Den Rahm in einer Schüssel mit Eidotter und Weißwein verquirlen und die Suppe damit legieren (nach dem Legieren nicht mehr kochen!). Abschmecken und die kurz gekochten Spargelspitzen sowie Kerbel zugeben. Mit einem schönen Kerbelzweig garnieren.

Pro Portion:	5,20 g Ew
	10,80 g F
	6,80 g KH
	150 kcal

Gemüsesuppe *2 Portionen*

¾ l Gemüsebrühe (Rezept Seite 142), 10 g Butter, 50 g Zwiebel oder Schalotten, 150 g Blumenkohl (Karfiol), 50 g Kartoffeln, geschält, eine Prise Meersalz.

Legierung:
1 EL Weißwein, 1 EL saure Sahne, 1 Bund Basilikumblätter, frisch (zum Mixen), 2 Stück Basilikumblätter, frisch (zum Garnieren).

Zwiebel oder Schalotten fein aufschneiden und in Butter anschwitzen. Blumenkohl und Kartoffeln würfelförmig schneiden und ebenfalls anschwitzen lassen. Mit Gemüsebrühe aufgießen, salzen und zugedeckt etwa 20 Minuten köcheln lassen. Basilikumblätter dazugeben und im Mixglas mixen. Mit saurer Sahne und Weißwein legieren. Anrichten und mit 2 frischen Basilikumblättern garnieren.

Pro Portion:

6,70 g Ew
6,40 g F
10,10 g KH
115 kcal

Zucchinisuppe *2 Portionen*

¾ l Gemüsebrühe (Rezept Seite 142), 10 g Butter, 30 g Zwiebel oder Schalotten, 50 g Kartoffeln, geschält, 170 g Zucchini mit Schale, eine Prise Meersalz.

Legierung:
1 EL saure Sahne, 4 Stück Salbeiblätter, frisch (zum Mixen), 2 Stück Salbeiblätter, frisch (zum Garnieren).

Zwiebel oder Schalotten fein aufschneiden und in Butter anschwitzen. Kartoffeln und Zucchini würfelförmig schneiden und ebenfalls anschwitzen lassen. Mit Gemüsebrühe aufgießen, salzen und zugedeckt etwa 20 Minuten köcheln lassen. Salbeiblätter dazugeben und im Mixglas mixen. Mit saurer Sahne legieren, anrichten, und mit frischen Salbeiblättern garnieren.

Pro Portion:

2,20 g Ew
6,30 g F
10,70 g KH
107 kcal

Fenchelsuppe *2 Portionen*

¾ l Gemüsebrühe (Rezept Seite 142), 10 g Butter, 30 g Zwiebel oder Schalotten, 20 g Lauch, 150 g Fenchel, geputzt, 50 g Kartoffeln, geschält, eine Prise Meersalz.

Legierung:
1 EL saure Sahne, evtl. 1 Eidotter, etwas Fenchelkraut (Fenchelgrün), frisch.

Zwiebel oder Schalotten und Lauch kleinwürfelig aufschneiden und in Butter anschwitzen. Fenchel und Kartoffeln würfelförmig schneiden und ebenfalls anschwitzen. Mit Gemüsebrühe aufgießen, salzen und zugedeckt etwa 20 Minuten köcheln lassen. Im Mixglas mixen und mit verquirltem Eidotter und saurer Sahne legieren (nach dem Legieren nicht mehr kochen). Vor dem Servieren mit frischem Fenchelkraut garnieren.

Pro Portion:	4,70 g Ew
	9,20 g F
	13,30 g KH
	154 kcal

Tip:

Auf gleiche Art kann man eine Spinatsuppe, Stangenselleriesuppe oder Kürbissuppe machen!

Legierte Gurkensuppe *2 Portionen*

¾ l Gemüsebrühe (Rezept Seite 142), 10 g Butter, 30 g Zwiebel oder Schalotten, 150 g Salatgurken, geschält und entkernt, 20 g Lauch, 50 g Kartoffeln, geschält, eine Prise Meersalz.

Legierung:
2 EL saure Sahne, 1 TL Dillkraut, frisch gehackt.

Zwiebel oder Schalotten und Lauch kleinwürfelig aufschneiden und in Butter anschwitzen. Gurken und Kartoffeln würfelförmig schneiden und ebenfalls anschwitzen. Mit Gemüsebrühe aufgießen, salzen und zugedeckt 20 Minuten köcheln lassen. Im Mixglas mit saurer Sahne und etwas Dill mixen, anrichten und mit frischem Dillkraut garnieren.

Pro Portion:	1,40 g Ew
	8,30 g F
	8,80 g KH
	120 kcal

Kohlrabisuppe *2 Portionen*

¾ l Gemüsebrühe (Rezepte Seite 142), 10 g Butter, 150 g junge Kohlrabi, geschält, 100 g Kartoffeln, geschält, eine Prise Meersalz, 50 g Jungzwiebel.

Legierung:
2 EL saure Sahne, 1 EL Kohlrabikraut, frisch, oder Kerbelkraut.

Kohlrabi und Zwiebel klein aufschneiden und in Butter anschwitzen. Die würfelig geschnittenen Kartoffeln zugeben, mit Gemüsebrühe aufgießen, salzen und zugedeckt etwa 20 Minuten köcheln lassen. Im Mixglas mit Kohlrabigrün (Blättern) und Sauerrahm pürieren, anrichten und mit saurer Sahne und Kohlrabikraut legieren.

Pro Portion:	3,80 g Ew
	8,20 g F
	14,10 g KH
	144 kcal

Frische Kerbelsuppe *2 Portionen*

¾ l Gemüsebrühe (Rezept Seite 142), 10 g Butter, 220 g Kartoffeln, geschält, 30 g Kerbelkraut, frisch, eine Prise Meersalz, 50 g Schalotten.

Legierung:
2 EL saure Sahne, etwas Kerbel zum Garnieren.

Feingeschnittene Schalotten mit würfelig geschnittenen Kartoffeln in Butter anschwitzen. Mit Gemüsebrühe aufgießen, salzen und zugedeckt weichkochen lassen. Im Mixglas mit saurer Sahne und mit etwas Kerbel pürieren. Abschmecken, anrichten und mit Kerbel garnieren.

Pro Portion:	4,10 g Ew
	8,20 g F
	20,70 g KH
	172 kcal

Erbsensuppe *4 Portionen*

250 g frischgekochte oder tiefgekühlte Erbsen, 50 g feingeschnittene Zwiebel oder Lauch, 30 g Butter, 1¼ l Wasser oder Gemüsebrühe, 150 g Kartoffeln geschält, Vollsalz, etwas frisch geriebene Muskatnuß.

Die Butter in einem Kochtopf schmelzen lassen und die feingeschnittene Zwiebel oder den Lauch darin kurz anschwitzen. Dann die Kartoffeln in kleine Würfel oder Scheiben schneiden und mit den Erbsen dazugeben. Unter mehrmaligem Rühren kurz anschwitzen und mit Gemüsebrühe oder Wasser aufgießen. Ungefähr 20 Minuten bei kleiner Flamme köcheln lassen, dann mit Salz und Muskatnuß würzen. Zum anschließenden Pürieren eignet sich am besten ein Mixer mit Mixglas. Die Suppe also ins Mixglas schütten und kurze Zeit mixen. Dann in den Kochtopf zurückgeben und evtl. etwas nachwürzen. Als zusätzliche Einlage kann man 50 g Erbsen im ganzen dazugeben. Sollte das Bedürfnis nach etwas Fleisch gegeben sein, so kann man 50 g mageren Rinderschinken oder Putenwurst, streifenförmig geschnitten, zusätzlich in die Suppe geben und mit gerösteten Brotwürfelchen garnieren.

Pro Portion:	4,40 g Ew
	6,60 g F
	13,60 g KH
	131 kcal

Selleriesuppe *2 Portionen*

¾ l Gemüsebrühe (Rezept Seite 142), 10 g Butter, 30 g Zwiebel oder Schalotten, 20 g Lauch, 150 g Sellerieknollen, geschält, 50 g Kartoffeln, geschält, eine Prise Meersalz.

Legierung:
1 EL saure Sahne, 2 Stück Thymianzweige, jung und frisch (zum Mixen), 4 Stück Thymianblätter (zum Garnieren).

Zwiebel oder Schalotten und Lauch kleinschneiden und in Butter anschwitzen. Sellerieknollen würfelförmig aufschneiden und mitanschwitzen lassen. Mit Gemüsebrühe aufgießen und zugedeckt etwa 20 Minuten köcheln lassen. Frische Thymianblätter zugeben und im Mixglas zu einer sämigen Suppe mixen. Mit Vollsalz und Muskatnuß würzen. Mit saurer Sahne legieren, kurz durchmixen, anrichten und mit frischen Thymianblättern garnieren.

Pro Portion:	2,80 g Ew
	6,50 g F
	12,0 g KH
	117 kcal

Champignonpüreesuppe *2 Portionen*

200 g Champignons, frisch und fest, 10 g Butter, 50 g feingeschnittene Zwiebeln, ½ EL Zitronensaft, ⅛ l Milch, ½ l Gemüsebrühe (Rezept Seite 142), 2 EL Sahne, 1 EL herber Weißwein, etwas weißer Pfeffer aus der Mühle, eine Prise Meersalz, 1 EL Kerbelkraut, feingehackt, etwas Muskatnuß, frisch gerieben, ein paar Champignons zum Garnieren, 50 g Kartoffeln.

Champignons in reichlich kaltem Wasser kurz waschen und in einem Haarsieb abtropfen lassen. In grobe Scheiben schneiden, mit Zitronensaft beträufeln und in einer Kasserolle mit Butter, Zwiebel und Kartoffelwürfel anschwitzen. Mit Gemüsebrühe und Milch aufgießen und halb zugedeckt bei mittlerer Hitze weichköcheln lassen. Etwas überkühlt im Mixglas (oder mit Pürierstab) zu einer sämigen Püreesuppe mixen. Mit Wein und Gewürzen abschmecken, anrichten und mit einigen kleingeschnittenen Champignons und dem Kerbelkraut garnieren.

Pro Portion:	
	5,30 g Ew
	10,50 g F
	7,40 g KH
	150 kcal

Champignoncremesuppe *2 Portionen*

200 g Champignons, frisch und fest, 50 g Zwiebel, feingeschnitten, 10 g Butter, ⅜ l Gemüsebrühe (Rezept Seite 142), etwas weißer Pfeffer aus der Mühle, 1 EL herber Weißwein, eine Prise Meersalz, 1 EL Kerbelkraut, feingehackt, 50 g Mehlbutter (frisch gemahlenes Mehl und Butter zu gleichen Teilen verknetet).

Die Zubereitung entspricht dem Rezept der Champignonpüreesuppe, nur wird diese Suppe nicht gemixt, sondern mit Mehlbutter gebunden. Diese wird kurz vor Beendigung des Kochprozesses kleinst verteilt eingerührt. Noch einmal aufkochen lassen, bis sich die Mehlbutter aufgelöst hat und die Suppe von sämiger Konsistenz ist. Mit frischem Kerbelkraut garnieren und abschmecken.

Pro Portion:	
	4,0 g Ew
	15,0 g F
	14,20 g KH
	173 kcal

Tip:

Die Champignonsuppe kann als Grundlage auch eine Kartoffelsuppe II (Seite 122) haben. Man gibt zuletzt blättrig geschnittene Champignons in etwas Butter angeschwitzt zur gemixten Suppe. Die neutral schmeckenden Kartoffeln übernehmen den Pilzgeschmack.

Blumenkohlsuppe *2 Portionen*

¾ l Gemüsebrühe (Rezept Seite 142), 10 g Butter, 20 g Zwiebeln, 40 g Lauch, 50 g Kartoffeln, geschält, 100 g Blumenkohl (Karfiol), 40 g Petersilienwurzeln (jung), abgeschabt, eine Prise Meersalz, frische Gartenkräuter.

Legierung:
1 Eidotter, evtl. 2 EL saure oder süße Sahne, 1 EL Weißwein.

Zubereitung wie Selleriesuppe Seite 130.

Pro Portion:	
	4,90 g Ew
	9,20 g F
	9,40 g KH
	144 kcal

Minestrone *4 Portionen*

30 g Butter, 30 g Lauch, 120 g Karotten, 120 g Sellerie, 50 g Petersilienwurzel, 120 g Tomaten, 50 g Zucchini oder Stangensellerie, 30 g Erbsen, 50 g Tomatenmark, 10 g Reis, 1¼ l Gemüsebrühe oder Wasser, 1 Zehe Knoblauch, Vollsalz, Majoran, 1 kleiner Zweig Rosmarin, Basilikum und Pfeffer.

Das Gemüse gut waschen, Wurzelgemüse mit einer Bürste unter fließendem Wasser abbürsten und abschaben oder schälen. Tomaten einritzen, kurz in heißes Wasser tauchen und die Haut abziehen. Dann in kleine Würfel schneiden. Karotten, Sellerie und Petersilienwurzeln der Länge nach so schneiden, daß man daraus dünne, dreieckförmige Blättchen schneiden kann. Zucchini ebenfalls dreieckig zuschneiden. Lauch in Streifen schneiden.

Butter in einem etwas höheren Kochtopf schmelzen lassen und Lauch darin kurz anschwitzen. Reis und Wurzelgemüse dazugeben (bis auf Tomaten, Erbsen und Zucchini, welche erst nach 20 Minuten dazugegeben werden), salzen, Tomatenmark zugeben und mit feingeschnittenem Knoblauch, Majoran und einem Zweiglein Rosmarin und feingeschnittenem Basilikum würzen. Danach mit Gemüsebrühe oder Wasser aufgießen und bei kleiner Flamme zugedeckt etwa 20 Minuten köcheln lassen. Dann das restliche Gemüse zugeben und weitere 10 Minuten köcheln lassen, bis alles gar ist.

Pro Portion:	
	2,80 g Ew
	6,70 g F
	6,50 g KH
	133 kcal

Tip:

Mit Kohl, weißen Rüben, Spargelspitzen oder Spaghetti kann diese Gemüsesuppe beliebig angereichert werden. Vor dem Servieren kann man auch mit Parmesan bestreute Brotschnitten überbacken und gesondert dazureichen.

Brotsuppen

Brotsuppe mit Gemüse *2 Portionen*

¾ l Gemüsebrühe (Rezept Seite 142), 150 g Gemüse, frisch (Lauch, Sellerie, Petersilienwurzeln), 50 g Brotreste aus Vollwertgebäck, fein aufgerieben, eine Prise Meersalz, 20 g Butter, 1 EL Schnittlauch, frisch und feingeschnitten, oder Frühlingskräuter.

Gemüse in feinste Streifen schneiden und kernig weich dämpfen. Brotreste in der Gemüsebrühe aufkochen, mit einem Schneebesen gut verrühren, und das gedämpfte Gemüse dazugeben. Mit Butter und Salz würzen und mit Schnittlauch garnieren.

Pro Portion:	3,20 g Ew
	9,0 g F
	18,30 g KH
	171 kcal

Tip:

Die Suppe evtl. mit Eigelb und etwas saurer Sahne legieren.

Brotsuppe aus Vollwertgetreide *2 Portionen*

¾ l Gemüsebrühe (Rezept Seite 142), 75 g Zwiebel, kleingeschnitten, 1 Karotte, 150 g, feingeraspelt, ca. 150 g altes Brot, gerieben (aus Hausbackenem), 1 EL Schnittlauch, feingeschnitten, 20 g Butter, 2 Zehen Knoblauch.

Zwiebel und zerdrückten Knoblauch in der zerlassenen Butter anschwitzen, die aufgeraspelte Karotte und das Brot zugeben und mit der Gemüsebrühe aufgießen. Gut durchkochen lassen, mit einem Schneebesen gut verrühren, anrichten, würzen und mit dem Schnittlauch garnieren.

Pro Portion:	6,80 g Ew
	9,90 g F
	45,70 g KH
	316 kcal

Tip:

Die Suppe kann auch mit dem Mixer gemixt und hinterher mit saurer Sahne oder evtl. einem Eigelb legiert werden.

Brotsuppe mit Weizenvollwertgebäck   *2 Portionen*

1½ Weizensemmeln, altbacken (aus Vollwertgetreide), ½ l Gemüsebrühe (Rezept Seite 142), etwas Meersalz und Muskatnuß, frisch gerieben, 2 EL Sahne mit Eigelb verquirlt, 1 EL Schnittlauch zum Garnieren, 1 Bund Bärlauch.

Rinde von den Semmeln oder Brötchen abreiben, Semmeln zerkleinern und in der Gemüsebrühe einige Minuten kochen lassen. Suppe mit Salz und Muskat abschmecken, mit dem Sahne-Ei-Gemisch legieren, mit einem Schneebesen gut durchrühren, mit Bärlauch mixen und mit Schnittlauch garnieren.

Pro Portion:	3,90 g Ew
	6,70 g F
	13,80 g KH
	129 kcal

Bohnensuppe mit Croûtons
(geröstete Brotwürfelchen)   *4 Portionen*

200 g weiße Bohnen, getrocknet, 2 l Gemüsebrühe, 50 g Zwiebel, 50 g Rinderschinken, je 30 g Sellerie, Karotte und Lauch, 4 EL Olivenöl, 1 Portion Safran, Salz und Pfeffer, 1 Bund frischer Majoran.

Die Bohnen (oder Linsen) über Nacht in kaltem Wasser einweichen und abgießen. Gemüse feinwürfelig schneiden und mit Zwiebel und Safran in Olivenöl anschwitzen; Bohnen dazugeben, ebenfalls kurz anschwitzen, mit Gemüsebrühe auffüllen und aufkochen. Die Bohnen unter gelegentlichem Umrühren bei schwacher Hitze ca. 1 Stunde fertiggaren. Dann den kleingewürfelten Rinderschinken untermischen, abschmecken, anrichten und mit Petersilie garnieren.
Diese Suppe kann man evtl. auch passieren bzw. pürieren und mit 3 EL Sauerrahm anreichern. Zuletzt mit Schnittlauch und Brotcroûtons bestreuen.

Pro Portion:	4,0 g Ew
	15,70 g F
	10,0 g KH
	200 kcal

Klare Gemüsesuppen und Suppeneinlagen aus Vollwertgetreide

Basenbrühen

Immer wieder finden sich in diesem Rezeptteil Gemüsebrühen. Sie werden als Aufguß anstelle von säureüberschüssigen Fleischbrühen verwendet. Tagtäglich ergeben sich auch in einer kleinen Küche beim Vorbereiten Gemüsereste, welche auf sinnvolle Art zu einer Brühe bereitet werden können. Verwendet man die Gemüsebrühe als Getränk, so muß sie unbedingt frisch zubereitet genossen werden. Abgekühlt und am nächsten Tag zum Aufgießen von Basensuppen oder sonstigen Gerichten verwendet, ist sie als Spender von Basen, Mineralstoffen und Spurenelementen unvergleichlich wertvoller und außerdem geschmacklich besser als pures Wasser.

Auch sind klare Basenbrühen mit Gemüseeinlagen als stets besonders bekömmliche und wohlschmeckende Basen- und Vitalstoffspender immer wieder zu empfehlen*. Natürlich kann man dann zusätzlich fallweise Getreidenockerln oder Fleischknödel der Suppe zugeben (Rezepte Seite 144).

**Basenbrühen mit Einlagen
sind vor Beginn eines
fleischlosen Hauptgerichtes
zu empfehlen!**

Eine Basenbrühe kann auch am nächsten Tag als Aufgußstoff weiterverwendet werden. Einfrieren ist nicht empfehlenswert. Stattdessen kann man besser in kleine Säckchen verpackte Gemüsemischungen im Kühlschrank mehrere Tage aufbewahren oder einfrieren und mit kaltem Wasser frisch zubereiten.

---

* *Rauch/Mayr:* Milde Ableitungsdiät. Karl F. Haug Verlag, Heidelberg.

Kartoffel-Basenbrühe

300 g Kartoffeln, geschält, 1 l Wasser, 2 Stück Lorbeerblätter, frische Kräuter wie: Thymian, Majoran und Liebstöckel, evtl. eine Prise Meersalz.

Kartoffeln schälen, kleinschneiden, mit Wasser auffüllen und 30 Minuten köcheln lassen. Nach 25 Minuten die frischen Kräuter und Lorbeerblätter zugeben. Noch weitere 5 Minuten ziehen lassen, die Brühe abseihen, evtl. etwas salzen und als Basengetränk servieren.

Tip:

Die Brühe kann nach Belieben mit wenig Vitam-Hefewürze angereichert werden. Übrigens: Auf die Gemüsemischung kommt es an, ob die Brühe schmeckt oder nicht.

Basenbrühe / Gemüsebrühe

150 g Wurzelgemüse wie: Karotten, Sellerie, Petersilienwurzeln, Stangensellerie, Fenchel, 1 l Wasser, frische Kräuter wie: Thymian, Majoran, Petersilie, Liebstöckel, Fenchel, Selleriegrün, eine Prise Meersalz, evtl. 50 g Kartoffeln mit Schale.

Gemüse sowie Kartoffeln unter fließendem Wasser gut abbürsten, in sehr kleine Stücke schneiden, in einen Kochtopf geben und mit Wasser auffüllen. Etwa 30 Minuten köcheln lassen. Nach 25 Minuten die frischen Kräuter zugeben. Die Brühe durch ein Haarsieb oder Passiertuch gießen und auffangen. Evtl. mit etwas pflanzlichem Gemüsebouillonwürfel nachwürzen. Zuletzt salzen.

Tip:

Sämtliche in der Küche anfallenden gut gereinigten Schalen und Reste von Gemüse und etwas Kartoffeln können in dieser Form verwendet werden.

Klare Gemüsesuppe (Bouillon)

30 g junge Karotten, 30 g Bleichsellerie, 30 g Fenchel, 30 g Sellerieknolle, 1 Zwiebel, klein (50 g), 30 g Lauch, 30 g Petersilienwurzel, jung, 1 Lorbeerblatt, 1 Knoblauchzehe, 2 Gewürznelken, etwas Liebstöckel.
1 Kräutersträußchen (Petersilienstiele, Thymianzweige, Basilikumzweige), 1 l Wasser, 4 schwarze Pfefferkörner, etwas Meersalz, evtl. ½ TL Vitam-Hefeextrakt, wenig Sojasauce.

Das Gemüse unter fließendem Wasser gut abbürsten, in sehr kleine Stücke schneiden, in einen Kochtopf geben und mit Wasser auffüllen. Die Zwiebel mit Lorbeerblatt und Nelke spicken sowie Salz, Pfefferkörner und Knoblauch zugeben. Köcheln lassen. Nach 25 Minuten den frischen Kräuterstrauß einlegen und weitere 5 Minuten ziehen lassen. Die Brühe durch ein Haarsieb oder Passiertuch gießen und auffangen. Evtl. mit etwas pflanzlichem Gemüsebouillonwürfel und Sojasauce nachwürzen.
Das Gemüse wieder mit kaltem Wasser auffüllen und die gewonnene Brühe zum Aufgießen von Basensuppen verwenden.

Tip:

Alle anfallenden Gemüsereste, wie z. B. Kohlblätter, Blumenkohlstrunk, Fenchelschale usw., werden stets zu einer Brühe verarbeitet. Man kann die Brühe gut zugedeckt für einige Zeit im Kühlschrank aufbewahren und zum Aufgießen des nächsten Gerichtes verwenden.
Sämtliches Gemüse kann der Einfachheit halber auch durch die grobe Scheibe des Fleischwolfes gedreht werden. Dadurch wird der Geschmack der Gemüsebrühe noch intensiver. Mit kaltem Wasser zubereiten. Die Gemüsesuppe soll nur dann mit den Schalen zubereitet werden, wenn das Gemüse aus biologischem Anbau stammt. Ansonsten ist das Gemüse zu schälen und nur geputzt zu verwenden. Vorsichtshalber immer mit warmem Wasser gründlich waschen!

Suppeneinlagen

Schinkenklößchen *4 Portionen*

100 g Rinderschinken, 2 Scheiben Vollwertbrot ohne Rinde, 0,8 dl süße Sahne, weißen Pfeffer aus der Mühle, Muskatnuß, frisches Kerbelkraut; 1 Eidotter, 10 g Weizenvollwertmehl.

Der Schinken wird in kleine Würfel geschnitten und im Universalzerkleinerer püriert. Das Brot in der Sahne einweichen, zugeben und untermixen, bis eine gleichmäßige Konsistenz erreicht ist. Eidotter und Mehl untermischen. Mit Pfeffer und Muskat abschmecken. Nachdem die Masse im Kühlschrank mindestens eine halbe Stunde geruht hat, sticht man mit Hilfe von 2 Teelöffeln kleine eiförmige Klößchen ab und pochiert diese 5 Minuten in sanft siedendem (ungesalzenem) Wasser. Mit einer Schaumkelle herausheben, auf einen Teller legen und mit Folie abdecken, damit die Klößchen nicht austrocknen. Die Schinkenklößchen in die Suppe geben und mit frischen Kerbelblättern garnieren.

Pro Portion:	
	8,30 g Ew
	11,50 g F
	14,20 g KH
	193 kcal

Hirsenockerln *4 Portionen, 8 Stück*

45 g Hirse (Goldkern), 20 g Butter, 1 Ei, 1 Messerspitze Meersalz, eine Prise Muskatnuß, 1 TL feinstgehackte Küchenkräuter.

Hirse kurz vor Gebrauch durch die Getreidemühle mahlen (feinste Stufe). In einer Schüssel Butter schaumig schlagen, Eidotter untermischen und würzen.
Eiweiß mit einer Prise Salz zu steifem Schnee schlagen und zugleich mit dem

Hirsemehl und den Kräutern unter die Masse mengen. Diese Masse im Kühlschrank 1 Stunde stehenlassen. Mit 2 Teelöffeln Nockerln formen und in die köchelnde Gemüsebrühe (Rezept Seite 142) oder besser in Salzwasser einlegen und ca. 15–20 Minuten zugedeckt garziehen lassen.

Pro Portion:

2,90 g Ew
6,10 g F
8,0 g KH
99 kcal

Tip:

Für fleischlose Tage im Menüprogramm nimmt man die doppelte Masse und reicht dazu ein Gemüsegulasch (Rezept Seite 320) oder Salat.
Zwecks besserer Form kann Hirse zur Hälfte mit Weizen gemischt werden!

Maisnockerln *4 Portionen, 8 Stück*

40 g Vollkornmais (Quinoa oder Amaranth), 1 Ei, 20 g Butter, eine Prise Meersalz, etwas Muskatnuß, frisch gerieben.

Maiskörner kurz vor der Zubereitung durch die Getreidemühle zu feinem Mehl ausmahlen. In einer Schüssel erst die Butter schaumig rühren, Eidotter untermischen und mit Salz und Muskatnuß würzen. Eiweiß mit einer Prise Salz zu steifem Schnee schlagen und mit dem Maismehl zugleich unter die Ei-Butter-Masse heben. Im Kühlschrank ½ Stunde stehenlassen. Mit Hilfe eines Teelöffels im Handballen kleine Nockerln formen und in die köchelnde Gemüsebrühe (Rezept Seite 142) oder besser in Salzwasser einlegen. 15 Minuten zugedeckt ziehen lassen. Mit Gemüsebouillon servieren.

Pro Portion:

2,90 g Ew
6,10 g F
8,0 g KH
99 kcal

Tip:

Bei sämtlichen Nockerlmassen ist es wichtig, das Getreide auf feinster Stufe zu mahlen. Verschiedene Gartenkräuter sowie kleinste vorgedämpfte Gemüsewürfelchen eignen sich bei allen Nockerlmassen als zusätzliche Einlage. Der Ausmahlungsgrad und das Alter des Getreides sind entscheidend für die Festigkeit der gegarten Nockerln. Probe machen!

Weizenvollwertnockerln   *4 Portionen, ca. 8 Stück*

35 g Weizenvollkornmehl, frisch gemahlen, 20 g Butter, 1 Ei, 1 Messerspitze Meersalz, eine Prise Muskatnuß.

Weizen kurz vor Gebrauch in der Getreidemühle zu feinem Mehl ausmahlen. In einer Schüssel erst die Butter schaumig rühren, Eidotter untermischen und mit Salz und frischgeriebener Muskatnuß würzen. Eiweiß mit einer Prise Salz zu steifem Schnee schlagen und mit dem Weizenmehl zugleich unter die Ei-Butter-Masse heben. Im Kühlschrank ½ Stunde stehenlassen. Mit Hilfe eines Teelöffels in der hohlen Hand Nockerln formen und in die köchelnde Gemüsebrühe oder das Salzwasser einlegen. 15 Minuten zugedeckt ziehen lassen. Probenockerl machen!

Pro Portion:	2,80 g Ew
	5,90 g F
	6,20 g KH
	90 kcal

Semmelklößchen 6 Portionen, ca. 15 Stück

5 Stück Vollwertsemmeln oder 120 g Semmelwürfel, 1 Ei, 1 Eidotter, 1/16 l Milch, Meersalz, Muskatnuß, frisch gerieben, 1 TL frischgehackte Kräuter.

Semmelwürfel mit Salz, Muskat, Ei und Kräutern vermischen. Die Milch aufkochen und über die Semmelmasse geben. Gut durchmischen und 10 Minuten rasten lassen. Mit gut befeuchteten Händen kleine Klößchen formen – in kochendes Salzwasser einlegen und 10 Minuten köcheln lassen. Mit Gemüsebouillon servieren.

Pro Portion:	7,10 g Ew
	3,20 g F
	41,50 g KH
	223 kcal

Wichtig: Bei allen Rezepten kann statt Weizen Dinkel verwendet werden.

Tip:

Wenn die Milch aufgekocht wird, benötigt man kein Mehl als Bindemittel, wodurch die Klößchen locker bleiben.

Durch Zugabe verschiedenster Einlagen, wie z. B. kleingeschnittenem Schinken, angerösteten Zwiebeln, Käse, Kräutern, Erbsen usw., sind viele weitere Varianten möglich. Als Beilage wird der Knödel größer gerollt oder in der Serviette gekocht (Serviettenknödel).

Bröselknödel 6 Portionen

100 g Butter, 2 Eidotter, 100 g gesiebte Vollwertbrösel, 1 TL frisch gehackte Kräuter, Meersalz, frisch geriebene Muskatnuß.

Butter schaumig rühren, dann die Dotter dazurühren. Mit Salz und Muskatnuß würzen, Kräuter und Brösel mit einem Kochlöffel unterheben.
10 Minuten kühlstellen, kleine Klößchen formen und ins kochende Salzwasser legen. 15 Minuten köcheln lassen.

Pro Portion:

2,30 g Ew
2,40 g F
9,90 g KH
171 kcal

Frittaten 6 Portionen

¼ l Milch, 170 g Vollwert-Weizenmehl (Dinkel, Hirse oder Mais) und 2 ganze Eier glattrühren, mit Salz, Muskatnuß und gehackter Petersilie würzen, dünne Pfannkuchen backen und in sehr feine Streifen schneiden.

Pro Portion:

7,0 g Ew
4,20 g F
21,80 g KH
156 kcal

Verschiedene Eierpuddings 4 Portionen

Ein beliebiges sehr feines Püree, z. B. von 50 g Karotten, 50 g frischen Erbsen, Tomaten, Spinat, gekochtem Spargel, mit 30 g Sahne und einem Eidotter verrühren und in einer Form im Wasserbad pochieren. Danach stürzen und rhomboidförmig (◇) als Suppeneinlage schneiden.

Pro Portion:

3,60 g Ew
4,80 g F
1,30 g KH
62 kcal

Lebernockerln *6 Portionen*

125 g Kalbsleber und 3 eingeweichte (120 g) Vollwertsemmeln fein faschieren. Mit 1 Ei binden, mit gehackter Petersilie, Salz, Pfeffer aus der Mühle, etwas Majoran und feingeschnittenen, in Butter gerösteten Zwiebeln, evtl. auch Knoblauch, würzen und mit 20 g Vollwertbröseln binden. 10 Minuten kühlstellen. Mit einem Teelöffel Nockerln formen, ins kochende Salzwasser einlegen und 10 Minuten ziehen lassen.

Pro Portion:	6,60 g Ew
	2,10 g F
	14,40 g KH
	102 kcal

Leberreis *6 Portionen, siehe oben.*

Angeführte Lebernockerlfarce (faschierte Leber) etwas weicher halten und durch ein Reibeisen (Spätzlesieb) in das kochende Salzwasser drücken. Einmal aufkochen, dann herausnehmen.

Vollwert-Grießnockerln *6 Portionen*

1 Ei, 50 g Butter, 100 g Vollwert-Weizengrieß oder Dinkelgrieß, etwas Meersalz, etwas Muskatnuß.

Butter schaumig rühren, Ei gut untermischen, und zuletzt den Grieß dazurühren. Abschmecken und die Masse ½ Stunde in den Kühlschrank stellen. Mit dem Teelöffel kleine Klößchen formen und ins köchelnde Salzwasser einlegen. 10 Minuten ziehen lassen und als Einlage in die Suppe geben.

Pro Portion:	2,90 g Ew
	8,10 g F
	12,60 g KH
	134 kcal

Hirseschöberln   *4 Portionen*

20 g Demeter-Hirsemehl, 1 Ei, Butter zum Ausstreichen, 1 TL Gartenkräuter, frisch, eine Prise Meersalz, Muskatnuß, frisch gerieben.

Kurz vor der Verwendung die Hirse in der Getreidemühle fein mahlen. Das mit etwas Salz zu steifem Schnee geschlagene Eiweiß mit dem Hirsemehl, Kräutern und Eidotter zugleich untermengen. Auf ein mit Butter ausgestrichenes und bestäubtes Fettpapier ca. 1 cm dick aufstreichen und im vorgeheizten Ofen (E-Herd, 180 ° C) 10 Minuten backen. Rhomboidförmig (◇) schneiden.

Pro Portion:	
	2,30 g Ew
	1,70 g F
	3,70 g KH
	22 kcal

Tip:

Verschiedene Variationen, z. B. mit Käseeinlage, Schinken oder gedämpften Gemüsewürfelchen, sorgen für Abwechslung.

Weizenvollwertschöberln   *4 Portionen*

20 g Weizenvollkornmehl, frisch gemahlen, 1 Ei, eine Prise Meersalz, etwas Muskatnuß, frisch gerieben. Butter zum Ausstreichen.

Weizenvollkorn kurz vor der Verwendung mit der Getreidemühle fein ausmahlen. Eiweiß mit einer Prise Salz zu steifem Schnee schlagen. Weizenvollkornmehl mit Eidotter und Muskat zugleich unterheben. Auf ein mit Butter ausgestrichenes Backblech (etwas bestäubt) ca. 1 cm dick aufstreichen und im vorgeheizten Ofen (E-Herd, 180 °C) 10 Minuten backen. Rhomboidförmig (◇) schneiden.

Pro Portion:	2,30 g Ew
	1,70 g F
	3,70 g KH
	22 kcal

Tip:

Feinstgemahlener Dinkel (Urform des Weizens) kann anstatt der angeführten Getreidearten immer verwendet werden. Die Beschaffenheit und Backfähigkeit ist ähnlich dem Weizen. Auch Quinoa oder Amaranth-Getreide ist zum Mahlen geeignet.

Reisschöberln   *4 Portionen*

20 g Naturreismehl (Reis im Silberhäutchen), 1 Ei, eine Prise Meersalz, etwas Muskatnuß, frisch gerieben. Butter zum Ausstreichen.

Reis kurz vor der Verwendung mit der Getreidemühle sehr fein ausmahlen. Eiweiß mit einer Prise Salz zu steifem Schnee schlagen, und Reismehl zugleich mit Eidotter und Muskat unterheben. Auf ein mit Butter ausgestrichenes Backblech (etwas bestäubt) ca. 1 cm dick aufstreichen und im vorgeheizten Ofen (E-Herd, 180 °C) 10 Minuten backen. Rhomboidförmig (◇) schneiden.

Pro Portion:	2,30 g Ew
	1,70 g F
	3,70 g KH
	22 kcal

Fleisch- oder Fischnockerln *4 Portionen*

100 g rohes flechsenfreies Fleisch oder grätenfreien Fisch kleinschneiden und mit 80 g Sahne, Salz, Muskatnuß und frischen Kräutern im Mixer (mit Messeraufsatz) pürieren. Je mehr Sahne zugegeben wird, desto lockerer wird das Nockerl. Man kann auch ½ Sahne, ½ Gemüsebrühe verwenden. Durch Beimischung eines Pürees wie von Spinat oder Karotten sowie verschiedener Kräuter können die Nockerln beliebig variiert werden.
Eier werden keine mehr benötigt, da das im Fleisch enthaltene Eiweiß als Bindung ausreicht. Nockerln formen und ca. 8 Minuten in Salzwasser ziehen lassen.

	Pro Portion:	5,50 g Ew
		4,40 g F
		0,50 g KH
		58 kcal

Käsenockerln mit Hirse *12 Portionen*

100 g Butter, 2 Eidotter, 50 g Magertopfen, passiert, 30 g frischgeriebener Hartkäse, 100 g gedämpfte und erkaltete Vollwerthirse, 30 g Hirsemehl, Meersalz, Muskatnuß, frisch gerieben.

Butter schaumig rühren und mit Dotter und allen anderen Zutaten gut vermischen. Die Masse 20 Minuten kühlstellen, dann kleine Nockerln formen und im kochenden Salzwasser 10 Minuten ziehen lassen.

	Pro Portion:	3,10 g Ew
		9,0 g F
		16,30 g KH
		127 kcal

Panadelsuppe mit Vollwertbrötchen *4 Portionen*

3–5 entrindete Vollwertbrötchen (Seite 150) dünnblättrig schneiden, in 2 l Gemüsebouillon durchkochen, mit der Schneerute verschlagen und mit einem Ei verrühren. Gut abschmecken und mit Schnittlauch bestreuen.

Pro Portion:

3,30 g Ew
2,0 g F
23,50 g KH
135 kcal

Tropfteig *4 Portionen*

2 ganze Eier mit 50 g feinstem Dinkel- oder Weizenvollwertmehl, Meersalz und frischgeriebener Muskatnuß glattrühren und in die kochende Gemüsebouillon einlaufen lassen. Kurz aufkochen, beiseite stellen, abschmecken und mit frischen Kräutern garnieren. Zum Tropfteig kann auch etwas Parmesan gemischt werden.
Der Tropfteig kann auch mit Hirse oder Maismehl gemacht werden.

Pro Portion:

5,0 g Ew
3,30 g F
8,80 g KH
86 kcal

Fadennudeln *6 Portionen*

125 g Weizenvollwertmehl mit 1 Ei, 20 g Wasser, 1 EL feinstgeschnittenem Basilikum und Meersalz zu einem festen Nudelteig verarbeiten, und mit einer Nudelmaschine oder mit dem Messer feine Nudeln schneiden. In Salzwasser einkochen und herausnehmen.

Pro Portion:

3,60 g Ew
1,60 g F
14,60 g KH
89 kcal

Butternockerln 6 *Portionen*

50 g Butter schaumig rühren, 2 Dotter untermischen, je nach gewünschter Festigkeit 80–100 g feinstgemahlenes Hirse-, Mais- oder Weizenmehl zugleich mit dem Schnee von 2 Eiklar daruntermischen. Mit Salz und Muskatnuß würzen. Kurz kühlstellen. In kochendes Salzwasser einlegen und 10 Minuten langsam kochen.

Pro Portion:

4,10 g Ew
3,10 g F
10,60 g KH
130 kcal

Champignonschöberln 4 *Portionen*

Unter die Schöberlmasse (S. 150) in Butter (10 g) geschwenkte Champignons (50 g) und gehackte Petersilie mischen.

Pro Portion:

2,70 g Ew
3,80 g F
4,10 g KH
22 kcal

Kaiserschöberln 4 *Portionen*

Unter die Schöberlmasse (S. 150) geriebenen Käse (20 g), Erbsen (20 g) und feingeschnittenen Schinken (20 g) mengen.

Pro Portion:

5,10 g Ew
3,40 g F
4,30 g KH
30 kcal

Käsekrusteln

Geriebenen Parmesan oder Hartkäse mit Eidotter binden, gut würzen mit verschiedenen Kräutern, auf kleine runde Vollwertbrotscheiben aufstreichen, auf ein Backblech geben und gratinieren (kurz überbacken).

Gemüsestreifen *6 Portionen*

Karotten, Sellerie, Petersilienwurzeln und Weißes vom Lauch, insges. 150 g, in ganz feine, ca. 3 cm lange Streifen schneiden. In 20 g Butter anschwitzen, mit etwas Gemüsebouillon aufgießen und weichdünsten.

Pro Portion:	0,40 g Ew
	2,80 g F
	1,90 g KH
	35 kcal

Erbsenreis *6 Portionen*

Feingeschnittene Zwiebel (50 g) in 20 g Butter anschwitzen, 100 g Reis im Silberhäutchen leicht rösten, mit 200 g Gemüsebouillon auffüllen und wie ein Risotto vollenden. 10 Minuten vor dem Garwerden Zuckererbsen (80 g) zugeben und danach mit einer Fleischgabel untermischen.

Pro Portion:	2,20 g Ew
	3,20 g F
	14,90 g KH
	101 kcal

Tip:

Gut gewürzte Gemüsebouillons oder Gemüsebrühen mit den entsprechenden Einlagen lassen den Verzicht auf Fleisch oder Geflügelbouillons leicht vergessen. Gemüse ist basisch, Fleisch ist säurenüberschüssig!

Markknödel 6 Portionen

50 g Rindermark schaumig rühren. 1½ eingeweichte Vollwertsemmerln faschieren und daruntermischen. Mit feingehackter Petersilie, Meersalz, Pfeffer aus der Mühle und Muskatnuß würzen. Mit einem Ei binden. 30 g Vollweizenmehl und 20 g Vollwertbrösel daruntermischen. Masse 15 Minuten kühlstellen – Knöderln formen und 10 Minuten im Salzwasser kochen.

Pro Portion:	4,60 g Ew
	8,70 g F
	9,0 g KH
	126 kcal

Tropfeier 6 Portionen

2 ganze Eier verschlagen und mit Meersalz und Muskatnuß würzen. Passieren und durch ein feines Röhrchen dünn in die köchelnde Gemüsebouillon (Seite 143) einlaufen lassen.
Vom Feuer nehmen und mit gehackter Petersilie garnieren.

Pro Portion:	2,30 g Ew
	2,0 g F
	0,0 g KH
	27 kcal

Kresse-Eierstich *2 Portionen*

1 TL Bach- oder Gartenkresse, frisch, 1 Ei, 2 cl Sahne, eine Prise Meersalz, etwas Muskatnuß, frisch gerieben, Butter zum Ausstreichen der Form.

Das Ei in einer Schüssel mit der Sahne gut vermischen und mit Salz und Muskatnuß würzen. Kresse grob aufhacken und zugeben. Die Eiermasse in eine mit Butter ausgestrichene kleine Form gießen und in eine Kasserolle stellen. Die Kasserolle bis zur Hälfte der Form mit heißem Wasser auffüllen. Zugedeckt im Wasserbad garen lassen. Auf ein Brett stürzen und mit einem gezackten Messer (Chartreusemesser) rhomboidförmig ($\Diamond$) schneiden.

Pro Portion:	
	4,80 g Ew
	6,50 g F
	1,40 g KH
	84 kcal

Tip:

Zur Abwechslung kann man auch frische Majoran-, Thymian- oder Basilikumblätter verwenden. Zudem kann der Eierstich mit Pürees von Spinat (1 EL) oder Karotten oder roten Rüben beliebig gefärbt werden. Auch Safran kann verwendet werden. Verschiedene Eierstiche können der Suppe einen schönen Kontrast geben.

Kaltschalen für heiße Jahreszeiten

Nektarinenkaltschale *4 Portionen*

¾ kg Nektarinen (Mango oder Aprikosen), 3 EL Roh-Rohrzucker, 4 EL Crème fraîche, ⅛ l Sahne, Zitronenschale, Gewürznelken, ½ l Wasser, 1 Schuß Weißwein, etwas Zitronensaft, gehackte Pistazien.

Nektarinen waschen, halbieren und entkernen. ½ l Wasser mit dem Roh-Rohrzucker ca. 3–5 Minuten schwach kochen lassen. Etwa zwei Drittel der Fruchtmenge, Zitronenschale und Nelken in das Zuckerwasser geben und weichdämpfen. Auskühlen lassen. Das ganze mit Zitronensaft und Weißwein versehen und im Mixer fein pürieren. Die übrigen rohen Fruchthälften in feine Spalten schneiden. Das Fruchtmark mit Crème fraîche und Sahne anrühren. Kaltstellen. In Tassen anrichten, mit dem geschnittenen Obst versehen und mit fein gehackten Pistazien bestreuen, kalt servieren.

Pro Portion:	
	3,10 g Ew
	21,70 g F
	41,80 g KH
	383 kcal

Walderdbeerkaltschale mit Minzenblättern
4 Portionen

500 g Walderdbeeren oder Himbeeren, ¼ l saure Sahne, ⅛ l Sahne (flüssig), 1 Zitrone (Schale und Saft), Honig nach Geschmack, Mandelspäne, einige Tropfen Weißwein, Minzenblätter zum Garnieren.

Die Früchte gut durchsortieren, waschen und gut abtropfen lassen. Mit dem Honig die Hälfte der Früchte im Mixer oder mit dem Schnellmixstab fein pürieren. Das Fruchtmark mit der versprudelten sauren Sahne und der Sahne anrühren, Wein und Zitronensaft sowie die fein geriebene Zitronenschale untermischen. Zuletzt gibt man noch die übrige

Menge der ganzen Früchte kleingeschnitten bei. Kaltstellen. Mit Mandelspänen bestreuen und in kalten Tassen oder Tellern servieren. Mit Minzenblättern garnieren.

Pro Portion:

3,80 g Ew	
24,60 g F	
14,30 g KH	
305 kcal	

Buttermilchkaltschale *4 Portionen*

½ l Buttermilch oder Schafsjoghurt, 150 g frische Erdbeeren oder 100 g tiefgekühlte, 50 g Bienenhonig, 1–2 Blatt Gelatine.

Gelatine 2–3 Minuten in kaltem Wasser einweichen. Dann gut ausdrücken und in einer Pfanne mit dem Honig erwärmen, bis sich die Gelatine aufgelöst hat. Die Buttermilch in eine Schüssel geben und unter starkem Rühren mit dem Schneebesen den Gelatinehonig (mit einem Gummispachtel zusammengeputzt) tropfenweise einschlagen. Verwendet man frische Erdbeeren, so werden diese gewaschen und geviertelt daruntergemischt. Bei gefrorenen Erdbeeren läßt man diese in einem Sieb auftauen und abtropfen. Dann halbieren und vorsichtig mit einem Kochlöffel darunterheben. In 4 Portionsschalen abfüllen, eine Stunde kühlstellen und mit je einer halben Erdbeere und Zitronenmelisse garnieren.

Pro Portion:

5,30 g Ew	
2,0 g F	
17,70 g KH	
106 kcal	

Tip:

Kaltschalen sind besonders zur heißen Jahreszeit sehr beliebt. Durch Verwendung von verschiedensten frischen Beeren und Früchten, evtl. auch gemixt, kann sehr viel Abwechslung erzielt werden. Joghurt, Sauermilch oder andere angesäuerte Milchprodukte können ebenso verwendet werden.

Fleischlose Gerichte

Fleischlose Gerichte

In den Zonen Mitteleuropas sollte – ganz allgemein betrachtet – für die Mehrzahl der (Wohlstands-)Bürger wohl etwa jeder 2. Tag fleischlos sein. Mit Liebe und Phantasie kann das Menü solcher Tage mit vollwertigen Getreideprodukten und verschiedenen, möglichst biologisch hochwertigen Gemüsen und Salaten besonders schmackhaft gestaltet werden*.

Beispielsweise macht man Maisgrieß oder Hirse zur Hauptspeise (Rezepte Seite 164), die mit „knackigen" Gemüsen, mit den verschiedenen Kräuter- und Gemüsesaucen (Rezepte Seite 285) bereichert werden. Einfach und schnell zubereitet, z.B. als „Sterz" aus Maisgrieß mit Gemüsegulasch (Rezept Seite 320), genießt man ein vollwertiges Gericht mit einem wertvollen pflanzlichen Eiweißträger.

Gemüse, kernig gedämpft,
mit Kräuter- oder Gemüsesaucen gebunden,
stellt die geeignete Beilage
zu biologischen Getreideprodukten dar!

Saure Sahne, etwas Butterflocken sowie Meersalz können zur geschmacklichen Abrundung beitragen.

---

* *Rauch/Mayr,* Milde Ableitungsdiät. Karl F. Haug Verlag, Heidelberg.

Polenta-Maisgrießschnitten *2 Portionen*

100 g Maisgrieß, 20 g Butter, ⅛ und ⅟₁₆ l Gemüsebrühe, eine Prise Meersalz, 1 Messerspitze Kümmel, frisch gemahlen, 2 EL saure Sahne, 2 Eidotter.

Butter in eine Kasserolle geben und den Maisgrieß darin anschwitzen. Mit einer Messerspitze Kümmel und Salz würzen. Mit Gemüsebrühe aufgießen und einmal aufkochen lassen. Zudecken und E-Herd-Platte auf Stufe 1 zurückschalten. Nach 10 Minuten Ausdünsten die Kasserolle vom Feuer nehmen, mit einer Fleischgabel die Polenta auflockern, Eidotter untermischen und in eine mit Aluminiumfolie ausgekleidete Rehrückenform streichen (leicht pressen). Bei 150 °C im Rohr weitere 10–15 Minuten nachziehen lassen. Auf ein Brett stürzen, daumendicke Schnitten schneiden und diese dann mit saurem Rahm garnieren.

Pro Portion:	
	4,80 g Ew
	9,90 g F
	39,40 g KH
	266 kcal

Tip:

Dazu serviert man ein Gemüsegulasch (Rezept Seite 320) oder Sauermilch.
Will man das Gericht vereinfachen, so dämpft man den Maisgrieß (Verhältnis 1 zu 1½) 15 Minuten lang und lockert mit einer Fleischgabel auf.
Dann eignet sich auch eine Eiszange (Portionierer) zum Anrichten.

Polentaknödel *ca. 15 Stück*

1 Tasse Polentagrieß, 1,5 Tassen Wasser, 1 Ei, 1 Eidotter, 30 g Sauerrahm oder Crème fraîche, 25 g Vollwertbrösel, 10 g frischgehackte Kräuter, etwas Salz und geriebene Muskatnuß, 15 g Butter, Salzwasser.

Butter in einer Kasserolle schmelzen und Polentagrieß darin kurz anschwitzen. Salzen, mit Wasser auffüllen und einmal aufkochen lassen. 15 Minuten zugedeckt bei milder Hitze quellen lassen. Dann vom Feuer nehmen und mit einer Fleischgabel gut durchreißen. Etwas auskühlen lassen und Eier, Sauerrahm, Brösel, Muskatnuß und Kräuter untermischen. Die Masse ½ Stunde in den Kühlschrank stellen.
Kleine Knödel zu etwa 30 g formen und diese 15 Minuten in siedendem Salzwasser ziehen lassen. Diese Knödel passen zu jedem Gemüseeintopf. Man kann sie aber auch mit einer frischen Kräutersauce und Gartengemüse servieren.

Pro Stück:	2,40 g Ew
	2,40 g F
	13,90 g KH
	87 kcal

Tip:

Machen Sie der Sicherheit halber immer zuerst einen Probeknödel. Löst sich dieser auf, so können Sie immer noch mit Eidotter und Bröseln nachhelfen. Die Polenta darf nicht zu lange gedämpft werden, da sie sonst zu stark austrocknet.

Tofu-Bällchen (Knödel-Klößchen) *4 Portionen*

Tofu ist die natürliche Veredelung der Sojabohne. Vakuumverpackt sieht Tofu aus wie frischer Butterkäse und hält gut gekühlt einige Tage. Tofu ist reich an Vitaminen und Mineralien, ist eiweißreich, kalorienarm, basisch und cholesterinfrei.

400 g Tofu, 1½ Vollwertsemmeln, 2 Zehen Knoblauch, 15 g Sojamehl, 1 TL frische Gartenkräuter, 1 Eidotter, 15 g Butter, evtl. 50 g Zwiebel, 50 g feingeriebenen Käse, 35 g Vollwertbrösel, 60 g kleinstgeschnittenes und gedämpftes Gemüse, etwas Muskat, frisch gerieben, Vollsalz, Pfeffer aus der Mühle.

Tofu fein faschieren und auch die eingeweichten Semmeln durch den Fleischwolf drehen. Falls Zwiebel verwendet wird, diese kleingeschnitten mit Butter anrösten und ebenfalls durch den Wolf drehen.
Diese Masse mit fein gepreßtem Knoblauch, Salz, Bröseln, Eidotter, Käse, Gemüsewürfelchen, Sojamehl und Gartenkräutern gut vermischen. ½ Stunde kühlstellen und dann ca. 50 g schwere Klößchen formen. Diese in Salzwasser oder gut gewürzter Gemüsebouillon (mit etwas Vitam-Hefewürze) ca. 10 Minuten köcheln lassen.

Pro Portion:	
	8,30 g Ew
	5,90 g F
	24,60 g KH
	193 kcal

Tip:

Anstatt Tofu kann auch frischer Schafstopfen (Quark) verwendet werden.
Mit frischer Kräutersauce und buntem, gedämpftem Gartengemüse ist dies eine Möglichkeit für den fleischfreien Tag.
Die Masse kann auch zu Laibchen geformt werden, diese werden auf dem Blech im Backofen mit Alufolie zugedeckt heiß gemacht (oder gratiniert).

Pizza Delikat *4 Portionen*

Für den Teig:
250 g Dinkel- oder Vollwertweizenmehl, 20 g Hefe, ⅛ l lauwarmes Wasser, Vollsalz, evtl. 1 EL Cognac oder Olivenöl, 1 EL Origano, feingehackt.
Für die Sauce:
1000 g gut reife Tomaten, 3 Knoblauchzehen, Salz, frischer Pfeffer aus der Mühle, 2 TL feingeriebener Origano, 4 EL Olivenöl (40 g).
Für den Belag:
1 TL frische Majoranblätter oder ½ TL getrocknete, 1 TL frische Thymianblätter, 200 g frische Champignons, 150 g mageren Schinken in dünne Streifen geschnitten, 1 Päckchen Mozzarella-Käse (140 g), 20 Tomatenscheiben, geschält.

Zuerst für die Sauce Tomaten waschen (evtl. schälen und entkernen), kleinschneiden und in einer Pfanne mit Olivenöl solange einkochen lassen, bis die Sauce sämig-dicklich wird. Dann mit zerdrückten Knoblauchzehen, Origano, Salz und Pfeffer würzen. Evtl. im Mixer pürieren.
Für den Teig alle Zutaten mit der Rührmaschine gut verkneten. In 4 Portionen aufteilen und jeden Teil auf einem bemehlten Brett dünn ausrollen. Den Pizzateig auf ein bemehltes Backblech geben und mit 1 EL Sauce bestreichen. Darauf 4–5 Tomatenscheiben legen. Champignons und Schinkenstreifen darüber verteilen. Mit Salz, Origano und frischen Kräutern nachwürzen. Zuletzt den in dünne Scheiben oder Würfel geschnittenen Mozzarella-Käse darübergeben.
Nun die Pizza auf dem Backblech im oder auf dem warmen Ofen 10 Minuten „gehen" lassen. Dann im Ofen bei 220°C die Pizza auf unterster Schiene 10–12 Minuten backen. Mit einer Spachtel rundum vom Blech lösen und auf Tellern anrichten. Mit frischen Origanoblättern bestreuen.

Pro Portion:	
	28,90 g Ew
	27,70 g F
	64,30 g KH
	606 kcal

Kartoffelpizza *4 Portionen*

500 g mehlige Kartoffeln ohne Schale, 2 Eidotter, 200 g Käse, 150 g Mozzarella, 200 g Tomaten, 150 g Paprikaschoten, 200 g Champignons, Salz, Muskatnuß, Pfeffer, 2–3 Knoblauchzehen, 50 g Zwiebel, Salz, Pfeffer aus der Mühle, Muskatnuß, 1 EL Öl, 1 EL feingeschnittene Majoranblätter.

Rohe Kartoffeln ganz fein aufraspeln, ausdrücken, Dotter untermischen und mit Salz und Pfeffer sowie Muskatnuß und Majoran würzen. Etwas Öl auf einen erhitzten Plattengriller oder in eine beschichtete Pfanne geben und pro Person ca. 100 g von der rohen Kartoffelmasse einfüllen. Mit einer Spachtel ebnen und so verteilen, daß die Masse ca. ½ cm stark ist. Wenn die untere Seite goldbraun ist, mit der Spachtel umdrehen, die zweite Seite bräunen und auf ein Backblech geben. Dann die Kartoffelplätzchen mit Tomatenscheiben, Paprikastreifen, blättrig geschnittenen Champignons, zerdrückten Knoblauchzehen, in Würfel geschnittenem Käse und in feine Streifen geschnittener Zwiebel belegen. Mit Salz, Pfeffer und Origano würzen. Zum Schluß den Mozzarella-Käse stückchenweise verteilen und die Pizza überbacken, bis der Käse geronnen ist. Wenn man einen Plattengriller mit Unter- und Oberhitze hat, kann man dies am Griller machen, ansonsten gibt man die Pizza auf ein Backblech und schiebt sie bei 220 °C ca. 10 Minuten in den vorgeheizten Ofen.

Pro Portion:	
	26,30 g Ew
	28,40 g F
	31,50 g KH
	496 kcal

Tip:

Die Kartoffelplätzchen kann man vorbereiten und später belegen und überbacken. Ohne Belag ist es ein Reibekuchen. Geht auch ohne Eidotter.

Tofu-Gemüseschnitzel   *4 Portionen*

100 g Bärlauch oder Jungzwiebel, 1 EL Olivenöl, 300 g Gemüse (z. B.: Karotten, Sellerie, Zucchini, Petersilienwurzeln), 400 g Tofu frisch (siehe Seite 166), 1 Ei, 125 g Crème fraîche oder saure Sahne, Salz, Muskatnuß, gerieben, Pfeffer aus der Mühle, 4 EL (Donath-) Haferflocken, 1 Bund frischer Majoran, 50 g Vollwertbrösel.

Feingeschnittenen Bärlauch oder Zwiebeln in Olivenöl anschwitzen. Tofu durch die feine Scheibe des Fleischwolfes drehen. Das Gemüse (außer Zucchini) waschen und schälen oder abschaben. In kleine Würfelchen schneiden und im Dampftopf weichdämpfen. Zucchiniwürfelchen erst später dazugeben. In einer Schüssel mit Tofu und allen Zutaten gut vermischen und 1 Stunde durchkühlen lassen. Kleinere Laibchen zu je 50 g formen und diese auf ein Backblech mit etwas Mehl bestäubt legen. Im vorgeheizten Ofen bei 220 °C ca. 10 Minuten überbacken, bis die Laibchen eine goldbraune Farbe haben.

Natürlich kann man die Laibchen auch in einer Pfanne mit wenig Öl beidseitig goldbraun backen. Ebenso können die Gemüseschnitzel auf einem Plattengriller gebraten werden. Zum Umdrehen verwendet man eine breite Spachtel.

Dazu passen sämtliche Kräuter- oder Gemüsesaucen sowie Kartoffeln als Beilage (siehe Seite 285 und 315).

Pro Portion:	
	29,80 g Ew
	22,80 g F
	50,30 g KH
	519 kcal

Brennesselspinatspätzle mit Rinderschinken
4 Portionen

70 g blanchierte junge Brennesselspitzen, 250 g Vollweizenmehl oder Dinkelmehl, 1,5 dl Wasser oder Gemüsebrühe, 2 Eier, Salz, Muskat, 40 g Butter, 1 dl Weißwein, etwas Gemüsebrühe, ⅛ l Sahne, frisch gemahlener Pfeffer, Schnittlauch zum Bestreuen, 50 g Rinderschinken.

Aus den Teigzutaten einen nockerlartigen Teig bereiten, Spätzle vom Brett geschabt oder mit Hilfe einer Spätzlereibe in kochendes Salzwasser geben, einige Minuten ziehen lassen, abseihen und evtl. kalt abschrecken, sofern sie nicht sofort geschwenkt werden. In einer Pfanne die Butter erhitzen, den kleingewürfelten Rinderschinken und die Spätzle darin schwenken, mit Wein oder Basensauce (S. 290) aufgießen (evtl. etwas Gemüsebrühe beifügen). Sahne zugießen, kurz verkochen lassen (dicklich, cremig), mit frisch geriebenem Pfeffer, Muskatnuß und Salz abschmecken. Zuletzt mit Schnittlauch bestreuen. Dazu paßt bestens eine Schüssel Salat.

Pro Portion:	
	14,30 g Ew
	28,80 g F
	46,30 g KH
	516 kcal

Tip:

Da Brennesseln nicht das ganze Jahr über wachsen, kann man auch Spinatblätter oder Bärlauch verwenden. Anstatt Schinken eignet sich bestens Schafskäse.

Spinatnudeln mit Steinpilzragout *ca. 6 Portionen*

100 g passierter Spinat (tiefgekühlt), 600 g feinstgemahlener Dinkel oder Weizen, ¼ l Wasser, 1 Ei und 1 Eidotter, 1 TL Öl.

Mit allen Zutaten im Rührkessel einen festen, glatten Teig kneten. Oder mit der Hand von außen nach innen alle Zutaten etwa 10–15 Minuten zu einem geschmeidigen Teig verarbeiten. Dies erfordert allerdings viel Kraft.

Den Teig zugedeckt etwa eine Stunde ruhen lassen. Dann am besten mit einer Nudelmaschine ausrollen und feine Nudeln schneiden und im kochenden Salzwasser mit 1 TL Öl etwa 10 Minuten nicht zu weich garen. Mit einem Netzschöpfer herausheben, evtl. kalt abspülen und bis zur Verwendung beiseite stellen oder sofort in Butter schwenken und servieren.

Für das Steinpilzragout:
500 g frische Steinpilze, evtl. Pfifferlinge oder Champignons, 2 Schalotten, 50 g Butter, ¹⁄₁₆ l Weißwein, ¹⁄₁₆ l Sahne, Pfeffer aus der Mühle, Salz, 1 EL gehackte Petersilie und Majoran, ⅛ l Basensauce (S. 290).

Steinpilze putzen, Lamellen entfernen, waschen und blättrig schneiden. Feingeschnittene Schalotten in einer Pfanne mit Butter glasig schwitzen und die Pilze zugeben. Unter Rühren etwa 3 Minuten dünsten lassen, dann mit Weißwein und Sahne aufgießen und mit Salz, Pfeffer und Petersilie würzen. Weiter einkochen lassen, bis ein sämig-dickliches Ragout entsteht. Dies dauert etwa 4–5 Minuten. Mit Basensauce vermengen.

Die in Butter geschwenkten Spinatnudeln portionsweise anrichten und mit dem Steinpilzragout überziehen. Mit Kräutern garnieren.

Pro Portion:	
	16,40 g Ew
	13,90 g F
	70,40 g KH
	482 kcal

Tip:

Die Nudeln kann man mit einem Sieb auch im kochenden Salzwasser heiß machen und mit zerlassener Butter anrichten. Dann kleben sie weniger. Den Teig im Foliensack rasten lassen, evtl. auch einfrieren.

Polentaplätzchen (Mais) *4 Portionen*

1 Tasse frisch geschrotete Polenta, 1½ Tassen Milch, Gemüsebrühe oder Wasser, etwas Salz, evtl. etwas Kümmel, gemahlen, 15 g Butter, 50 g Jungzwiebel, feingeschnitten, 2 EL Sauerrahm oder Mascarpone.

Frisch geschrotete Polenta in einer Kasserolle mit Butter kurz anschwitzen, würzen und mit Gemüsebrühe, Milch oder Wasser aufgießen. Aufkochen lassen, dann Deckel daraufgeben und auf Stufe 1 etwa 15–20 Minuten ausdünsten lassen. Vom Feuer nehmen und mit einer Fleischgabel durchreißen. Mit Sauerrahm (evtl. Eidotter) vermischen. Kurz überkühlen und fingerdicke Plätzchen zu 50 g formen. Diese entweder auf ein mit etwas Polentamehl bestäubtes Blech legen und im vorgeheizten Ofen kurz überbacken oder auf der Grillplatte mit etwas Butter bepinselt beidseitig leicht bräunen. Oder mit Alufolie zugedeckt im Rohr nur heißmachen. Oder mit etwas saurer Sahne und Mozzarella-Käse kurz gratinieren.

Dazu paßt bestens eine frische Kräutersauce und eine Schüssel Salat (siehe Seite 285 und 83).

Pro Portion:	
	2,80 g Ew
	3,50 g F
	24,40 g KH
	140 kcal

Tip:

Anstatt Polenta kann man auch Amaranth, Quinoa oder Reis nehmen. Das Getreide kann mit einem Eisportionierer angerichtet werden.
Frische Kräuter wie Majoran, Thymian, Basilikum oder Bärlauch sorgen für Geschmacksabrundung.

Hirse-Käsekrapferln   *4 Portionen*

1 Tasse Goldkernhirse, 1½ Tassen Gemüsewasser, 30 g Butter, 130 g feingeschnittenes Wurzelgemüse (Karotten-, Sellerie-, Petersilienwurzeln), 1 EL Frischkräuter, 130 g feingeriebener Butterkäse (oder Hartkäse), 100 g Crème fraîche oder saure Sahne, frisch geriebene Muskatnuß, etwas Salz, 50 g feingeschnittene Schalotten.

Die Hirse waschen und in einem Sieb gut abtropfen lassen. Butter in ein Kochgeschirr geben und die Schalotten und Hirse darin kurz anschwitzen. Mit Gemüsewasser auffüllen, einmal aufkochen und bei mäßiger Hitze (Stufe 1) etwa 20 Minuten ausdünsten lassen. Dann vom Feuer nehmen und mit einer Fleischgabel gut auflockern.
Inzwischen das feingeschnittene Wurzelgemüse weichdämpfen. Die Hirse mit allen Zutaten gut vermischen und mit Salz und Muskatnuß gut abschmecken. Sodann etwa 50 g schwere Knödel formen und diese etwa fingerstark flachdrücken. Diese Krapferln auf ein mit etwas Butter bestrichenes Backblech legen und mit Alufolie zudecken. Bei 200°C etwa 10 Minuten in den Ofen schieben (die letzten 5 Minuten ohne Folie backen) und sofort servieren. Oder in der Pfanne zubereiten.

Dazu paßt jede frische Kräuter- oder Gemüsesauce und Salat. Die Käsekrapferln können aber auch mit saurer Sahne oder Mozzarella-Käse kurz gratiniert werden. Ein Schnellgericht zum Vorbereiten.

Pro Portion:	16,40 g Ew
	18,60 g F
	48,30 g KH
	430 kcal

Hirseauflauf im Dampf *2 Portionen*

60 g Hirsemehl (Goldkern), 6 cl Sahne, 1 Ei, eine Prise Meersalz, Butter zum Ausstreichen.
2 feuerfeste Ton- oder Porzellanförmchen (Ø ca. 7 cm, Höhe ca. 4 cm).

Kurz vor der Zubereitung die Hirse in der Getreidemühle zu feinstem Mehl ausmahlen. Eidotter mit Sahne schaumig rühren. Das Eiweiß mit einer Prise Meersalz zu steifem Schnee schlagen und mit dem Hirsemehl zugleich unter die Ei-Sahne-Masse heben. Die 2 mit Butter ausgepinselten Tonformen mit der Masse vollfüllen. Eine Kasserolle ca. 1 cm hoch mit Wasser füllen, die Tonformen hineinstellen. Bei zugedeckter Kasserolle und köchelndem Wasser die Masse 15 Minuten lang im Dampf garen. Förmchen herausnehmen, mit einem spitzen Messer rundum die Masse lockern und stürzen. Mit Basensauce (S. 285) und gedämpftem Gemüse servieren.

Pro Portion:	7,0 g Ew
	13,50 g F
	22,60 g KH
	239 kcal

Tip:

Die Aufläufe gelingen mit sämtlichen Getreidearten. Besonders gut mit Hirse, Mais und Quinoa.
Nach dem Garen den Auflauf mit etwas saurer Sahne überziehen (nappieren). Dazu serviert man frische Kräuter-Basensauce (Rezepte Seite 285) und frisch gedämpftes, junges Wurzelgemüse.
Der Auflauf kann auch bei fünffacher Rezeptmenge in schmalen länglichen Pastetenformen oder kleinen Rehrückenformen gemacht werden. Hinterher stürzen und in fingerstarke Scheiben schneiden.

Fenchelgratin *4 Portionen*

3 Fenchelknollen, etwas Fenchelgrün, 50 g geriebener Stangenkäse, ¼ l Weißwein, Salz, Muskatnuß, Pfeffer aus der Mühle, 100 g Kartoffeln, 20 g Butter, 100 g Mozzarella-Käse, 50 g Frühlingszwiebeln.

Mehlige Kartoffeln im Kocheinsatz weichdämpfen, schälen und in Scheiben schneiden.

Die Fenchelknollen putzen, waschen und die äußeren Schalen entfernen. Dann der Länge nach halbieren oder vierteln. In einer Kasserolle mit Butter die kleingeschnittenen Frühlingszwiebeln und das Fenchelgrün anschwitzen, Fenchelknolle zugeben, ebenfalls kurz anschwitzen und mit Wein (Gemüsebrühe) aufgießen. Ca. 20 Minuten weichdünsten lassen. Die Kartoffelscheiben und den geriebenen Käse untermischen, mit Pfeffer, Salz, Muskat und gehacktem Fenchelgrün gut würzen. In eine ausgebutterte Auflaufform geben, mit Mozzarella belegen und im vorgeheizten Ofen bei 220 Grad ca. 10 Minuten überbacken. Mit Basensauce und Karottengemüse servieren.

Pro Portion:	
	19,80 g Ew
	20,90 g F
	32,30 g KH
	370 kcal

Tip:

Das Fenchelgemüse kann auch ohne Käse als Beilage oder Hauptspeise serviert werden.

Mais-Vollwert-Auflauf im Dampf *2 Portionen*

60 g Maismehl, 6 cl Sahne, eine Prise Meersalz, Butter zum Ausstreichen, 1 Ei, 2 feuerfeste Porzellan- oder Tonformen (Ø ca. 7 cm, Höhe ca. 4 cm).

Kurz vor der Zubereitung den Mais in der Getreidemühle zu feinem Mehl ausmahlen. Eidotter mit Sahne schaumig rühren. Eiweiß mit einer Prise Meersalz zu steifem Schnee schlagen und mit dem Maismehl zugleich unter die Ei-Sahne-Masse heben. Die 2 mit Butter ausgepinselten Tonformen mit der Masse vollfüllen. Eine Kasserolle ca. 1 cm hoch mit Wasser füllen, die Tonformen hineinstellen. Bei zugedeckter Kasserolle und köchelndem Wasser die Masse 15 Minuten lang im Dampf garen. Formen herausnehmen, mit einem spitzen Messer rundum die Masse lockern und stürzen. Sofort servieren, mit Basensauce und Gemüsegulasch.

Pro Portion:	3,50 g Ew
	12,90 g F
	23,30 g KH
	222 kcal

Tip:

Die Massen für sämtliche Getreideaufläufe müssen kurz vor der Verwendung gemacht werden. Durch zu langes Stehenlassen verfestigt sich der Auflauf. Ebenso soll der Auflauf nach dem Dämpfen sofort serviert werden. Weniger empfindlich sind Mais- und Hirseaufläufe. Die Masse soll aussehen wie eine Biskuitmasse. Weniger Mehl macht den Auflauf noch lockerer.

Paprika gefüllt mit Tofu *4 Portionen*

8 Stück mittelgroße Paprikaschoten à 60 g oder 4 Stück à 150 g, 500 g Tofu (Sojatopfen-Quark), 100 g junge Zwiebeln, 200 g gedämpften Vollkornreis oder Hirse, 30 g Butter, Salz, 1 EL frische Majoranblätter, 1 EL frische Thymianblätter, Pfeffer aus der Mühle, 50 g Sojamehl, 2 Eidotter.

Für die Sauce:

100 g Lauchzwiebel (evtl. 1–2 Knoblauchzehen), 800 g Tomaten, 30 g Butter, 200 g Kartoffelwürfelchen, roh, etwas Salz, 1 EL Basilikum, 1 EL Bienenhonig, 700 g Gemüsebrühe, 2 EL Tomatenmark natur.

Paprikaschoten waschen, den Deckel abschneiden und die Paprika aushöhlen. Für die Füllung Tofu fein faschieren. Zwiebel fein schneiden, in einer Pfanne mit Butter goldgelb anschwitzen und dazugeben. Den weich gedämpften Vollwertreis, Sojamehl und Eidotter ebenfalls dazugeben und die Masse mit Salz, Pfeffer, Majoran und Thymianblättern gut würzen. Die Paprikaschoten mit dieser Masse eben vollfüllen, in die vorbereitete Tomatensauce legen und weichdünsten.

Für die Sauce:

Lauchzwiebel kleinschneiden und in einer Pfanne mit Butter glasig schwitzen. Kleingeschnittene Tomaten, Tomatenmark, Rosmarin und Kartoffelwürfelchen dazugeben und kurze Zeit mitanschwitzen lassen. Mit Gemüsebrühe auffüllen und ca. 20 Minuten einkochen lassen. Danach mit frischem Basilikum im Mixglas pürieren (durch ein feines Sieb passieren) und mit Salz und Bienenhonig abschmecken. Die Sauce in ein entsprechendes feuerfestes Geschirr geben und die gefüllten Paprika hineinlegen. Darauf achten, daß die Sauce die Paprikaschoten knapp bedeckt. Den Deckel daraufgeben und im vorgeheizten Ofen bei 220° ca. 40–45 Minuten garen, bis die Paprika schön weich sind. Danach herausheben, evtl. schräg anschneiden und mit Tomatensauce servieren. Sollte die Sauce etwas zu dünn geworden sein, so kann sie mit etwas Mehlbutter (Butter mit Vollkornmehl zu gleichen Teilen verknetet) gebunden werden. Dazu gibt man in die kochende Sauce bröckchenweise die Mehlbutter, bis die gewünschte Konsistenz erreicht ist.

Pro Portion:	24,70 g Ew
	22,60 g F
	47,40 g KH
	490 kcal

Kohlrouladen mit Champignon-Reis-Füllung
4 Portionen

1 Kopf Grünkohl (Wirsing), 300 g Champignons, 70 g Butter, 80 g Rotwein, 100 g feingehackte Zwiebeln, 3 Knoblauchzehen, 80 g Sahne, 500 g Tomaten, Salz, 1 EL grob gehackten Origano, 400 g gedämpfter Reis (im Silberhäutchen) oder Hirse, 1 Bund Basilikum, frisch.

Den grünen Kohlkopf putzen und den ganzen Kopf 5 Minuten in siedendem Salzwasser blanchieren (überkochen). Vorsichtig 4 schöne Kohlblätter ablösen. Sind die inneren Blätter noch zu hart, den Kohlkopf erneut in das kochende Wasser legen. Etwa 4 cm vom Strunkende eines jeden Blattes wegschneiden und die größten Blätter an den Seiten etwas stutzen. Jeweils in die Mitte eines Kohlblattes 2 oder 3 Eßlöffel der Füllung geben und das Blatt fest zusammenrollen, dabei die Seiten einschlagen.

Für die Füllung:
Den restlichen Kohl, ca. 300 g, grob schnetzeln (schneiden) und mit gehackten Zwiebeln und Knoblauch in Butter andünsten. Wenn die Zwiebeln glasig sind, die Champignons zugeben, anbraten, mit Rotwein und Sahne aufgießen und alles dicklich einkochen lassen. Mit Salz, Pfeffer aus der Mühle und Origano würzen. Den fertig gedämpften Reis zur Füllung mischen. Die Masse soll kompakt sein.
Die Tomaten zerkleinern (evtl. vorher die Haut abziehen) und in einer Kasserolle oder Jenaer Glasschüssel kurz einkochen lassen. Dann die Kohlrouladen mit der Saumseite nach unten dicht aneinander legen, so daß sie zu 2/3 mit Tomaten bedeckt sind. Im vorgeheizten Ofen zugedeckt ca. 30 Minuten dämpfen. Dann die Rouladen herausnehmen und die Tomatensauce mit Salz, Pfeffer, Basilikum und etwas Sauerrahm abschmecken.

Pro Portion:	
	7,30 g Ew
	21,70 g F
	37,30 g KH
	388 kcal

Naturreisring mit Zucchini-Champignon-Ragout _4 Portionen_

Für den Reis:
100 g Naturreis (im Silberhäutchen), Hirse oder Quinoa, 150 g Gemüsebrühe oder Wasser, eine Prise Meersalz, 10 g Butter.

Reis waschen und abtropfen. Butter in eine Kasserolle geben, Reis darin anschwitzen, mit Gemüsebrühe aufgießen und zugedeckt bei mäßiger Hitze (Kochplatte Stufe I) auf der Kochplatte oder im Rohr (E-Herd, 180 °C) ca. 40 Minuten ausdünsten lassen. Zuletzt salzen.

Für das Ragout:
500 g schlanke Zucchini, 50 g Lauch, 30 g Zwiebeln, 300 g Tomaten, 50 g Butter, ⅛ l Weißwein, ⅛ l Sahne, 30 g frische Kräuter (z. B.: Petersilie, Bohnenkraut, Basilikum), etwas Salz, Muskatnuß, Pfeffer aus der Mühle, ⅛ l Basensauce.

Das Gemüse putzen und waschen. Die Zucchini der Länge nach halbieren und in 1 cm dicke Scheiben schneiden. Den Lauch in grobe Streifen schneiden. Die Zwiebeln grob würfeln. Die Tomaten nach Entfernen des Strunkes enthäuten und grob würfelig schneiden. Die Champignons halbieren. Butter in einer großen Pfanne zerlaufen lassen und Zwiebel und Lauch darin kurz anschwitzen, Champignons und die Zucchinischeiben dazugeben und ca. 5 Minuten mitbraten lassen. Dann mit Weißwein auffüllen. Zugedeckt bei schwacher Hitze weitere 5 Minuten schmoren lassen. Dann erst die Tomatenwürfel und Basensauce dazugeben und alles zusammen nochmal 5 Minuten schmoren lassen. Mit Salz, Muskatnuß, Pfeffer und den frischen Kräutern abschmecken.
Dieses Ragout in die Mitte des Reisringes füllen und mit frischen Kräutern und evtl. etwas Sauerrahm garnieren.

Pro Portion:	6,30 g Ew
	23,90 g F
	50,90 g KH
	384 kcal

Gefüllte Zucchini *2 Portionen*

2 mittelgroße Zucchini (300 g), 20 g Zwiebel, eine Prise Meersalz, 50 g Tomaten, 10 g Butter, 20 g Bergkäse, gerieben, Gemüsebrühe zum Abbrühen (Blanchieren), 40 g Kalbfleisch oder Lamm, Pfeffer aus der Mühle, ½ Knoblauchzehe, 1 Zweig Majoran, frisch, ½ TL Thymianblätter, frisch, 1 TL saure Sahne.

Zucchini putzen, waschen und abtropfen. Der Länge nach in der Mitte teilen und die beiden Hälften mit einem Ausstecher oder Löffel halb aushöhlen. Das Fruchtfleisch kleinwürfelig aufschneiden und wegstellen. Knoblauch fein zerdrücken und mit den feingehackten Zwiebeln in einer Kasserolle mit Butter anschwitzen lassen. Das durch den Fleischwolf gedrehte Kalbfleisch zugeben, ebenfalls Zucchiniwürfel und geschälte Tomatenwürfel, kurz anziehen lassen und den geriebenen Käse und die Thymianblätter unterheben.

Die Zucchini in der Gemüsebrühe 5 Minuten abbrühen (blanchieren), herausnehmen und mit der Fleischfüllung füllen.

Im vorgeheizten Ofen bei 200°C ca. 7 Minuten überbacken. Mit saurer Sahne und Majoranblättern garnieren.

Pro Portion:	
	10,30 g Ew
	8,60 g F
	10,20 g KH
	159 kcal

Tip:

Als Beilage Kartoffeln und vorweg ein Salat. Die Zucchini können auch mit Tofu (Sojaquark), Hirse, Reis oder Pilzen gefüllt werden.

Eine weitere Möglichkeit

Die Fleischfüllung mit etwas Gemüse- oder Kräutersauce binden und zuletzt mit etwas geriebenem Frischkäse anreichern. In diesem Fall kann kernig weichgedämpftes Zucchinigemüse ohne Überbacken damit gefüllt werden.
Zur Fleischfüllung kann auch etwas gedämpfter Naturreis (im Silberhäutchen) beigemengt werden.

Kartoffelauflauf mit Schinken und Käse
4 Portionen

*1 kg Kartoffeln, Salz, 200 g gekochter Rinderschinken, 60 g geriebener Bergkäse, 30 g
Butter, 80 g Lauch, Butter zum Einfetten, 2 EL Weizenvollmehl, ½ l saure Sahne,
1 Eidotter, 1 Bund Petersilie, frische Minzenblätter.*

Kartoffeln unter fließendem Wasser abbürsten und im Dampftopf weichdämpfen. Oder in einem Topf mit gesalzenem Wasser zugedeckt 25 Minuten kochen, abgießen, abziehen (pellen) und erkalten lassen. Dann in
Scheiben schneiden, eine feuerfeste Form einfetten und die Hälfte der
Kartoffeln einfüllen. Schinken und Lauch (in Streifen geschnitten) in
Butter anschwitzen und darübergeben. Darauf die restlichen Kartoffeln
verteilen und würzen. Mehl mit 3 EL Sauerrahm glattrühren. Den restlichen Sauerrahm und das Ei verquirlen. Salzen und über die Kartoffeln
gießen. Mit geriebenem Käse bestreuen und Butterflocken daraufsetzen. Im
vorgeheizten Ofen bei 220 °C auf mittlerer Schiene 15 Minuten backen.
Petersilie und Minze waschen, hacken und vor dem Servieren auf die
Kartoffeln streuen. Dazu paßt eine Minzen-Basensauce (S. 293).

Pro Portion:	26,40 g Ew
	25,80 g F
	49,20 g KH
	543 kcal

Tip:

*Noch einfacher kann man die noch warmen Kartoffelscheiben mit saurer Sahne
(ohne Mehl und Ei) dicklich vermengen, Käse, Kräuter und Schinken untermischen,
würzen, auf ein Backblech daumenstark auftragen, mit Käse bestreuen (Mozzarella)
und überbacken. Danach in Schnitten schneiden.
So kann auch ein Blumenkohl oder Fenchelauflauf gemacht werden.*

Kartoffellaibchen mit Champignons *2 Portionen*
4 Laibchen à 100 g

500 g mehlige Kartoffeln mit Schale, 1 Eidotter, 50 g Champignons, Steinpilze oder Morcheln, 10 g Butter, 1 TL Petersilie, frisch gehackt, 1 TL Minzenblätter, frisch gehackt, 1 TL Schnittlauchröllchen, frisch, eine Prise Meersalz, etwas Muskatnuß, frisch gerieben, etwas Butter zum Bestreichen.

Die Kartoffeln mit der Schale weich kochen oder dämpfen. Das Wasser abgießen, Kartoffeln schälen und grob aufraspeln. Die Champignons putzen, waschen, abtropfen lassen und in einer Kasserolle mit Butter und den frischen Kräutern anschwenken. Die geraspelten Kartoffeln mit Eidotter, Champignons, Kräutern, Salz und Muskatnuß würzen. Aus der Masse 4 Laibchen formen, auf ein mit Butter bestrichenes Backblech legen und im vorgeheizten Ofen (E-Herd, 200 °C) 10–15 Minuten backen oder in der Pfanne braten.
Das Eigelb kann auch weggelassen werden.

Pro Portion:	
	7,40 g Ew
	7,0 g F
	41,60 g KH
	259 kcal

Tip:

Kartoffellaibchen mit frischen Kräuter-Basen-Saucen (Rezept Seite 290) sowie frisch gedämpftem Gemüse sind ein empfehlenswertes Hauptgericht an fleischlosen Tagen.
Weitere fleischlose Hauptspeisen können mit Gemüsetellern, Getreideaufläufen (Rezepte Seite 174–176), Getreidenockerln (Rezept Seite 145), Kartoffelgerichten (Rezepte ab Seite 315), Pellkartoffeln mit Butter usw. gestaltet werden. Bei keiner der genannten Speisen sollten die besonders schnell zubereiteten Gemüse- oder Kräutersaucen (Rezepte ab Seite 285) fehlen. Frische Salate (nach Jahreszeit) mit kaltgepreßtem Öl und gutem Essig angemacht (Rezept Seite 101), sind als Vorspeise empfehlenswert.

Fleischgerichte vom Kalb

Fleisch

Wie oft Fleischkost zu empfehlen ist, kann nicht allgemeingültig beantwortet werden. Auch hier gibt es sehr unterschiedliche individuelle Bedürfnisse. Mit Sicherheit ist täglicher Fleischkonsum ungünstig. Für viele Menschen in unseren Zonen dürfte etwa jeder 2. Tag, das heißt also 3(–4) Fleisch- oder Fischtage in der Woche, ein Maximum darstellen, für andere noch weniger. Die Fleischportionen sollen klein und die Beilagen basisch sein, da die Eiweißabbauprodukte im Körper sauer sind.

Das *biologisch (artgerecht) gezogene Tier* garantiert für das beste und gesündeste Fleisch. Aufgrund der heute vielfach üblichen Art der Tierzüchtung und der Verwendung chemisch-pharmazeutischer Präparate (Östrogen etc.!) wird die Frage der Herkunft und Qualität des Fleisches immer wichtiger. Bei Aktionsfleisch und Innereien dürfte besondere Vorsicht am Platze sein. *Das tunlichst einwandfreie Fleisch soll in einem kühlen Raum (Kühlschrank) mit Klarsichtfolie abgedeckt durch Abliegen lange genug reifen, bevor es verwendet wird.* Dies dauert bei Kalbfleisch 2–3, bei Rind 3–4 und bei Wildfleisch 4–5 Tage. Erst nach dieser Zeit des Reifens (Spaltung von Milchsäure und Eiweiß) ist das Fleisch mürbe und verwendungsfähig. In der Regel hängt das Fleisch beim Metzger einige Tage. Trotzdem sollte es aber zumindest einen Tag vor Gebrauch eingekauft werden. Sämtliche Fleischgerichte sollen mit der entsprechenden Menge Gemüse zubereitet werden[*], damit die durch das Fleisch bedingte Säurezufuhr durch basisches Gemüse sowie Gemüse- und Kräutersaucen ausgeglichen wird. Es soll immer mehr Gemüse oder Kartoffeln auf dem Teller sein als Fleisch. Wird zu Mittag Fleisch serviert, so sollen Frühstück und Abendessen fleischfrei bleiben!

Zu portionsweise zubereiteten Fleischstücken serviere man Basensaucen!
Bei Braten im ganzen Stück verwende man Gemüse und mixe dieses nach dem Garen mit dem Fleischsaft zu einer Sauce.

---

[*]   Siehe Säuren-Basen-Haushalt aus *Rauch/Mayr:* Milde Ableitungsdiät. Karl F. Haug Verlag, Heidelberg.

Kalbsbraten mit Gemüsesauce *2 Portionen*

400 g gut abgehangenes Kalbfleisch (Rücken), 30 g Karotten, 30 g Petersilienwurzel, 20 g Lauch, 50 g Selleriewurzel, 3 Rosmarinzweige, frisch, eine Prise Meersalz, ¼ und ⅛ l Gemüsebrühe (Rezept Seite 142), 2 EL Sahne, 1 EL Öl.

Kalbfleisch von Flechsen säubern, kalt waschen und gut abtrocknen. Mit Salz und Rosmarin würzen. Gemüse putzen, waschen und abschaben. In gleichgroße Würfel (1 cm stark) schneiden und auf dem Boden eines Ton- oder Jenaer Glasgeschirres anbraten. Den gewürzten Kalbsbraten daraufle-gen und im vorgeheizten Ofen (E-Herd, 220 °C) unter öfterem Aufgießen mit Gemüsebrühe und evtl. Wenden des Fleisches ca. 40 Minuten garen lassen.
Bratenstück herausheben, warmhalten und das Gemüse mit der Flüssigkeit und Sahne im Mixer zu einer sämigen Sauce mixen. Restliche Sauce extra reichen. Mit frischen Rosmarinzweigen garnieren. Das Bratenstück in fingerdicke Scheiben aufteilen und anrichten. Kann auch in Klarsichtfolie gebraten werden.

Pro Portion:	
	42,70 g Ew
	3,50 g F
	3,80 g KH
	218 kcal

Tip:

Die Sauce kann zusätzlich mit etwas Sahne, Frischkräutern und Butterflocken verfeinert werden.
Fleisch von Tieren, welche weitgehend ohne chemische Fütterungszusätze gezogen werden, verliert auch beim Braten nicht sehr viel an Gewicht (ca. 25 %). Lamm- oder Rinderbraten kann genauso gemacht werden.
Speziell auf dem Lande, wo man noch eher die Möglichkeiten hat, gutes Fleisch zu bekommen, wird sich dies merklich im Geschmack sowie Aussehen und in der Farbe zeigen.

Gefülltes Kräuterkalbsschnitzel *2 Portionen*

180 g abgehangenes Kalbfleisch (Schlegelteil), 80 g Kalbfleisch für die Füllung, eine Prise Meersalz, Muskatnuß, frisch gerieben, ½ TL Basilikumblätter, frisch, ½ TL Majoranblätter, frisch, ½ TL Thymianblätter, frisch, 1 TL Maiskeimöl, 4 cl Sahne, 6 Spinatblätter, gedämpft.

Aus dem Kalbfleischteil 2 Schnitzel schneiden, diese dünn ausklopfen und mit Spinatblättern belegen. Das restliche Kalbfleisch entweder mit Sahne mixen (pürieren) oder zweimal durch den Fleischwolf drehen. Mit Salz und Muskatnuß sowie den frisch gehackten Kräutern abschmecken. Diese Füllung auf eine Hälfte des Schnitzels aufstreichen und dieses zuklappen. Schnitzel auf ein befettetes Blech legen und ca. 10 Minuten bei 220 °C im Rohr oder im Warmluftofen garen. Schräg einschneiden und anrichten.

Pro Portion:

27,60 g Ew
10,10 g F
1,30 g KH
202 kcal

Tip:

Dazu serviert man eine Basen-Kräutersauce (Rezept S. 290), frisch gedämpftes Gemüse und Kartoffeln oder Kartoffeln und Salat. Beim Pürieren vom Fleisch im Mixer (mit Messeraufsatz) die Sahne langsam dazulaufen lassen.

Wichtig: Bei sämtlichen Fleischgerichten kann auf das Anbraten verzichtet werden. In diesem Fall legt man z. B. die Schnitzel auf ein befettetes Backblech und gart sie im vorgeheizten Ofen bei 250 °C ca. 10 Minuten. Nach dieser Zeit sind die Schnitzel schön gebräunt und saftig. Dies gilt für alle portionsweise zubereiteten Fleischgerichte.

Bei größeren Bratenstücken wird zuerst gebräunt und danach der Ofen auf ca. 200 °C zurückgeschaltet. Anstelle von Sahne zum Mixen des Fleisches kann auch Gemüsebrühe verwendet werden (für „Kalorienbewußte"). Die Garzeiten sind je nach Größe und Beschaffenheit des Fleisches verschieden.

Ossobucco – Kalbshaxe mit Tomaten *4 Portionen*

4 fingerdicke Scheiben einer Kalbshaxe, Meersalz, weißer Pfeffer aus der Mühle, etwas Vollwertmehl, 1 EL Olivenöl, ½ Zwiebel, feingeschnitten, ⅛ l Weißwein, 500 g Tomaten, 2 Knoblauchzehen, ein paar Tropfen Zitronensaft, ½ l Gemüsebrühe, 1 TL feingehackte Petersilie und Basilikum, 1 Zweiglein Rosmarin, frisch, 1 TL frische Thymianblätter.

Von einer Kalbshaxe fingerdicke Scheiben abschneiden (im Handel geschnitten erhältlich) und mit Meersalz und Pfeffer würzen. Beidseitig in Vollwertmehl tauchen, abklopfen und in Olivenöl leicht anbraten. Gehackte Zwiebeln kurz mitrösten und mit Weißwein ablöschen. Geschälte, entkernte und kleingeschnittene frische Tomaten, Rosmarin und Basilikum dazugeben. Mit Gemüsebrühe aufgießen und mit zerdrücktem Knoblauch, Zitronensaft und Rosmarin würzen. Fleisch dazugeben. Zugedeckt ca. 45 Minuten weichdünsten. 10 Minuten vor dem Garwerden frische Thymianblätter dazugeben.

Pro Portion:	28,0 g Ew
	4,80 g F
	7,40 g KH
	206 kcal

Tip:

Dazu passen hausgemachte Vollwertnudeln (Seite 171) oder ein Risotto aus Vollwertreis mit etwas Safran und Gemüse.

Kalbsvogerl (Haxe) mit Champignons *4 Portionen*

1 Kalbshaxe (500 g ausgebeint), etwas Meersalz, 1 Knoblauchzehe, etwas weißer Pfeffer aus der Mühle, 2 EL Sahne, 250 g frische Champignons, 30 g Butter, 50 g Zuckererbsen, 50 g gedämpfte Karottenstreifen, 1 EL Olivenöl, ½ l Kartoffelsuppe (Seite 122), legiert mit süßer Sahne, ¹⁄₁₆ l Weißwein, 1 TL Majoranblätter und Rosmarin.

Die Haxe auslösen und entlang der Faser in portionierte Längsstücke schneiden. Mit Salz, Knoblauch und Pfeffer würzen. In einer Kasserolle mit Olivenöl rundum leicht anbräunen und mit ½ l evtl. vom Vortag verbliebener Kartoffelsuppe oder sonstiger Basensuppe aufgießen.
Im Backofen zugedeckt bei ca. 200 °C ca. 1 Stunde bis zum Weichwerden schmoren lassen. Dann die Vogerl herausheben und warmhalten. Die Sauce mit Weißwein, Sahne, Rosmarin und Majoranblättern abschmecken. Falls zu dick, noch etwas Gemüsebrühe zugeben. Champignons putzen, waschen, vierteln oder blättrig schneiden und in einer Pfanne mit Butter anschwitzen. Mit den Erbsen und gedämpften Karottenstreifen zur Sauce geben. Kalbsvogerl in Scheiben schneiden und mit der Sauce anrichten. Mit Majoranblättern bestreuen.

Pro Portion:	30,0 g Ew
	14,70 g F
	7,60 g KH
	302 kcal

Tip:

Zum Aufgießen und Schmoren sämtlicher Fleischgerichte (vor allem bei Schmorbraten) kann man Basensaucen oder eine verdünnte Basensuppe aus Champignons, Kartoffeln, Sellerie- oder Petersilienwurzeln (Seite 121), evtl. vom Vortag geblieben, gut verwenden.
Frühlingsgemüse, Schinkenstreifen, Steinpilze oder Eierschwammerln eignen sich bestens zum Variieren.

Kalbsfrikassee *2 Portionen*

240 g geputztes Kalbfleisch, 80 g Karotten, 50 g Sellerieknollen, 80 g Blumenkohl, 80 g Lauch, 60 g Fenchel, 60 g Champignons, frisch, ½ l Gemüsebrühe (Grundrezept Seite 142), 2 EL Weißwein, etwas Zitronensaft, weißer Pfeffer, frisch gemahlen, 1 Kräuersträußchen aus frischem Rosmarin, 2 EL Sahne, 1 TL Majoranblätter, frisch, 10 g Butter.

Das von Sehnen befreite Kalbfleisch (Schlegelteil oder Schulter) in Würfelform zu ca. 20 g aufschneiden. Fleischwürfel in eine Kasserolle geben, Kräutersträußchen zugeben, mit Gemüsebrühe aufgießen und ca. 20 Minuten garen lassen. Inzwischen das Gemüse (Lauch, Karotten, Sellerie, Blumenkohl und Fenchel) in fleischgroße Stücke teilen. Champignons waschen und größere Stücke halbieren. Nun das gegarte Fleisch aus dem Fleischsaft herausnehmen und warmhalten. Im gleichen Fleischsaft das Gemüse 20 Minuten lang zugedeckt weich garen. Kräutersträußchen wieder entfernen. Die Hälfte des Gemüses unter Zugabe von Salz, Zitronensaft, Weißwein, Majoran und Sahne mit dem Fleischsaft im Mixer pürieren. Mit Pfeffer und frischen Majoranblättern abschmecken, das Fleisch und das restliche Gemüse auf warme Teller geben und mit der Sauce übergießen. Champignons in Butter anschwenken, salzen und darüber verteilen.

Pro Portion:	
	31,10 g Ew
	14,60 g F
	10,70 g KH
	312 kcal

Tip:

Kann auch mit Kartoffel- oder Selleriepüree (verdünnt) gebunden werden.
In diesem Fall wird durch Mixen von Gemüse eine sämige Bindung erreicht, wobei auf alle anderen Bindemittel (Mehl- und Stärkeprodukte) verzichtet werden kann.
Das Fleisch kann ebenso im ganzen Stück zubereitet und dann in fingerdicke Scheiben geschnitten werden. In diesem Fall verlängert sich die Zubereitungszeit.
Dazu Kartoffelpüree und einen Feldsalat (Rezept Seite 88).

Kalbssteak auf Gemüsesockel *2 Portionen*

300 g gut abgehangene Kalbsnuß, 50 g Spinatblätter, frisch, 100 g Karotten, 30 g Sellerie, 50 g Fenchel, 50 g Zucchini, 50 g Salatgurken (oder Stangensellerie), ½ l Gemüsebrühe, 1 Zweig Rosmarin, frisch, eine Prise Meersalz, etwas weißer Pfeffer, frisch gemahlen, 1 TL Öl, 10 g Butter, Muskatnuß, frisch gerieben, 2 TL saure Sahne, 50 g Frühlingszwiebel.

Aus der von Haut und Fett befreiten Kalbsnuß 2 Steaks schneiden. Gemüse putzen, waschen und gut abtropfen lassen. Spinatblätter von den Stielen entfernen und gut abgewaschen und abgetropft zur Seite stellen. Sellerie schälen, Karotten abschaben. Gurken schälen und entkernen. Alles Gemüse in gleich große Würfel (10 g) schneiden und in einer Kasserolle, mit Gemüsebrühe aufgegossen, zugedeckt kernig garen.
Inzwischen Öl in eine Pfanne geben und die mit Salz und Pfeffer gewürzten Steaks darin beidseitig bräunen. Unter öfterem Wenden der Steaks bei mäßiger Hitze das Fleisch innen zart rosa braten. Steaks herausnehmen und warmhalten. Butter in die Pfanne geben und den frischen Rosmarin und Zwiebel darin anschwitzen. Das gegarte Gemüse von der Flüssigkeit trennen und ²/₃ davon mit anschwenken und nachwürzen. Restliches Gemüse in einem Mixer mit wenig Brühe zu einem Püree mixen und unter das Wurzelwerk mengen. Die restliche Gemüsebrühe zum Abbrühen der Spinatblätter verwenden. Das Gemüse in der Mitte eines warmgestellten Tellers sockelförmig anrichten, das Steak mit etwas Gemüse belegen und mit den kernig gegarten Spinatblättern halb umwickeln und auf den Gemüsesockel setzen. Mit einem TL saurer Sahne und frischem Rosmarin garnieren. Evtl. etwas Gemüsesauce extra dazureichen.

Pro Portion:	33,90 g Ew
	8,90 g F
	9,70 g KH
	260 kcal

Tip:

Verschiedene Kartoffelformen (Rezept Seite 315) sind die passende Beilage. Sämtliche Kartoffeln und Kartoffelgerichte können auf einem eingefetteten Backblech im Rohr durch Ober- und Unterhitze (oder im Konvektomat) gebräunt und gegart werden.

Der Eigengeschmack wird dadurch unvergleichlich besser. Zu dem kommt, daß man z. B. bei Kartoffelkroketten darauf verzichten kann, diese in stark erhitztem Fett schwimmend zu backen, wodurch entscheidend Fett eingespart wird. Wertigkeit und Geschmack sämtlicher Kartoffelgerichte werden bei dieser Art der Zubereitung entscheidend angehoben.

Naturschnitzel mit Kräutersauce *2 Portionen*

2 Kalbsschnitzel à 120 g, vom gut abgehangenen Naturteil (Schlegelteil), 1 TL Öl, eine Prise Meersalz, 1 TL Majoranblätter, frisch, 1 TL Petersilie, frisch, 1 dl Gemüsebrühe (Rezept Seite 142), 1 dl Sahne oder Gemüsesauce.

Schnitzel leicht klopfen und mit Salz würzen. Öl in eine Pfanne geben und die Kalbsschnitzel darin beidseitig unter öfterem Wenden des Fleisches bei nicht zu starker Hitze auf den Punkt garen. Sie sollen zart rosa sein. Schnitzel herausheben und warmhalten (E-Herd, 100 °C). Gemüsebrühe und Sahne in die Pfanne geben und zugedeckt ca. 3 Minuten köcheln lassen, bis die Sauce sämig-dicklich ist. Mit frischen Kräutern und Gemüsesauce vermengen und über die warmgestellten Schnitzel anrichten. Dazu Kartoffeln und vorweg einen Salat.

Pro Portion:	
	27,10 g Ew
	5,20 g F
	0,50 g KH
	157 kcal

Tip:

Will man die Schnitzel (oder Steaks) auf dem Grill fertigen, so setzt man (20 Minuten) vorher eine Kräutersauce (Rezept Seite 290) oder eine Gemüsesauce (Rezept Seite 299) an und reicht diese dazu oder gießt damit auf (ohne Sauerrahm). Besonders empfehlenswert für „Kalorienbewußte"!

Wichtig: Zum Anbräunen niemals kaltgepreßte Pflanzenöle verwenden. Empfehlenswert dafür ist z. B. Maiskeimöl (Mazola) oder Erdnußöl.

Kalbsröllchen   *2 Portionen*

1 Kalbsschnitzel, ca. 180 g, vom gut abgehangenen Schlegelteil, 2 Scheiben mageren Schinken (15 g), 2 Scheiben Butterkäse (15 g), 1 TL Öl, 1 TL Salbeiblätter, frisch gehackt, eine Prise Meersalz.

Kalbsschnitzel dünn ausklopfen und mit Salz würzen. Das Kalbsschnitzel mit Schinken, Salbeiblättern und Käsescheiben belegen. Von der mit Schinken und Käse belegten Seite beginnend einrollen. In ca. 2 cm dicke Scheibchen schneiden und auf einen Holz- oder Metallspieß aufstecken. Öl in eine Pfanne geben und den Spieß mit den Röllchen darin beidseitig leicht anbräunen und im vorgeheizten Ofen (E-Herd, 200°C) ca. 3–5 Minuten garziehen lassen. Vor dem Anrichten den Spieß herausziehen.

Pro Portion:	
	22,30 g Ew
	5,40 g F
	1,0 g KH
	143 kcal

Tip:

Als Füllung stehen noch verschiedene weitere Variationen zur Verfügung (Rezept Seite 187, 198).
Auf frischen Spinatblättern oder Gemüse (Grundrezept Seite 327) anrichten. Dazu eine frische Kräuter- oder Gemüsesauce (Rezepte Seite 290, 299) und Dampfkartoffeln. Auf das Anbräunen kann auch verzichtet werden, wenn man den Spieß für ca. 8 Minuten in das Backrohr (250°C) schiebt. Dadurch wird ebenso Farbe erzielt. Will man die Kalbsrolle gedünstet, so macht man dies in evtl. restlicher Gemüsesauce (Rezept Seite 299) und schneidet sie hinterher auf. Fleisch vom Rind, Lamm oder Huhn kann gleich verwendet werden.

Kalbfleisch, geschnetzelt, mit Apfelscheiben

2 Portionen

250 g mageres, gut abgehangenes Kalbfleisch (Nußteil), 20 g Schalotten, 1/16 l herber Weißwein, 10 g Butter, 1 TL Öl, 1/16 l Sahne, 1 Apfel, 2–4 Sauerkirschen, ½ TL Petersilie, frisch gehackt, 50 g Champignons, frisch.

Geputztes Kalbfleisch in ca. 3 mm starke Scheiben schneiden. Apfel waschen, schälen, Kerngehäuse herausstechen und in 4 Apfelscheiben aufteilen. Öl in eine Pfanne geben. Apfelscheiben darin beidseitig hellbraun anbraten, herausnehmen und warmstellen. Im selben Fett das Fleisch zart rosa anbraten, herausnehmen und ebenfalls in der Bratröhre (100 °C) warmhalten. Butter in die Pfanne geben und die in kleinste Würfel geschnittenen Schalotten darin anschwitzen. Die blättrig geschnittenen, gewaschenen und abgetropften Champignons zugeben, wiederum kurz anschwitzen lassen und mit Weißwein ablöschen. Bis auf die Hälfte der Flüssigkeitsmenge einkochen lassen und dann die Sahne zugeben. Mit etwas Salz und Pfeffer nachwürzen und so lange einkochen lassen, bis die Sauce eine sämige Konsistenz* hat. Das inzwischen warmgestellte Fleisch zugeben, kurz durchschwenken und in einer vorgewärmten Kasserolle anrichten. Mit gebratenen Apfelscheiben und den Sauerkirschen sowie frischer Petersilie garnieren.

Pro Portion:	
	32,70 g Ew
	21,70 g F
	13,40 g KH
	398 kcal

Tip:

Zu diesem Geschnetzelten serviert man Kartoffellaibchen (Rezept Seite 314) und vorweg einen grünen Salat. Anstelle von Röstkartoffeln (Rösti) kann man auf besonders fettsparende Art roh geriebene Kartoffeln ebensogut dazureichen (Rezept Seite 313).

---

* Unter Umständen kann die Sauce mit etwas frisch gemahlenem Vollkornmehl und Butter, zu gleichen Teilen verknetet, cremiger gemacht werden. Oder man gibt etwas Basensauce dazu.

Kalbsfilet in Brunnenkresse *2 Portionen*

240 g Kalbsfilet (oder Rückenstück), eine Prise Meersalz, etwas weißer Pfeffer, 1 Zweig frischer Rosmarin, 80 g Champignons, frisch, 1 TL Öl (Maiskeimöl), 20 g Schalotten, ¹⁄₁₆ l herber Weißwein, 10 g Butter, ¹⁄₁₆ l Sahne, 1 TL Brunnenkresse, frisch und feingehackt.

Kalbsfilet, von Flechsen und Sehnen befreit, mit Salz und weißem Pfeffer würzen. Öl in die Pfanne geben und das Filet darin rundum anbraten. Herausnehmen, in eine mit Öl ausgepinselte Tonschale legen und im vorgeheizten Backrohr bei 220 °C ca. 5–8 Minuten garen. Das Filet soll in der Mitte rosa bleiben. Inzwischen die Schalotten kleinwürfelig und die Champignons blättrig aufschneiden. Champignons waschen und abtropfen lassen. Butter in der Pfanne schmelzen lassen, Schalotten darin glasig anschwitzen, Champignons zugeben, ebenfalls kurz anschwitzen und mit Weißwein ablöschen. Bis zur Hälfte des Volumens einkochen lassen, Sahne und Kresse dazugeben. Einkochen lassen, bis die Sauce leicht sämig wird. Evtl. mit etwas Basensauce verlängern bzw. strecken. Das gegarte Filet in schräge fingerdicke Scheiben aufschneiden und mit der fertigen Sauce servieren.

Pro Portion:	
	26,70 g Ew
	23,40 g F
	3,50 g KH
	351 kcal

Tip:

Wird eine Sauce einmal nicht so schön sämig, wie sie sein sollte, so kann man mit etwas Mehlbutter aus frisch gemahlenem Weizenvollkorn (zu gleichen Teilen mit Butter verknetet) nachhelfen! Dazu Schaum aus Petersilienwurzeln (Seite 332) und gedämpfte Karotten oder Gemüsegarnitur.

Kalbskarree-Kotelett mit Spinatsauce *2 Portionen*

300 g gut abgehangenes Kalbskarree (Rückenstück), 1 TL Öl, 20 g Schalotten, 80 g Spinatblätter, frisch, 3 EL Sahne, ¹⁄₁₆ l Gemüsebrühe, eine Prise Meersalz, Muskatnuß, frisch gemahlen, Pfeffer, weiß aus der Mühle, 10 g Butter.

Kalbskarree von Haut und Fett befreien und in 2 Portionen aufteilen. Mit Salz und Pfeffer würzen. Öl in eine Kasserolle geben und das Fleisch darin beidseitig bei nicht zu starker Hitze unter öfterem Umdrehen (innen zart rosa bleibend) garen. Fleisch herausheben und warmhalten. Die entstielten, gut gewaschenen und abgetropften Spinatblätter bereitstellen. Feingehackte Schalotten mit Butter anschwitzen, Spinatblätter zugeben, mit Salz, Pfeffer und Muskatnuß würzen, mit Gemüsebrühe und Sahne aufgießen und kurz (2–3 Minuten) einkochen lassen. Den Spinat im Mixer pürieren und evtl. mit Basensauce verlängern. Kalbskarree auf vorgewärmtem Teller anrichten und mit der Spinatsauce halb überziehen.

Pro Portion:	33,50 g Ew
	18,70 g F
	2,50 g KH
	311 kcal

Tip:

Dazu serviert man Kartoffelpüree (Rezept Seite 329) oder Kräuterkroketten (siehe Kräuter-Kartoffellaibchen, Rezept Seite 315) mit Fenchelsalat. Die Spinatsauce kann auch wie auf Seite 294 mit Kartoffeln gemacht werden.

Wichtig: Stellt man ein Fleischstück bis zur Fertigung der Sauce warm, so wird es etwas durchziehen. Dennoch sollte es unbedingt zart rosa bleiben. Den abgelaufenen Saft fügt man der Sauce bei, welche dazugereicht wird.

Kalbssteak mit frischen Ananasscheiben *2 Portionen*

2 Kalbssteaks à 120 g (Rückenteil), 1 frische Ananasscheibe (60 g), eine Prise Meersalz, 1 EL Öl, 1 TL Butter, 1 Zweig Rosmarin, frisch.

Ananasscheibe in einer Pfanne mit Öl beidseitig bräunen, halbieren und warmhalten. Die Steaks mit Salz würzen und in der Pfanne beidseitig leicht anbräunen. Den Rosmarinzweig und die Ananasscheibe darauflegen und im vorgeheizten Ofen (E-Herd, 200 °C) die Steaks ca. 8 Minuten garen lassen. Sie sollen zart rosa sein. Kalbssteaks aus der Pfanne heben, Rosmarinzweig entfernen und mit den Ananasscheiben garnieren. Die Butter flockenförmig über die Steaks verteilen.

Pro Portion:	
	24,70 g Ew
	10,40 g F
	4,20 g KH
	209 kcal

Tip:

Dazu serviert man eine frische Kräuter- oder Gemüsesauce (Rezepte Seite 290, 299) sowie gefüllte Ofenkartoffeln (Rezept Seite 312) und vorweg einen Salat.

Auf das Einschalten des Backrohres (zum Fertiggaren) kann auch verzichtet werden, wenn sämtliche portionsweise zubereiteten Fleischgerichte mit etwas Gefühl in der Pfanne (bei wenig und nicht stark erhitztem Fett – ohne starke Kruste – unter Zurückschalten der Kochplatte) bei evtl. öfterem Wenden (ohne das Fleisch anzuste-chen) zubereitet werden! Dies gilt vor allem für Steaks, Koteletts und Schnitzel aller Fleisch- sowie Fischarten.

Werden Fleisch und Fisch am Grill zubereitet, so macht man dazu gesondert eine frische Kräuter- oder Gemüsesauce (Rezepte Seite 290, 299): z. B. Naturschnitzel am Grill zubereitet mit Currysauce (Rezept Seite 304).

Majoranroulade in Biersauce *2 Portionen*

2 Kalbsschnitzel à 120 g (oder Rindsschnitzel), etwas weißer Pfeffer, eine Prise Meersalz, 2 Scheiben gekochten Schinken, 2 dünne Scheiben Emmentaler, 2 Thymianzweige, frisch, 2 Majoranzweige, frisch, 1 TL Maiskeimöl, 1 EL Butter, ⅛ l Bier, 1 TL Majoranblätter, frisch, 1 EL saure Sahne, ca. ¼ l Basensauce.

Kalbsschnitzel etwas klopfen, pfeffern, salzen und mit dem Schinken belegen. Auf den Schinken die frischen Kräuter verteilen und den Käse auflegen. Das Fleisch einrollen, mit Rouladennadeln feststecken und im erhitzten Öl im Schmortopf rundum anbraten. Die Rouladen herausnehmen, warmhalten und die Butter im Topf zerlassen. Die frischen Majoranblätter unter Rühren kurz anschwitzen. Mit Bier (und der Gemüsesauce) ablöschen, aufkochen lassen, Rouladen wieder hineinlegen und zudeckt bei milder Hitze oder im vorgeheizten Ofen (E-Herd, 200 ° C) etwa 15 Minuten garziehen lassen. Rouladen herausnehmen und warmstellen. Die Sauce etwas einkochen lassen. Einen Teil dieser Sauce mit saurer Sahne gut verrühren und wieder zugeben. Die Rouladen auf warmen Tellern anrichten, schräg anschneiden und evtl. mit etwas Sauce übergießen oder diese extra dazureichen.

Pro Portion:	
	37,0 g Ew
	17,40 g F
	0,50 g KH
	346 kcal

Tip:

Dazu serviert man ein Gemüsepüree (Rezept Seite 330) und vorweg einen frischen Salat (basische Beilagen)! Die Roulade kann auch mit Karotten und Selleriestreifen oder mit Fleischpüree (Rind) wie auf Seite 255 gefüllt werden.

Gemüseterrine *2 Portionen*

250 g Kalbfleisch (Schnitzelteil), Putenfleisch oder Tofu, eine Prise Meersalz, etwas weißer Pfeffer, frisch gemahlen, etwas Muskatnuß, frisch gemahlen, 100 g Karotten, 100 g Sellerieknolle, 100 g Zucchini, 2 dl Sahne, 6 Zweige Majoran, frisch, 6 Zweige Thymian, frisch, ½ Zitrone, 5 g Butter.

Die gewaschenen und geputzten Karotten sowie die geschälte, geviertelte und mit Zitronensaft eingeriebene Sellerieknolle auf einem Sieb über Dampf ca. 12 Minuten dünsten und abkühlen lassen. Zucchini waschen, abtropfen lassen und beiseite stellen. Kalbfleisch mit der Sahne im Mixer zu einer glatten Creme pürieren. Mit Salz, Muskatnuß und Pfeffer abschmekken. Karotten und Sellerie in etwa 1½ cm dicke gleichmäßige Streifen schneiden. Zucchini viertel. Das Gemüse weich dämpfen.

Eine Pastetenform mit Folie auslegen oder eine Rehrückenform zur Hälfte damit auslegen, mit Butter ausfetten und den Boden sowie die Seitenwände dünn mit dem Püree bestreichen. Zunächst eine Schicht Zucchini in die Form legen, mit etwas Püree bestreichen, dann abwechselnd Karotten, frische Kräuter, Zucchini und Sellerie darüberschichten und jeweils mit einer dünnen Püreeschicht bestreichen. Die Terrine mit dem restlichen Püree zudecken und mit Folie verschließen. Im Wasserbad, das etwa ⅔ der Form bedeckt, im Ofen (E-Herd*, 170 °C) etwa 40 Minuten garziehen lassen. Herausnehmen und die Terrine in gut fingerdicke Scheiben schneiden und servieren.

Dazu eine Kräuter-Basensauce (Rezept Seite 290), Kartoffeln und Salat (Rezept Seite 315).

Pro Portion:	32,60 g Ew
	35,90 g F
	15,30 g KH
	517 kcal

---

* Anstelle des E-Herdes kann bei gleichbleibender Temperatur ein Warmluftofen (Konvektomat) den gleichen Dienst erweisen. Beim Bräunen ist in jedem Fall die Temperatur zu erhöhen!

Tip:

Gedämpfte Gemüsewürfelchen oder Pilze können in beliebiger Menge unter die Fleischmasse gemengt werden.
Will man die Terrine kalt essen, so läßt man sie über Nacht in der Form auskühlen!
Zum Füllen der Terrine einen Spritzsack verwenden.
Je mehr Flüssigkeit, desto lockerer die Masse.

Reisfleisch *4 Portionen*

300 g kleinwürfelig geschnittenes Kalbfleisch von der Schulter, 1 kleine Zwiebel, 1 EL Olivenöl, 1 TL Paprikapulver, edelsüß, ¹⁄₁₆ l Weißwein, 1 l Gemüsebrühe, 2 EL Tomatenpüree, 2 Knoblauchzehen, etwas Meersalz, 100 g Vollwertreis im Silberhäutchen, 1 TL Petersilie, gehackt.

Feingehackte Zwiebel in Olivenöl hell rösten, Paprikapulver zugeben und mit Gemüsebrühe und Weißwein auffüllen, Kalbfleischwürfel zugeben und 5 Minuten zugedeckt mit Salz, Knoblauch und Tomatenpüree dünsten lassen.
Vollwertreis dazugeben und ca. 45 Minuten fertigdünsten. Evtl. mit etwas Gemüsebrühe bzw. Basensauce strecken und nochmals nachwürzen.
Anrichten und mit (frisch geriebenem) Käse und Petersilie bestreuen.

Pro Portion:	
	19,0 g Ew
	4,30 g F
	22,30 gKH
	220 kcal

Tip:

Man kann auch extra gedünsteten Reis ringförmig anrichten und ein sämiges Kalbfleischragout in der Mitte einfüllen. Dadurch verringert sich die Kochzeit enorm.

Fleischgerichte vom Huhn

Gebratenes Huhn in Klarsichtfolie *2 Portionen*

1 Brathuhn (ca. 1 kg), küchenfertig, 130 g Wurzelgemüse (Lauch, Karotten, Zwiebeln, Sellerie), ¼ l Gemüsebrühe, eine Prise Meersalz, 2 Rosmarinzweige, frisch, Klarsichtfolie, 1 TL Majoranblätter, frisch.

Huhn ausnehmen, gut säubern, waschen und trocknen lassen. Mit Meersalz und Rosmarin würzen. Gemüse putzen, abschaben, waschen, abtropfen lassen und in 1 cm starke Würfel schneiden. Die Bratfolie ausreichend groß abschneiden. Ein Ende der Folie abbinden, gewürztes Huhn hineingeben und mit den Gemüsewürfeln bestreuen. Das zweite Ende der Folie so zusammendrehen und abbinden, daß genug leerer Raum für die Saftbildung vorhanden ist. Mit der Fleischgabel ein paar Löcher auf der Oberseite der Folie einstechen. Huhn mit Folie in die Mitte eines Gitterrostes legen und im vorgeheizten Ofen (E-Herd, 220 °C) ca. 25 Minuten garen lassen. Die Folie an der Oberseite mit einer Schere aufschneiden und das Huhn herausheben. Gemüse mit dem sich gebildeten Saft und mit Gemüsebrühe im Mixer zu einer sämigen Sauce mixen und mit frischen Kräutern abschmecken. Huhn mit einer Geflügelschere am Brustknochen entlang aufschneiden, den Rücken mit einem starken Messer durchtrennen und Brust sowie Rückenknochen entfernen. Mit der Sauce servieren.

Pro Portion:	21,45 g Ew
	5,80 g F
	5,90 g KH
	163 kcal

Tip:

Sämtliche andere Fleischstücke, wie z. B. Kalbsbraten, Lammbraten usw., können ebenso in Folie gegart werden. Ebenso kann aber z. B. das Huhn auch ohne Folie auf ein Backblech gelegt und im Backrohr eines E-Herdes oder Warmluftofens* bei ca. 220–250°C gebräunt und danach bei evtl. zurückgeschalteter Temperatur

---

* Bei Verwendung eines evtl. kombinierten Gerätes (E-Herd mit Umschaltung auf Warmluftofen) wird grundsätzlich zum Backen von Kuchen und Torten der Warmluftofen empfohlen. Zum Bräunen eignet sich wiederum besser das Elektro-Backrohr, es sei denn, man besitzt einen Warmluftherd, der bis 250°C geschaltet werden kann.

(180–200° C) fertiggegart werden. Dadurch entfällt das vorherige Anbraten von Bratenstücken. Beim Huhn entfällt auch das Ausfetten des Backbleches.

Hühnerfleisch mit Paprikaschoten und Champignons *4 Portionen*

300 g ausgelöstes Hühnerfleisch von Brust und Schenkeln (evtl. Putenfleisch), in Würfel geschnitten, 1 rote Paprikaschote, 1 grüne Paprikaschote, 150 g Champignons, 30 g Butter, etwas Meersalz, etwas weißer Pfeffer aus der Mühle, etwas frisch geriebene Muskatnuß, ⅟₁₆ l Weißwein, ⅟₁₆ l süße Sahne, 1 TL frische Majoran- und Thymianblätter, 200 g Sellerieknolle, geschält.

Paprikaschoten waschen, halbieren, ausnehmen und in feine Streifen schneiden. Champignons putzen, waschen und halbieren. Hühnerfleisch in gut gewürzter Gemüsebrühe weichkochen und abseihen. Flüssigkeit aufheben. Sellerieknolle in kleine Würfel schneiden und im Dampftopf weichgaren. Pürieren und evtl. mit etwas zurückbehaltenem Fond (Flüssigkeit) zu einer dicklichen Sauce rühren. Fleisch zur Sauce mischen.

Nun Champignons in einer Pfanne mit Butter anbraten, Paprikaschoten zugeben, kurz anschwitzen und mit Weißwein aufgießen. Mit Salz, Pfeffer und Muskatnuß würzen, Sahne zugießen und weichdünsten. Alles zum Hühnerfleisch mischen und mit Majoran- und Thymianblättern abschmecken. Etwas von diesem Gemüseragout zum Garnieren verwenden.

Pro Portion:	
	19,90 g Ew
	13,60 g F
	7,30 g KH
	242 kcal

Tip:

Dieses Hühnerfleischragout kann in einen Vollwertreisring oder Dinkelring gefüllt werden.

Als Bindung (statt Sellerie) kann man auch Kartoffeln nehmen.

Paprika muß nicht geschält bzw. enthäutet werden, wenn die Jahreszeit (Juli – September) stimmt. Zum Enthäuten wird das Paprikagemüse trocken in den heißen Ofen geschoben.

Hühnerkeule in Paprika-Rahmsauce *4 Portionen*

4 ausgelöste Hühnerkeulen, etwas Meersalz, etwas weißer Pfeffer aus der Mühle, 2 EL Paprikapulver, edelsüß, 50 g Butter, 50 g Sahne, 100 g Mehlbutter, 50 g feingehackte kleine Zwiebel, ¾ l Gemüsebrühe, 2 EL Tomatenpüree, 2 TL Cognac, 1 EL feingewiegte Frischkräuter (Rosmarin, Kerbel), 2 TL saure Sahne.

Hühnerkeule mit Salz und Pfeffer würzen, in Olivenöl rundum anbräunen und warmstellen. Butter in das Kochgeschirr geben und Zwiebel darin goldgelb rösten – Paprikapulver und Tomatenpüree zugeben und mit Gemüsebrühe auffüllen. Würzen.
In dieser Sauce Hühnerkeulen weichdünsten und wieder herausnehmen.
Die Sauce mit Mehlbutter eindicken und mit Sahne, Salz, Pfeffer und frischen Kräutern würzen und zuletzt mit Cognac verfeinern. Evtl. mit etwas Basensauce verlängern. Die Sauce über das Fleisch anrichten und mit etwas Sauerrahm und Frischkräutern garnieren.

Pro Portion:	
	22,30 g Ew
	29,40 g F
	29,90 g KH
	392 kcal

Tip:

Dazu passen Kartoffeln, Gemüsepüree, hausgemachte Vollwertnudeln (Seite 171) oder Vollwertspätzle (Seite 170) oder Vollwertreis (Seite 179).

Gefüllte Hähnchenbrust *2 Portionen*

1 Hähnchen (ca. 900 g), küchenfertig.

Für die Füllung

40 g ausgelöstes Hühnerfleisch von den Schenkeln oder Putenfleisch, 1 TL Zitronenmelisse, frisch, 1 TL Thymianblätter, frisch, 1 TL Öl, weißer Pfeffer, frisch gemahlen, eine Prise Meersalz, 20 g Karottenwürfelchen, 2 cl Sahne.

Hähnchen vierteln, die beiden Brusthälften mit einem spitzen, scharfen Messer bis zum Flügelknochen von dem Gerippe lösen. Evtl. Haut abziehen und die Brüste taschenförmig einschneiden. Für die Füllung ein Hühnerschenkelchen von Haut und Knochen lösen und im Mixer (Moulinex) mit Sahne glattpürieren oder zweimal durch die feinste Scheibe des Fleischwolfes drehen. Karottenwürfel 3 Minuten kurz überdämpfen, abkühlen und mit den frischen Kräutern, Sahne, Salz, Pfeffer und Muskatnuß zum Fleischmus geben. Brüste leicht klopfen, mit der Fleisch-Kräuter-Masse füllen, zuklappen, evtl. die Haut darüberziehen und feststecken. Leicht salzen (in einer Tonschale in Öl beidseitig leicht anbräunen) und im vorgeheizten Ofen (E-Herd, 220 °C) ca. 12 Minuten lang garen lassen. Herausnehmen, schräg anschneiden und auf vorgewärmtem Teller anrichten.

Vor dem Füllen kann man die Brüstchen mit vorgedämpften Spinatblättern auslegen.

Pro Portion:	
	18,30 g Ew
	9,80 g F
	1,60 g KH
	168 kcal

Tip:

Für die Füllung kann auch Kalbfleisch verwendet werden.

Dazu serviert man passend eine frische Thymiansauce (Grundrezept Seite 292), Selleriepüree (Grundrezept Seite 333) und vorweg einen Fenchelsalat (Grundrezept Seite 104).

Für „Kalorienbewußte" kann auch hier völlig auf Fett zum Anbraten verzichtet werden, wenn man die Hühnerbrüstchen auf ein Backblech legt und diese im vorgeheizten Ofen (E-Herd oder Warmluftofen, ca. 220 °C) 12–15 Minuten

Abb. 9: Kartoffelstrudel mit Kräutern, Rezept Seite 316, Kartoffelnudeln mit Käse, Rezept Seite 328, Sauerkraut-Rettich-Salat, Rezept Seite 111, Minzen-Kräutersauce, Rezept Seite 293.

Abb. 10: Kartoffel-Pilz-Laibchen, Rezept Seite 318, mit Wurzelgemüse und Gemüsesauce, Rezept Seite 300, Gemüsegulasch, Rezept Seite 320, Auberginen, gegrillt, Rezept Seite 321, Pikantes Fenchelgemüse, Rezept Seite 323.

gart. Ebenso kann die Sahne eingespart werden, wenn man das Fleisch mit etwas Gemüsebrühe mixt.

Hühnerknödel gratiniert 2 Portionen

½ Huhn, mit Knochen (400 g), ausgelöst 200 g (Puten- oder Hähnchenbrust), Muskatnuß, Meersalz, 1 Eidotter, 1 TL Basilikumblätter, frisch und jung, ½ TL Petersilie, Gemüsebrühe oder Salzwasser zum Kochen der Knödel, ca. 100 g Sahne und 50 g Gemüsebrühe.

Sauce
2 EL saure Sahne, 20 g geriebener Emmentaler, eine Prise Meersalz.

Halbes Huhn mit einem kleinen scharfen Messer von Knochen und Haut lösen und das Geflügelfleisch mit Sahne und Gemüsebrühe mixen oder zweimal durch die feinste Scheibe des Fleischwolfes drehen. Die Fleischmasse in einer Schüssel mit Eidotter, Sahne, Salz, Muskatnuß und frischen Kräutern gut vermengen. Gemüsebrühe in einer Kasserolle zum Kochen bringen. Mit angefeuchteten Händen aus der Masse 4 runde Knödel formen, einlegen und 8 Minuten in der Gemüsebrühe zugedeckt ziehen lassen. Inzwischen saure Sahne mit geriebenem Käse und Salz in einer Schüssel verrühren. Die gegarten Fleischknödel in eine feuerfeste Tonschale geben, mit der Sauerrahm-Sauce überziehen und bei Oberhitze kurz gratinieren (zu einer Kruste überbacken). Mit frischen Basilikumblättern garnieren. Das Eigelb kann auch weggelassen werden.

Pro Person:	28,90 g Ew
	10,90 g F
	1,10 g KH
	189 kcal

Tip:

Nach demselben Rezept können Knödel aus verschiedenen Fleischarten (z. B. Kalb, Rind, Wild usw.) gemacht werden. Das Gratinieren kann man weglassen

und dafür frische Kräuter- oder Gemüsesaucen (Rezepte Seite 290, 299) dazugeben.
Zur Fleischmasse können zur Abwechslung kleinwürfelig geschnittenes und gedämpftes Gemüse oder verschiedene frische Kräuter gemischt werden. Wenn die Knödel in Gemüsebrühe gegart werden, so muß diese unbedingt frisch sein, da sich das Fleisch sonst verfärbt.
Dazu serviert man ein Erdäpfeltimbale (Rezept Seite 319) und vorweg einen grünen Salat.

Truthahnröllchen mit frischen Kräutern

2 Portionen

2 Truthahnschnitzel à 100 g, eine Prise Meersalz, 1 EL Gartenkräuter, frisch und feingehackt.

Für die Füllung
60 g Truthahnfleisch, 4 cl Sahne, etwas Muskatnuß, frisch gerieben, eine Prise Meersalz, 1 Bund Kerbel.

Schnitzel leicht klopfen und auf Alu- oder Bratfolie auflegen. Truthahnfleisch mit der Sahne im Mixer pürieren und mit Muskatnuß und Salz würzen. Frische Kräuter unterheben und diese Fleischfüllung auf die Schnitzel aufstreichen. Mit Hilfe der Alufolie einrollen, an den beiden Enden die Folie zusammendrehen, auf ein Backblech (Gitter) legen und im vorgeheizten Ofen (E-Herd, 220 °C) 15 Minuten garen lassen.
Folie entfernen und die Truthahnrolle in daumenstarke Scheiben schneiden.

Pro Portion:	30,50 g Ew
	13,10 g F
	0,10 g KH
	243 kcal

Tip:

Das Fleisch kann vor dem Füllen mit gedämpften Spinatblättern ausgelegt werden, guter Effekt! Auch kann man gedämpfte Karotten und Zucchiniwürfelchen in die Füllung mischen.

Die frischen Kräuter können auch in Form von jungen Majoran- oder Thymianblättern im ganzen verwendet werden. Zur Abwechslung die gegarte, in Scheiben geschnittene Roulade auf einem Vollwertreissockel (Rezept Seite 179) anrichten und rundherum eine frische Kräuter- oder Gemüsesauce (Rezepte Seite 290, 299) geben. Ein guter, frischer Salat vorweg macht das Hauptgericht komplett.

Innereien

Kalbsmilcherschnitten auf Blattspinat
mit Tomatensauce *2 Portionen*

240 g Kalbsbries (Wachstumsdrüse), eine Prise Meersalz, etwas weißer Pfeffer, frisch gemahlen, 1 TL Öl, 10 g Butter, 100 g Spinatblätter, frisch, 10 g Schalotten, 1 Knoblauchzehe.

Kalbsbries in kochendem Wasser kurz abbrühen. Die feine Haut um das Kalbsbries gut ablösen und in 6 Scheiben aufschneiden. Mit Salz und Pfeffer würzen und in einer Kasserolle in Öl bei schwacher Hitze beidseitig bräunen und unter öfterem Wenden garen. Das Bries soll zart rosa bleiben. Die entstielten Spinatblätter in ausreichend Wasser gut waschen und im Sieb abtropfen lassen. Knoblauch auf eine Gabel stecken und damit eine Kasserolle rundherum ausreiben. Butter hineingeben, die feingeschnittenen Schalotten anschwitzen, die frischen Spinatblätter zugeben, mit Salz und Pfeffer würzen, und halb zugedeckt ca. 3 Minuten den Spinat kernig dämpfen. Auf einem vorgewärmten Teller mit den Spinatblättern einen Sockel anrichten und die Kalbsmilcherschnitten darauflegen. Mit je einem Zweig frischen Majorans garnieren. Tomatensauce (Rezept Seite 303) rund um den Spinatsockel anrichten. Dazu passend Safran-Kartoffeln (Rezept Seite 310).

Pro Portion:	25,40 g Ew
	9,40 g F
	2,70 g KH
	198 kcal

Tip:

Kalbsbries kann ebenso geschnetzelt (wie Kalbsleber, Rezept Seite 217) zubereitet werden. Bei sämtlichen Innereien ist besonders darauf zu achten, daß es sich um einwandfreie Qualität aus artgerechter Tierhaltung handelt (siehe Seite 185, das Fleisch).

Kalbsleber mit Banane *2 Portionen*

220 g Kalbsleber, 50 g Banane (Apfel, Tomate, Zwiebel), 5 g Butter, 2 Majoran-
zweige, frisch, eine Prise Meersalz, 1 TL Öl.

Kalbsleber waschen, die feine Haut abziehen und in 4 Scheiben schneiden
(½ cm dick). Öl in eine Pfanne geben und die Leberschnitten darin bei nicht
zu starker Hitze unter öfterem Wenden ca. 3 Minuten braten. Die Leber soll
zart rosa sein. Salzen und auf einen vorgewärmten Teller legen. Banane
halbieren, in Butter leicht anbräunen und die Leberscheiben damit garnieren. Frische Majoranzweige darauflegen.

Pro Portion:	
	20,20 g Ew
	8,0 g F
	10,20 g KH
	194 kcal

Tip:

Will man schonender vorgehen, dann legt man die Leberschnitten auf ausgefettete
Alufolie und gart sie ca. 5 Minuten auf dem Grill!
Dazu paßt gut ein Püree aus Sellerie oder Petersilienwurzeln (Rezept Seite 333) sowie
frische Thymiansauce (Rezept Seite 292) und vorweg grüner Salat.
Da die Leber das „Entgiftungsorgan" schlechthin ist, sollte besonders auf einwand-
freie Qualität und Herkunft geachtet werden.
Unmittelbar vor der Zubereitung darf die Leber auch gesalzen werden.

Geschnetzelte Kalbsleber *2 Portionen*

220 g Kalbsleber, 50 g Champignons, frisch, 1 TL Majoranblätter, frisch, eine Prise Meersalz, 1 TL Öl, 1 dl Rotwein, 1 dl Sahne, 1 TL Butter, 10 g feingeschnittene Zwiebel, etwas Pfeffer, frisch gemahlen.

Kalbsleber waschen, feine Haut abziehen und nicht zu dünn in Scheiben schneiden. Champignons putzen, waschen, abtropfen lassen und ebenfalls in Scheiben schneiden. Öl in eine Kasserolle geben und die Leber bei nicht zu starker Hitze darin kurz schwenken, so daß sie schön rosa bleibt. Aus der Pfanne nehmen und im Ofen (Backrohr, 100 °C) warmhalten. Butter in die Pfanne geben, Zwiebel und Champignons glasig schwitzen, mit Rotwein ablöschen und zur Hälfte des Volumens einkochen lassen. Sahne zugießen und zugedeckt solange kochen lassen, bis die Sauce sämig-dicklich ist (ca. 3 Minuten) (evtl. mit Basensauce strecken). Die Pfanne vom Feuer nehmen und die warmgestellte Leber und die Majoranblätter in der Sauce schwenken. Mit Salz und etwas Pfeffer abschmecken. Anrichten und garnieren.

Pro Portion:	21,90 g Ew
	23,10 g F
	8,80 g KH
	358 kcal

Tip:

Eine gute frische Lamm- oder Rindsleber eignet sich ebenso für dieses Rezept. Als Garnierung kann man verschiedene in Butter angeschwitzte Früchte wie Bananen, Trauben, Apfelscheiben usw. verwenden.
Als Beilagen eignen sich sämtliche Gemüsepürees (Rezept Seite 330) sowie sämtliche Salate (Rezept Seite 87).
Natürlich kann die Leber auch in einer frischen Majoransauce (Rezept Seite 298) geschwenkt werden.

Kalbsbeuschel (Lunge und Herz) *4 Portionen*

500 g Kalbsbeuschel mit Herz, etwas Meersalz, 4 Wacholderbeeren, 1 EL Apfelessig, 200 g Karotten, Lauch und Petersilienwurzel, 2 Lorbeerblätter. 100 g Sellerie geschält, 200 g Kartoffeln, geschält, 2 Knoblauchzehen, 100 g Gewürzgurken, 8 g Kapern, 10 g Sardellen, 1 EL feingehackte Petersilie, ½ TL englischer Senf, Saft einer ¼ Zitrone, Zesten einer halben Zitrone (= Zitronenschale feinst geschnitten), 3 TL Majoranblätter, frisch, oder ½ TL in Öl eingelegten Majoran, ⅛ l Sahne.

Das gut gewässerte Kalbsbeuschel mit Herz in Salzwasser mit Essig, Wurzeln und Gewürzen kochen, herausnehmen, überkühlen und in feine Streifen schneiden.

Kartoffeln und Sellerie in Würfel schneiden und im Dampftopf weichgaren. Dann mit Beuschelsud zu einer dicklichen Sauce pürieren (mit dem Mixstab) und streifenförmig geschnittenes Herz und Lunge zugeben.

Mit zerdrücktem Knoblauch, gehackten Gewürzgurken, Kapern, Sardellen, Petersilie, Meersalz, Pfeffer aus der Mühle, Zitronenzesten, englischem Senf, Zitronensaft, Sahne und Majoran gut würzen.

Pro Portion:	
	21,30 g Ew
	18,60 g F
	18,20 g KH
	336 kcal

Tip:

Dazu gibt es Semmelknödel, etwas größer (Seite 147), oder wenn die gleiche Masse in einer Serviette gegart wird, Serviettenknödel.

Wildgeflügel

Fasanenbrüstchen   *2 Portionen*

2 Fasanenbrüstchen (oder Entenbrüstchen), 1 TL Thymianblätter, frisch, eine Prise Meersalz, ⅛ l Thymian-Basensauce.

Den geputzten Fasan in 2 Hälften entlang des Brustknochens aufteilen. Die 2 Brüstchen mit einem kleinen scharfen Messer vom Brustknochen lösen. Mit Salz und Thymian würzen. Öl in einem feuerfesten Geschirr leicht erhitzen und die Brüstchen darin beidseitig langsam anbräunen. Die Brüstchen mit Thymianblättern würzen und die Oberfläche mit Alufolie zudekken. Im vorgeheizten Ofen (E-Herd, 180 °C) ca. 8–10 Minuten rosa garen lassen*. Brüstchen portionieren. Basensauce (evtl. mit würfelig geschnittenen Früchten) schwenken und dazugeben.

Pro Portion:	43,40 g Ew
	11,80 g F
	0,20 g KH
	281 kcal

Tip:

Die Füße werden von den Knochen gelöst und können z. B. für ein gefülltes Brüstchen (Grundrezept Seite 207) oder für Fasanenklößchen (Grundrezept Seite 152) verwendet werden.

Natürlich kann Wildgeflügel auch im ganzen Stück rosa gebraten werden.

Mit Gefühl und Wahl der richtigen Kochtemperatur (Stufenschaltung) können die Brüstchen (wie alle kleinen Portionsstücke) in einer Pfanne halb zugedeckt auf der Kochplatte (unter öfterem Wenden des Fleisches) in derselben Zeit gegart werden. Dazu serviert man gut passend einen Gemüseschaum (Rezept Seite 330), frische Thymiansauce (Rezept Seite 292) und einen Feldsalat (Rezept Seite 88). Sämtliche Früchte sowie Kastanien eignen sich gut zur Garnierung von Wildgeflügel, oder man reicht zum Schluß des Menüs einen Kastanienreis.

---

*   Man kann sich das Anbraten ersparen, wenn man die Brüstchen im vorgeheizten Ofen (E-Herd, 220 °C, Konvektomat 250 °C) ca. 10 Minuten gart.

Gefülltes Fasanenbrüstchen mit frischem Majoran 2 Portionen

1 Fasan (ca. 420 g), küchenfertig, 100 g Fasanenfleisch von den ausgelösten Schenkeln (oder Kalbfleisch), 20 g Wurzelgemüse, feingeschnitten, evtl. 1 Eidotter, 80 g Sahne, 1 TL Majoranblätter, frisch, 1 TL Öl.

Den geputzten Fasan (Gans oder Ente) entlang des Brustknochens in 2 Hälften aufteilen. Die 2 Brüstchen mit einem spitzen, scharfen Messer von den Brustknochen lösen, taschenförmig einschneiden und leicht klopfen (plattieren).
Inzwischen das Fleisch von den Schenkeln lösen und in der Moulinex mit Sahne mixen. Mit (Eidotter und) kurz gedämpftem, würfelförmig geschnittenem Gemüse, Salz, Pfeffer und Majoranblättern vermischen. Diese Füllung gleichmäßig in die 2 Brüstchen einfüllen und mit einem dünnen Metallspieß befestigen. In einem feuerfesten Geschirr mit dem Öl beidseitig leicht anbräunen und im vorgeheizten Ofen (E-Herd, 220 °C) ca. 15 Minuten garen lassen. Das Fleisch muß zart rosa bleiben.
Dazu paßt eine Majoran-Basensauce, Rotkraut mit Früchten und fettarme Kartoffelkroketten.

Pro Portion:	
	16,0 g Ew
	13,80 g F
	0,0 g KH
	191 kcal

Tip:

Der Eidotter kann auch eingespart werden.
Anstatt der Einlage von Gemüse kann für die Füllung jede Art von Pilzen oder Kräutern verwendet werden. Das Anbraten der Brüstchen entfällt, wenn man sie auf ein leicht ausgefettetes Backblech legt und im Backrohr (E-Herd oder Warmluftofen, ca. 220° C) ca. 10 Minuten gart. So können sämtliche Portionsgerichte von Fleisch gebräunt und gegart werden. Bei größeren Fleischstücken geht man ebenso vor, schaltet aber die Temperatur nach dem Braunwerden zurück (auf ca. 200° C).

Gefüllte Wachteln   *4 Portionen*

4 Wachteln (à ca. 80 g), küchenfertig ausgelöst, eine Prise Meersalz, 1 Zweig Rosmarin und Thymianblätter, frisch, ½ TL Öl.

Für die Füllung
200 g Kalbfleisch, geputzt, ⅛ l Sahne, 1 TL Majoranblätter, frisch, eine Prise Meersalz, etwas Pfeffer, frisch gemahlen, 20 g gedämpfte, feine Karottenwürfelchen.

Kalbfleisch mit Sahne im Mixer (Moulinex) zu einem Mus verarbeiten oder 2 bis 3mal durch die feinste Scheibe des Fleischwolfes drehen und dann die Sahne daruntermischen. Mit einem kleinen scharfen Messer von den Wachteln die Haut längs des Rückens nach beiden Seiten behutsam lösen, so daß das Fleisch an der Haut bleibt und das Gerippe mitsamt den Flügelknochen freigelegt wird. Die Schenkel werden nicht ausgelöst und bleiben ganz. Wachteln mit Salz und frischem Rosmarin würzen. Mit einem Bindfaden die Wachteln am Rücken zunähen. Zur Fleischfüllung die Kräuter und Karotten geben, mit Salz und Muskat würzen, in einen Spritzsack (ohne Aufsatz) geben und die Wachteln damit füllen. Eine Tonschale (oder Backblech) mit Öl ausfetten, gefüllte Wachteln hineinlegen und im vorgeheizten Ofen (E-Herd, 220 °C) ca. 15 Minuten garen lassen. Fäden herausziehen und vor dem Anrichten mit einem scharfen Messer (Elektromesser) in 2–3 schräge, fingerdicke Scheiben aufteilen. Zuunterst gibt man etwas frische Thymian- oder Majoransauce (Rezept Seite 298).

Pro Portion:	28,20 g Ew
	15,50 g F
	1,10 g KH
	257 kcal

Tip:

Eine zweite Möglichkeit des Füllens von Wachteln ohne Zunähen besteht, wenn man die Wachteln auf eine Alufolie legt, füllt und mit der Folie zusammenklappt. Für festliche Anlässe kann man noch 20 g grobgeschnittene Pistazien zum Fleischmus mengen.
Dazu wird Blattspinat (Rezept Seite 327) und Schaum aus jungen Petersilienwurzeln oder Rotkraut empfohlen.

Abb. 11: Hühnerfleisch mit Paprikaschoten und Champignons, Rezept Seite 204, Gefüllte Hähnchenbrust, Rezept Seite 207, frische Kräutersauce, Rezept Seite 290, Kartoffelkroketten und Kartoffellaibchen (ohne Fett), Rezept Seite 314, Gestürzte Kartoffeln, Rezept Seite 319.

Abb. 12: Filetgulasch, Rezept Seite 253, frische Kräutersauce, Rezept Seite 290, Filetsteak, Rezept Seite 252, überbackenes Gemüsepüree, Rezept Seite 330.

Fasanenknödel mit Thymiansauce *2 Portionen*

200 g ausgebeinte Fasanenbrust ohne Haut, 150 g Sahne, eine Prise Meersalz, 1 EL Thymianblätter, frisch, Vollsalz, Pfeffer.

Das von Sehnen befreite Fleisch in kleinere Stücke aufschneiden und mit der langsam zugegossenen Sahne im Mixer (Moulinex) pürieren. Mit den Gewürzen abschmecken. Die Fleischmasse in 6 gleichgroße Portionen aufteilen, wie ein Laibchen formen und die frischen Kräuter im ganzen oder gehackt in die Mitte legen. Durch drehende Bewegungen im Handballen runde Knödel formen und im köchelnden Salzwasser 10 Minuten ziehen lassen. Inzwischen die Thymiansauce (Rezept Seite 292) fertigen; einen Teil davon anrichten und die Knödel daraufsetzen. Dazu paßt Blattspinat, Rotkraut und Maroni.

Pro Portion: 23,20 g Ew
25,80 g F
10,80 g KH
329 kcal

Tip:

Je mehr Sahne man dazugießt (evtl. halb Gemüsebrühe, halb Sahne), desto lockerer werden die Knödel oder Nockerln. Kleingeschnittene, gedämpfte Gemüsewürfelchen kann man zusätzlich unter die Fleischmasse mengen. Dieselbe Masse kann auch in Schnitzelform in der Pfanne gebraten werden. Dazu serviert man einen Kartoffelstrudel mit Kräutern, Rezept Seite 316, oder Kartoffel-Pilz-Laibchen, Rezept Seite 318.

Wildknödel oder Schnitzerl auf Wacholdersauce

2 Portionen

200 g ausgebeintes, sehnenfreies Wildfleisch (Reh, Hirsch oder Gemse), 150 g Sahne, eine Prise Meersalz, 1 EL Majoranblätter.

Das von Sehnen befreite Fleisch in kleinere Stücke aufschneiden und mit der langsam zugegossenen Sahne im Mixer (Moulinex) pürieren. Mit den Gewürzen abschmecken. Die Fleischmasse in 6 gleichgroße Portionen aufteilen, wie ein Laibchen formen und die frischen Kräuter im ganzen oder gehackt in die Mitte legen oder mit der Masse vermengen. Durch drehende Bewegungen im Handballen runde Knödel formen und im köchelnden Salzwasser 10 Minuten ziehen lassen. Inzwischen Wacholdersauce (siehe Hasenfilet mit Wacholdergemüsesauce, Rezept Seite 242) fertigen; einen Teil davon anrichten und die Knödel daraufsetzen.
Die gleiche Masse kann in Schnitzelform in der Pfanne gebraten werden.

Pro Portion:	
	24,60 g Ew
	27,50 g F
	13,40 g KH
	488 kcal

Tip:

Wildschnitzerln kann man auch in Basensauce weichdünsten.
Natürlich kann man frische Kräuter einfach untermischen. Die passenden Beilagen sind sämtliche Gemüsepürees (Rezept Seite 330), Brokkoli oder Spinat (Rezept Seite 335) oder vorweg knackige, frische Salate (Rezepte Seite 101).

Lammgerichte

Milchlamm auf Wurzelwerk *2 Portionen*

220 g Lammkeule, ausgebeint, 1 TL Thymianblätter, frisch, eine Prise Meersalz, 1 Knoblauchzehe, 2 Thymianzweige, frisch, ½ TL Petersilie, frisch, etwas Pfeffer, frisch gemahlen, 50 g Karotten, 50 g Lauch, 50 g Selleriewurzel, 50 g Zwiebel, 50 g Zucchini, 1 TL Öl, ⅛ l herber Rotwein, ¼ l Gemüsebrühe, 1 EL saure Sahne.

Gut abgehangenes Lammfleisch mit Salz, Pfeffer, Thymian sowie dem mit Petersilie zerdrückten Knoblauch würzen. Geputztes Wurzelwerk in zündholzstarke Streifen schneiden. Öl in eine Kasserolle geben und das Lammfleisch darin beidseitig bräunen. Fleisch herausnehmen, in eine Tonschale oder Jenaer Glasschüssel geben und im vorgeheizten Ofen (E-Herd, 200 ° C) ca. 20 Minuten garen. Das Fleisch soll innen zart rosa sein.
Inzwischen wird das gewaschene und in einem Sieb abgetropfte Wurzelwerk in der Kasserolle glasig angeschwitzt. Mit ⅛ l Rotwein ablöschen und zugedeckt bis zur Hälfte des Volumens einkochen lassen. Gemüsebrühe zugießen und das Wurzelwerk ca. 10 Minuten kernig weich dünsten. Nachdem die Flüssigkeit zur Gänze verdunstet ist, die Pfanne vom Herd nehmen und die saure Sahne sowie die Thymianblätter unterrühren. Evtl. mit Minzensauce verlängern. Nicht mehr kochen! Wurzelwerk auf einem vorgewärmten Teller anrichten und gegartes Fleisch in fingerdick geschnittenen Scheiben darauflegen. Mit einem Thymianzweig garnieren.

Pro Portion:	21,60 g Ew
	22,10 g F
	9,10 g KH
	356 kcal

Tip:

Lamm sehr heiß servieren!
Dazu serviert man frische Minzensauce (Rezept Seite 293), Kartoffeln und vorweg einen Salat mit kaltgepreßtem Öl und gutem Apfelessig (Balsamico).

Lammnüßchen mit Majoransauce   *2 Portionen*

1 Stück Lammnüßchen (250 g), eine Prise Meersalz, etwas Pfeffer, frisch gemahlen, etwas zerdrückten Knoblauch, 1 TL Öl.

Majoransauce (Rezept Seite 298).

Lammnüßchen mit Salz, Pfeffer und Knoblauch würzen. 1 TL Öl in eine Kasserolle oder feuerfeste Tonschale geben, das Fleisch darauflegen und in den vorgeheizten Ofen (E-Herd, 250 °C) schieben. Evtl. einmal umdrehen oder Temperatur etwas zurückschalten. Nach ca. 25 Minuten ist das Fleisch gar und innen zart rosa. Etwas Sauce auf den Teller geben und je zwei fingerdicke Scheiben vom Lammnüßchen darauflegen. Restliche Sauce extra servieren.

Pro Portion:	23,80 g Ew
	32,30 g F
	8,60 g KH
	420 kcal

Tip:

Eventuell anfallende Flechsen und Knochen mit Wurzelgemüse rösten, aufgießen und ca. 1 Stunde reduzieren lassen. Durchseihen, nochmals einkochen und kleine Mengen davon zur Majoransauce geben.
Dazu Rosenkohl (Rezept Seite 329) und Kartoffellaibchen (Rezept Seite 313).
Nach Geschmack kann man auch etwas zerlassene Butter mit Vollwertbröseln und Thymian oder Majoran vermengt über das Fleisch geben. Frische Minzenblätter als Garnierung (oder als Sauce, Rezept Seite 293) passen hervorragend zu Lammfleisch. Ebenso kann etwas saure Sahne mit frischen Minzenblättern und etwas geriebenem Frischkäse zum evtl. Gratinieren (mit einer Kruste überbacken) der Lammscheiben verwendet werden. Oder angebratenes Lammnüßchen oder Filet auf Bratfolie mit gedämpften Wirsingblättern und Fleischpüree legen, einrollen und rosa braten.

Lammkoteletts mit Minzensauce *2 Portionen*

4 Lammkoteletts à 60 g (vom Lammrücken), eine Prise Meersalz, etwas zerdrückten Knoblauch, etwas Pfeffer, frisch gemahlen, 1 TL Öl, etwas gehackte Petersilie, Thymian, frisch.

Minzensauce (Rezept Seite 293).

Lammkoteletts mit Salz, Knoblauch und Pfeffer würzen. Öl in eine Kasserolle geben, Koteletts darin beidseitig anbräunen und bei zurückgeschalteter Kochplatte rosa garen.
Etwas Minzensauce zuunterst auf die Servierplatte oder den Teller geben. Koteletts darauf anrichten und mit Petersilie und Thymian bestreuen. Restliche Sauce extra servieren. Wird der Lammrücken ausgelöst, so kann man die Lammfilets oder den Rücken im ganzen genauso zubereiten.

Pro Portion:	19,20 g Ew
	48,20 g F
	8,60 g KH
	545 kcal

Tip:

Dazu Brokkoli mit Butter (Rezept Seite 335) oder Blattspinat natur (Rezept Seite 327) sowie Dampfkartoffeln oder Zucchini-Tomaten-Gemüse (Rezept Seite 321).
Als Gewürz sollte speziell bei Lammfleisch Knoblauch nicht fehlen (es sei denn, man mag ihn überhaupt nicht). Weitere passende Beilagen zu Lamm sind z. B. grüne Bohnen, Brokkoli, Linsen, Blumenkohl usw. kernig weich gedämpft und mit Butterflocken gewürzt. Ofenkartoffeln und Bratkartoffeln (im Rohr) passen ebensogut zu Lamm (Seite 312).
Es empfiehlt sich, die Lammkoteletts vor Verwendung (über Nacht) in einer Marinade aus Öl, Knoblauch und frischen Minzenblättern zu marinieren. Dies scheint besonders dann wichtig, wenn das Fleisch am Grill gemacht wird.

Lammeintopf *4 Portionen*

300 g Lammschulter, Salz, 100 g Karotten, 200 g Kartoffeln, 200 g Grünkohl, 3 Knoblauchzehen, etwas Meersalz, weißer Pfeffer aus der Mühle, 1 EL Olivenöl, ½ feingehackte Zwiebel, 20 g Butter, 100 g Sellerie, ½ l Gemüsebrühe oder Wasser, ¼ l Basensauce.

Lammfleisch putzen, waschen und würfelförmig schneiden. Grünkohl putzen und in große Würfel schneiden. Karotten und Sellerie in fingerdicke Stangen schneiden. Kartoffeln vierteln. Zwiebel grob schneiden.
Lammwürfel in einer Kasserolle in Öl anbraten und herausheben. Butter hineingeben und Zwiebel darin leicht bräunen. Grünkohl, Sellerie, Karotten und Kartoffeln zugeben, kurz mitrösten und mit Gemüsebrühe aufgießen. Lammfleisch zugeben. Mit Salz, Pfeffer und Knoblauch würzen und 30 Minuten zugedeckt köcheln lassen, bis das Fleisch weich ist, dann Basensauce dazugeben und nachwürzen.
Den Eintopf evtl. mit Wurzelstreifen, Sauerrahm, Thymian und frisch gehackter Petersilie garnieren.

Pro Portion:	18,10 g Ew
	23,30 g F
	22,81 g KH
	376 kcal

Tip:

Wird der Lammrücken zu Lammfilets ausgebeint, so kann man die Bauchlappen und alle Reste für das Lammragout verwenden!
Zum Verbessern aller Basensaucen aus Gemüse und Kräutern (Rezept Seite 285) kann etwas Knochensauce (siehe Seite 243) dazugegeben werden!

Wildgerichte

Rehrücken gebraten   *4 Portionen*

1 kleiner Rehrücken (mit Knochen ca. 1 kg), eine Prise Meersalz, etwas Pfeffer, frisch gemahlen, 30 g Karotten, 40 g Sellerieknolle, 40 g Petersilienwurzeln, 20 g Zwiebel, 4 Stück Wacholderbeeren, zerstoßen, ⅛ l Rotwein, 1 EL Sahne, 1 TL Butter, 1 TL Öl, ¼ l Gemüsebrühe, 1 sehr kleines Fichtenzweiglein, 1 EL frische Thymianblätter.

Rehrücken kalt waschen, mit einem sauberen Tuch abtupfen und gründlich mit einem spitzen, scharfen Messer von Sehnen säubern. Mit Salz und Pfeffer und Thymian würzen. Gemüse putzen, waschen, schälen und in gleich große Würfel (1 cm stark) schneiden. Öl in eine Porzellanschale geben und das Gemüse darin anschwitzen (braten). Mit Gemüsebrühe ablöschen, den Rehrücken daraufsetzen und im vorgeheizten Ofen (E-Herd, 220°C) ca. 20 Minuten garen lassen. Das Fleisch soll zart rosa bleiben. Gegarten Rücken herausheben und warmhalten. In das Kochgeschirr den Rotwein, die Sahne, Wacholderbeeren und das Fichtenzweiglein geben. Ca. 5 Minuten einkochen lassen. Fichtenzweiglein wieder entfernen. Das Gemüse mit der Flüssigkeit und kalten Butterflocken im Mixer zu einer sämigen Sauce mixen.

Die zwei großen Filets mit einem schmalen, scharfen Messer von der Mitte aus nach beiden Seiten hin vom Rücken trennen. Schräg in fingerdicke Scheiben schneiden und auf etwas Sauce anrichten. Restliche Sauce extra reichen.

Pro Portion:	30,90 g Ew
	6,20 g F
	2,80 g KH
	203 kcal

Tip:

Darauf achten, daß der Rehrücken während des Warmhaltens immer etwas nachzieht! Die abgesonderte Flüssigkeit mischt man zur Sauce. Auch die zwei kleinen Filets unterhalb des Rückens nicht vergessen. Sollten die Filets vor dem Garen vom Rücken gelöst werden, so ist die Garzeit entsprechend zu kürzen. In diesem Fall bereitet man gesondert eine frische Kräuter- oder Gemüsesauce zu (Rezepte Seite 320) und mischt den abgelaufenen Fleischsaft dazu. Die ausgelösten Filets können ebenso in der Pfanne, am Grill oder auf einem Gitterrost oder Backblech im Rohr (E-Herd oder Warmluftofen, 220–250 °C) gebräunt und gegart werden.

Hasenrücken, Lammrücken und Kalbsrücken können gleichfalls im ganzen oder ausgebeint gegart werden. Sämtliches Fleisch soll gut abgehangen und nach dem Garprozeß zart rosa sein, damit es saftig bleibt.

Passende Beilagen: Sellerieschaum (Rezept Seite 333), Blattspinat (Rezept Seite 327), Grilltomate, Kastanien (Maronen) usw. Als Garnierung z. B. Apfelscheiben, Bratäpfel, Preiselbeeren usw.

Rehmedaillons mit frischen Thymianblättern
2 Portionen

200 g Rehfilet (aus dem Rücken), 2 cl Sahne, eine Prise Meersalz, 1 TL Thymianblätter, frisch, 1 TL Öl, 80 g Wildfleisch oder Kalbfleisch.

Rehfilet mit einem scharfen Messer von der Seite vorsichtig einschneiden, nicht ganz durchstoßen. Das Filet leicht flachklopfen. Auf Bratfolie auflegen. Geputztes Wildfleisch mit Sahne und Salz im Mixer pürieren. Frische Kräuter untermengen, in einen kleinen Spritzsack mit runder Tülle füllen, wurstförmig in die Mitte des Filets aufdressieren und mit Hilfe der Folie einrollen. Gut zubinden und im vorgeheizten Ofen (E-Herd, 200 °C) ca. 10–15 Minuten garen: Das Fleisch und die Füllung müssen rosa bleiben.

Pro Portion:	
	26,90 g Ew
	11,90 g F
	0,60 g KH
	164 kcal

Tip:

Dazu serviert man frische Thymiansauce (Rezept Seite 292), Karottenschaum (Rezept Seite 334) und Kümmelkartoffeln (Rezept Seite 310).

Auf das Einschalten des Backrohres kann verzichtet werden, wenn mit Gefühl und Wahl der richtigen Kochtemperatur (Stufenschaltung) die Medaillons (wie alle kleinen Portionsstücke in der Pfanne, halb zugedeckt) auf der Kochplatte (unter öfterem Wenden des Fleisches) in der gleichen Zeit gegart werden.

Natürlich kann das Rehfilet auch ungefüllt zubereitet werden, z. B. auf einem Gemüse- oder Spinatsockel mit frischer Thymiansauce (Rezept Seite 292) angerichtet. Kastanien oder Früchte in Ahorn-Sirup geschwenkt passen als Garnitur.

Rehlendchen mit Orangenfilets *2 Portionen*

240 g Rehfilet (Rückenteil) oder Bratenstück, 20 g Schalotten, 10 g Butter, 1 TL Öl, ⅛ l Gemüsebrühe (Rezept Seite 142), 2 EL (saure) Sahne, 1 Orange, 2 Thymianzweige, frisch, eine Prise Meersalz, etwas Pfeffer, frisch gemahlen, 50 g Champignons, frisch.

Ausgebeintes Rehfilet mit Salz, Thymian und Pfeffer würzen. Öl in eine Pfanne geben und das Filet darin rundum anbraten. Filet herausnehmen und in eine Tonschale (Backblech oder Gitter) gelegt bei 220 °C im vorgeheizten Backofen ca. 5–8 Minuten garen. Es soll zart rosa bleiben. Inzwischen Schalotten kleinwürfelig und Champignons in dünne Scheiben schneiden. Butter in der Pfanne schmelzen lassen. Schalotten darin glasig schwitzen. Champignons, abgezupfte Blätter der Thymianzweige und Gemüsebrühe (oder Basensauce) dazugeben und kurz einkochen lassen. Die Orange mit einem kleinen Filetmesser wie einen Apfel schälen, das Weiße entfernen und zwischen den Innenhäuten die Filets herausschneiden. Zur Sauce geben; gleichfalls die (saure) Sahne beimengen und bis zu einer sämigen Konsistenz einkochen lassen. Auf dem Boden der Tonschale die Sauce anrichten und das zart rosa gegarte Filet in fingerdick geschnittenen Scheiben darauflegen.

Pro Portion:	28,70 g Ew
	10,30 g F
	8,0 g KH
	247 kcal

Tip:

Ein Zucchinigemüse (Rezept Seite 321) oder Sellerieschaum (Rezept Seite 333) sowie vorweg ein knackiger Frischsalat machen das Gericht komplett. Kastanien, Rotkraut mit Äpfeln oder Preiselbeeren passen gut zu Wildgerichten.
Gustostücke vom Reh können auch in Basensauce gedünstet werden.

Rehgulasch mit Calvados *2 Portionen*

400 g Rehschulter ohne Knochen, 20 g Speck, 100 g Zwiebel, eine Prise Meersalz, etwas Pfeffer, frisch gemahlen, 1 TL Thymianblätter, frisch, 2–3 Lorbeerblätter, 6 Wacholderbeeren, 2 EL Calvados, ca. ½ l Rotwein, 1 Knoblauchzehe, ¼ l Gemüsebrühe (Grundrezept Seite 142), 1 kleine Orange, 1 EL (saure) Sahne, 1 TL Preiselbeerkompott.

Das von Sehnen befreite Rehfleisch in ca. 4 cm große Würfel schneiden. Speck kleinschneiden und in einer Kasserolle auslassen. Kleingeschnittene Zwiebel zugeben, das geschnittene Rehfleisch darin anbräunen, pfeffern und salzen. Mit Calvados ablöschen. Gewürze, Rotwein und Gemüsebrühe zugeben und zugedeckt etwa 1 Stunde köcheln lassen. Inzwischen die Orange mit einem Filetmesser wie einen Apfel schälen, das Weiße entfernen und zwischen den Innenhäuten das Filet herausschneiden. Rehfleisch aus dem Fleischsaft herausnehmen, warmstellen und die Sauce durchpassieren. Das Preiselbeergelee dazugeben und mit etwas Vollkornmehlbutter (frischgemahlenes Mehl und Butter zu gleichen Teilen verknetet) die Sauce sämig kochen. Vom Feuer nehmen und mit Sauerrahm und Thymianblättern abschmecken. Anrichten und mit Orangenfilets garnieren.

Pro Portion:	45,40 g Ew
	9,80 g F
	11,70 g KH
	428 kcal

Tip:

Nach demselben Grundrezept kann man ein Hirschragout oder Hasengulasch zubereiten. Dazu serviert man frischgeschwenkte Champignons, Kartoffeln oder Nockerln (aus Weizenvollkornmehl) (Rezept Seite 146) sowie einen Kresse- oder Feldsalat mit kaltgepreßtem Öl (Rezepte Seite 88, 89). In der Zeit frischer Eierschwammerln (Pfifferlinge) passen diese in etwas Butter angeschwenkt oder in Weißwein und Sahne (bis auf die Hälfte einkochen lassen) besonders gut (z. B. als Garnierung) zu sämtlichen Wildgerichten. Wer diesen Pilz schlecht verträgt, bleibt besser bei den leichteren Champignons! Bewegung und frische Luft hilft entscheidend.

Hasenrückenfilet gefüllt 2 Portionen

1 Hasenrücken, ca. 500 g im ganzen (ausgebeint ca. 350 g), eine Prise Meersalz, etwas Pfeffer, frisch gemahlen, 1 EL Öl.

Füllung
1 TL Majoranblätter, frisch, 100 g Filetspitzen (oder Kalbfleisch), 10 g Karotten, 10 g Sellerie, 10 g Petersilienwurzel, geputzt und abgeschabt, 2 EL Sahne, eine Prise Meersalz.

Hasenrücken sorgfältig von Sehnen und Hautresten säubern und die Filets mit einem kleinen, scharfen Messer von der Mitte des Rückens aus nach beiden Seiten herauslösen. Die 2 kleinen Filets auf der Unterseite des Rückens ebenfalls herausschneiden und zusammen mit den Spitzen der größeren 2 Filets (insgesamt 100 g) mit dem Messer fein aufhacken oder mit etwas Sahne im Mixer pürieren.
Wurzelgemüse in kleinste Würfelchen schneiden und in einer Schüssel mit dem Fleischmus, Salz, der Sahne und den Majoranblättern gut vermischen. Rückenfilets mit einem langen, dünnen Messer von beiden Seiten der Filets ausgehend durchstechen. Mit einem Kochlöffel durch drehende Bewegung das Loch ausrunden. Fleischfüllung in einen kleinen Spritzsack mit runder Tülle füllen und durchgestoßene Hasenfilets von beiden Seiten zur Mitte füllen. Filets leicht salzen und pfeffern. In einer Tonschale mit dem leicht

erhitzten Öl ca. 1 Minute rundum anbräunen und im vorgeheizten Ofen (E-Herd, 180 °C) je nach Umfang des Filets ca. 10 Minuten garen lassen. Das Filet soll noch zart rosa sein. Quer in etwa 2 cm dicke Scheiben aufschneiden und zuunterst mit etwas Wacholdersauce (siehe Hasenfilet mit Wacholdergemüsesauce, Rezept S. 242) oder einer Thymiansauce (Grundrezept Seite 292) servieren.

Pro Portion:	49,30 g Ew
	12,80 g F
	1,50 g KH
	337 kcal

Tip:

Dazu zarte Erbsen und Kartoffelnudeln (Rezept Seite 328). Bei festlichen Anlässen verwende man zum Füllen Kalbfleisch mit etwas Sahne gemixt, was einen besonders guten Farbkontrast ergibt. Zusätzlich können noch kleinstgeschnittene und gedämpfte Karottenwürfelchen oder frische Kräuter zur Fleischfüllung gemengt werden. Das Filet kann auch der Länge nach aufgeschnitten, gefüllt und mit Hilfe der Bratfolie gerollt und gebraten werden.

Hasenfilet mit Wacholdergemüsesauce *2 Portionen*

1 Hasenrücken, ca. 500 g im ganzen (ausgelöst ca. 350 g), oder Kaninchen, eine Prise Meersalz, etwas Pfeffer, frisch gemahlen, 1 TL Thymianblätter, frisch, 1 EL Öl.
30 g Lauch, 30 g Petersilienwurzel, 6 Wacholderbeeren, 1 EL Öl, ¼ l roter Burgunder, ½ l Gemüsebrühe, 4 cl Madeira, 1 Knoblauchzehe, 1 Lorbeerblatt, eine Prise Meersalz, 1 Kräutersträußchen (3 Thymianzweige, frisch, 1 Majoranzweig), 2 EL saure Sahne, 20 g Vollkornmehlbutter (frischgemahlenes Mehl und Butter zu gleichen Teilen verknetet).

Hasenrücken sorgfältig von Sehnen und Hautresten säubern und die Filets mit einem kleinen scharfen Messer von der Mitte des Rückens aus nach beiden Seiten herauslösen. Die 2 kleinen Filets auf der Unterseite des

Hasenrückens ebenfalls herauslösen, mit Folie abdecken und zur Seite stellen.

Für die Sauce das Knochengerüst kleinhacken. Geputztes Gemüse kleinwürfelig schneiden. Öl in eine Kasserolle geben und Knochen bei mittlerer Hitze rundum anbraten. Karotten-, Petersilien- und Lauchwürfel bzw. -ringe zugeben und leicht anbraten. Mit der Hälfte des Rotweines ablöschen und mit Gemüsebrühe aufgießen. Zerdrückte Wacholderbeeren, Lorbeerblatt, geschälte Knoblauchzehe sowie Salz dazugeben und halb zugedeckt auf etwa ¼ l einkochen lassen. Restlichen Rotwein, Madeira sowie Kräutersträußchen zugeben und noch ca. 5 Minuten einkochen lassen. Die Fleischsoße durch ein Haarsieb mit Küchentuch (Etamin) in einen Topf abgießen und die Rückstände gut ausdrücken. Mehlbutter zur Fleischsoße geben und unter Rühren noch einmal aufkochen lassen. Saure Sahne in einer Schüssel mit etwas Fleischsoße glattrühren und untermischen (nicht mehr kochen)! Evtl. mit Basensauce mischen.

Inzwischen die 2 großen Hasenfilets mit Salz und Pfeffer würzen, in einer Pfanne mit schwach erhitztem Öl rundum leicht anbräunen und in ein feuerfestes Glas oder Porzellangeschirr legen. Im vorgeheizten Ofen bei 180 °C, je nach Umfang des Filets, ca. 10 Minuten garen. Das Filet soll noch zart rosa sein. Thymianblätter darüberstreuen. Filets quer in etwa 2 cm dicke Scheiben schneiden, auf vorgewärmten Tellern anrichten (zuunterst etwas Soße) und die restliche Sauce getrennt reichen. Eine zweite Möglichkeit des Zubereitens besteht darin, daß man das angebräunte Filet in Folie legt und anschließend im vorgeheizten Ofen um ca. 5 Minuten länger gart oder auf das Anbraten verzichtet und auf einem Backblech oder Gitterrost (E-Herd, 220–250 °C) bräunt und gart.

Pro Portion:	40,0 g Ew
	14,60 g F
	6,90 g KH
	477 kcal

Tip:

Die 2 kleinen Filets auf der Unterseite des Hasenrückens für das geschnittene Hasenfilet mit Pilzen verwenden.

Geschnittenes Hasenfilet mit Pilzen *2 Portionen*

200 g Hasenfilet (Rückenstück), Reh oder Hirsch, 10 g Schalotten, ¹⁄₁₆ l roten Burgunder, 10 g Butter, 50 g Champignons oder Pfifferlinge, 1 TL Öl, 2 Thymianzweige, frisch, 2 cl Madeira, ¹⁄₁₆ l Sahne, ¹⁄₄ l Thymian-Basensauce.

Geputzte Pfifferlinge klein aufschneiden. Das von Sehnen und Hautresten gesäuberte Filet in 3 mm dicke Scheiben schneiden. Öl in eine Kasserolle geben, Fleisch darin ganz kurz anbräunen (es muß innen blutig bleiben), in eine Tonschale umfüllen und im Ofen bei 80 °C warmhalten.
Butter in die Pfanne geben und die feingehackten Schalotten darin glasig schwitzen. Pfifferlinge zugeben, ebenfalls kurz anschwitzen und mit Madeira und Rotwein ablöschen. Bis zur Hälfte des Volumens einkochen lassen, mit Sahne aufgießen und wieder zur Hälfte einkochen lassen. Nachdem die Sauce schön sämig ist, den abgetropften Fleischsaft des warmgestellten Fleisches und Basensauce dazugeben, vom Feuer nehmen und das Fleisch untermengen. Einen Zweig Thymian abzupfen und die Blätter dazugeben. Auf vorgewärmtem Teller anrichten und mit dem zweiten Thymianzweig garnieren.

Pro Portion:	
	23,20 g Ew
	18,80 g F
	3,30 g KH
	295 kcal

Tip:

Bei dieser Zubereitung können die 2 kleinen Filets auf der Unterseite des Rückens gut zur Verwendung kommen. Ebenso kann Lamm-, Hirsch- oder Rehfilet zubereitet werden!

Dazu serviert man etwa gefüllte Ofenkartoffeln (Rezept Seite 312) und einen Radieschensalat (Rezept Seite 104).

Das „Beizen" von Wildfleisch ist nicht empfehlenswert, da das Fleisch dabei ausgelaugt wird. Besser ist, gut abgelegenes Wildfleisch vor Verwendung gut zu würzen.

Jedes Wildfleisch kann entweder in Fleischsauce (S. 243) oder in Gemüse-Basensauce (S. 299) oder gemischt, halb und halb, zubereitet werden (Schmorbraten).

Das Fleisch kann auch auf Gemüse im Backofen gegart werden. Öfter begießen.

Wenn das Fleisch gar ist, wird das Gemüse mit der Flüssigkeit (Gemüsebrühe), frischen Kräutern und Sahne im Mixglas püriert. Es soll eine sämige Sauce sein.

Fleischgerichte
vom Rind

Rinderbraten mit saurer Sahne im Schmortopf

2 Portionen

500 g gut abgehangenes Rindfleisch (Schlegelteil), 30 g Zwiebel, 30 g Lauch, 50 g Karotten, 50 g Sellerieknolle, 50 g Kartoffeln, 100 g Petersilienwurzel, eine Prise Meersalz, etwas Pfeffer, frisch gemahlen, 1 TL Thymianblätter, frisch, 1 TL Majoranblätter, frisch, ⅛ l Rotwein, ½ und ⅛ l Gemüsebrühe (Rezept Seite 142), 2 EL saure Sahne, 1 EL Öl, 20 g Butter.

Rindfleischstück von Sehnen säubern, waschen und mit einem sauberen Tuch abtupfen. Mit Salz und Pfeffer würzen. Gemüse putzen, schälen und in gleich große Würfel (1 cm stark) schneiden. Öl in einen Schmortopf geben, nicht zu heiß werden lassen und Gemüse darin kurz anschwitzen. Das Fleischstück darauflegen und im vorgeheizten Ofen (E-Herd, 220 °C) ohne Deckel ca. 15 Minuten garen, bis das Fleisch Farbe hat. Wenden und nochmals ca. 15 Minuten bräunen lassen. Mit Rotwein und Gemüsebrühe ablöschen und den Braten nun zugedeckt ca. 80 Minuten garen lassen, bis das Fleisch weich ist. Bratenstück herausheben, warmhalten und das Gemüse mit der Flüssigkeit und den kalten Butterflocken im Mixer zu einer sämigen Sauce mixen. Mit frischen Kräutern und mit verrührter saurer Sahne abschmecken bzw. durchmixen, nicht mehr kochen!
Fleisch in Portionsstücke aufteilen und einen Teil der Sauce darübergeben (nappieren). Restliche Sauce extra reichen.

Pro Portion:	55,80 g Ew
	24,30 g F
	12,0 g KH
	523 kcal

Tip:

Für diese Gartechnik eignet sich ein Römertopf bestens! Man achte darauf, daß der Umfang des Kochgeschirrs dem Fleischstück angepaßt ist.
Sämtliche Fleischarten wie z. B. Hirsch, Reh, Lamm, Hase und Kalb können ebenso als Schmorbraten zubereitet werden. Die Garzeiten sind allerdings unterschiedlich.

Rindfleischspeise mit Apfel-Meerrettich
2 Portionen
(Tafelspitz mit Apfel-Kren)

400 g gut abgehangener Tafelspitz (echt) oder Brustkern, 30 g Lauchzwiebel, 50 g Karotten, 50 g Petersilienwurzel, 50 g Sellerieknolle, 1 TL Schnittlauch, frisch, eine Prise Meersalz, 1 Lorbeerblatt, ca. 1½ l Wasser.

Apfel-Meerrettich
5 g frisch geriebenen Meerrettich, 50 g Apfel, fein gerieben, 100 g saure Sahne, den Saft einer ¼ Zitrone.

Rindfleischstück waschen. Gemüse mit einer Bürste unter fließendem Kaltwasser säubern und in größere Stücke schneiden. In einen Kochtopf geben und mit Wasser auffüllen. Wasser zum Kochen bringen und Fleischstück einlegen. Mit Salz und Lorbeerblatt würzen. Bei köchelnder Flüssigkeit das Fleisch ca. 80 Minuten garen, bis es weich ist. Aus dem Wasser herausheben, in fingerdicke Scheiben schneiden und mit etwas Brühe übergießen. Mit feingeschnittenem Schnittlauch bestreuen. Den frischen Meerrettich mit Apfel, saurer Sahne und dem Zitronensaft vermischen und getrennt servieren.

Pro Portion:	
	45,80 g Ew
	19,60 g F
	11,10 g KH
	411 kcal

Tip:

Dazu serviert man Spinat (Rezept Seite 327) oder Semmel-Meerrettich und Dampfkartoffeln oder Stürzkartoffeln (Rezept Seite 319).
Es ist darauf zu achten, daß der Tafelspitz vor Verwendung gut abgehangen ist und das Wasser nicht zu wild kocht. Sudfleisch kann ebenso zubereitet werden, wenn man das Gemüse etwa 30 Minuten vor dem Garwerden des Fleisches zugibt und die Fleischscheiben danach (in einer Tonschale angerichtet) mit dem Gemüse belegt und mit etwas Suppe und frischgeriebenem Meerrettich anrichtet. Dazu kann auch (für „Empfindliche") Kalbfleisch (kürzere Garzeit) verwendet werden.

Filetspitzen mit Gemüsestreifen *2 Portionen*

160 g Filetspitzen (aus der Rinderlende) oder zartes Rückenstück (Beiried), in feine Scheiben geschnitten, 1 TL Öl, eine Prise Meersalz, etwas Muskatnuß, frisch gerieben, 5 g Butter, ⅛ l Rotwein, ⅛ l Sahne, 1 TL Majoranblätter, frisch, 50 g Karotten, 50 g Sellerie oder gelbe Rüben, 50 g Lauch, küchenfertig, ⅛ l Basensauce.

Geputztes Gemüse in feinste Streifen schneiden. Öl in eine Kasserolle geben und die geschnetzelten Filetspitzen darin kurz durchschwenken, so daß sie rosa bleiben. Im Rohr warmhalten. Butter in die Pfanne geben, das Gemüse darin anschwitzen, mit Rotwein ablöschen, zur Hälfte einkochen lassen. Die Sahne zugeben und wiederum zur Hälfte einkochen lassen, bis die Sauce sämig-dicklich wird. Vom Feuer nehmen, mit Salz, weißem Pfeffer (frisch gemahlen), Muskatnuß und den frischen Kräutern würzen, mit Basensauce mischen. Das warmgestellte Fleisch untermengen und auf einem vorgewärmten Teller anrichten.

Pro Portion:	
	18,20 g Ew
	27,20 g F
	7,80 g KH
	394 kcal

Tip:

Will man Wein und Sahne meiden, so vermischt man die angebratenen Filetspitzen mit einer vorher gefertigten Thymian- oder Majoransauce (Rezept Seite 292, 298). Ebenso kann das Filet oder zartes Fleisch vom Kalb, Lamm und Wild sowie sämtliche „guten" Innereien zubereitet werden. Als Garnierung verwende man hauchdünn geschnittene und kernig gedämpfte Wurzelstreifen sowie in Butter geschwenkte Champignons oder Steinpilze und frische Kräuter.

Passende Beilagen:

Püree aus Petersilienwurzeln (Rezept Seite 332) und vorweg Salat von Wildkräutern (Rezept Seite 91).

Filetsteak mit Rotweinsauce *2 Portionen*

2 geputzte und parierte Filetsteaks à 120 g (von der gut abgehangenen Lende), eine Prise Meersalz, etwas weißer Pfeffer, frisch gemahlen, ¹⁄₁₆ l Rotwein, 20 g Schalotten, 10 g Butter, ¹⁄₁₆ l Sahne, 1 TL Majoranblätter, frisch, 40 g Champignons, frisch, 40 g Wurzelgemüse (Karotten, Sellerie), 1 TL Öl, ¹⁄₁₆ l Gemüsebrühe.

Steaks mit Salz und Pfeffer würzen. Öl in eine Pfanne geben und die Filets darin bei nicht zu starker Hitze beidseitig anbraten und nach öfterem Wenden je nach dem gewünschten Bratgrad in der Mitte rosa halten. Filets herausheben, in eine Tonschale geben und im Backrohr warmhalten. Butter in die Pfanne geben, Schalotten geschält und kleinwürfelig geschnitten darin anschwitzen oder anbraten. Champignons in feine Scheiben geschnitten, gewaschen und abgetropft zugeben, ebenfalls kurz anschwitzen und mit Rotwein ablöschen. Wurzelgemüse (Karotten, Sellerie) geputzt, in ganz feine Streifen geschnitten, zugeben und mit Gemüsebrühe aufgießen. Kurz einkochen lassen, mit Sahne aufgießen, Majoranblätter und Salz zugeben. So lange einkochen lassen, bis die Sauce eine Bindung hat. Über die warmgehaltenen Steaks anrichten.

Pro Portion:	24,80 g Ew
	21,90 g F
	4,70 g KH
	338 kcal

Tip:

Ebenso können weitere Steaks, wie z. B. Kalbssteak, Lammsteak, Rehsteak usw., zubereitet werden. Will man diese auf dem Grill machen oder Sahne und Wein einsparen, so wird vor dem Garen eine passende Kräuter- oder Gemüsesauce, z. B. Kerbelsauce oder Majoransauce (Rezept Seite 291, 298), zubereitet und diese zum Steak serviert. Zusätzliche Einlagen (in Butter angeschwitzt), wie z. B. frische Paprikastreifen, Lauchringe usw., sorgen für weitere Varianten. Mit grünen Pfefferkörnern, etwas Knochensauce und etwas Basensauce kann es auch eine Pfeffersauce werden.

Filetgulasch *2 Portionen*

220 g Filetspitzen (Rinderlende) oder zartes Rückenstück (Beiried), 20 g feingeschnittene Zwiebelringe, 30 g geschälte und entkernte Tomatenspalten, 30 g frische, feine Paprikastreifen, 30 g frische Champignons, blättrig geschnitten, 1 TL Butter, 1 TL Öl, 1 dl Rotwein, 1 dl süßen Rahm, 1 TL frisches Bohnenkraut oder Majoran, eine Prise Meersalz, ⅛ l Majoran-Basensauce.

Gesäuberte Filetspitzen in dünne Scheiben oder streifenförmig schneiden (nicht zu dünn!). Öl in eine Kasserolle geben und geschnittenes Filet darin bei nicht zu starker Hitze kurz anbraten. Salzen und pfeffern – es soll zart rosa sein. Geschnetzeltes herausheben und im Ofen (E-Herd, 100 °C) warmhalten. Butter in die Pfanne geben und Zwiebel, Champignons und Paprikastreifen darin anschwenken. Mit Rotwein ablöschen, bis zur Hälfte des Volumens einkochen lassen, Sahne zugießen und zugedeckt ca. 3 Minuten weiter einkochen lassen, bis die Sauce sämig-dicklich ist. Mit Basensauce verlängern. Tomatenspalten und frische Bohnenkrautblätter oder Majoran unterheben und das warmgestellte Fleisch zuletzt untermischen.

Pro Portion:	
	23,40 g Ew
	25,30 g F
	4,70 g KH
	377 kcal

Tip:

Man berücksichtige stets den Fleischsaft, der sich beim warmgestellten Fleisch bildet und die eingekochte Sauce etwas verflüssigt. Hier besteht ebenso die Möglichkeit, mit einer Kräuter- oder Gemüsesauce (Rezepte Seite 290, 299) das rosa gehaltene Fleisch grundsätzlich oder zusätzlich zu vermengen, wodurch Wein und Sahne eingespart werden können. Ebenso kann zartes Kalbs-, Reh- oder Lammfilet bzw. -fleisch verwendet werden.

Kresse-Hacksteak *2 Portionen*

120 g frisches Hackfleisch (aus Rindfleisch), 120 g frisches Hackfleisch (aus Kalb-fleisch), 2 EL saure Sahne, eine Prise Meersalz, etwas weißer Pfeffer, frisch gemahlen, 1 EL Gartenkresse, frisch, und Origanoblätter, (1 Eidotter), 1 TL Öl.

Hackfleisch (Rind- und Kalbfleisch) mit evtl. 1 Eidotter, saurer Sahne, Origano, Salz und Pfeffer in einer Schüssel gut verarbeiten. Kresse dazuge-ben und aus der Fleischmasse 4 kleine Laibchen formen. Öl in eine Pfanne geben und die Laibchen darin bei geringer Hitze beidseitig anbräunen und im vorgeheizten Ofen (E-Herd, 200 °C) ca. 10 Minuten garen lassen. Schaltet man das Backrohr auf 220 °C, so kann man sich das Anbräunen in der Pfanne auch ersparen!

Zum Auflockern der Steaks kann eine eingeweichte Vollwertsemmel mit faschiert werden. In Butter geröstete Zwiebel, Bärlauch oder etwas Knoblauch kann dazuge-mischt werden.
Dazu passen jede Kräuter-Basensauce und Erdäpfel oder Gemüsepüree.

Pro Portion:	
	27,40 g Ew
	11,60 g F
	1,30 g KH
	218 kcal

Tip:

Eine weitere Möglichkeit besteht darin, das Fleisch mit ca. 100 g Sahne (evtl. zur Hälfte Gemüsebrühe) im Mixer (Moulinex) zu pürieren. Verschiedene Fleischmi-schungen sowie zusätzliche Einlagen von kleingeschnittenem, gedämpftem Gemüse, gerösteten Zwiebeln oder frischen Kräutern sorgen für Abwechslung.
Mit einer Tomatenscheibe (Tomatenwürfel mit Basilikum), einem frischen Majo-ranzweig und einer Käsescheibe darauf (kurz gratiniert), können weitere Varianten entstehen.

Rindsröllchen *2 Portionen*

2 Rinderschnitzel à 100 g (vom gut abgehangenen Schlegelteil).

Füllung
70 g Kalbfleisch oder Pute, 50 g Sahne, 40 g Karotten, (evtl. 1 Eidotter), eine Prise Meersalz, 1 TL Majoran- und Thymianblätter, frisch, etwas Muskatnuß, frisch gerieben, etwas weißer Pfeffer, frisch gemahlen, 1 TL Öl, ¹⁄₁₆ l Burgunder Rotwein, ½ l Gemüsebrühe.

Für die Sauce
200 g gemischtes, geschältes, würfelig geschnittenes und gewaschenes sowie abgetropftes Wurzelwerk (Karotten, Sellerie, Lauch), 1 EL saure Sahne, 2 Thymianzweige, frisch.

Rinderschnitzel klopfen, mit Salz und Pfeffer würzen. Das Kalbfleisch zweimal durch die feinste Scheibe des Fleischwolfes drehen oder mit der Sahne im Mixer (Moulinex) pürieren und in eine Schüssel geben. Karotten waschen, abschaben und in feinste Würfel oder Streifen aufschneiden. Salz (evtl. Eidotter), Muskat, Pfeffer, frische Kräuter und die Karottenstreifen mit der Fleischmasse gut vermengen. Fleischfüllung mit einer Teigkarte ca. ½ cm dick auf die Fläche der Rinderschnitzel aufstreichen. Zusammenrollen und mit einem Metallspieß oder Rouladenhalter befestigen. Öl in einer Kasserolle erhitzen und die Rouladen rundum bei nicht zu starker Hitze anbräunen. Wurzelwerk kurz mitbräunen, mit Rotwein ablöschen, auf die Hälfte des Volumens einkochen lassen. Gemüsebrühe zugeben und im vorgeheizten Ofen (E-Herd, 200 ° C) zugedeckt ca. 45 Minuten garen lassen. Rouladen herausheben, auf vorgewärmtem Teller anrichten und warmstellen. Inzwischen die Sauce im Mixer mit saurer Sahne pürieren und über die Rouladen geben. Mit frischen Thymianzweigen und Sauerrahm garnieren.

Pro Portion:	30,50 g Ew
	10,40 g F
	9,60 g KH
	277 kcal

Tip:

Einen Teil der Sauce auf den Teller geben, die Rouladen schräg durchschneiden und auf die Sauce legen. Den Rest extra servieren. Dazu serviert man Getreidenockerln (Rezept Seite 146) mit einem Feldsalat (Rezept Seite 88) oder ein Fenchelpüree (Rezept Seite 331) mit Salat.

Um einen besseren Farbkontrast zu erhalten, kann man die Rinderschnitzel vor dem Aufstreichen der Fleischfüllung noch mit gedämpftem Spinat oder Wirsingblättern belegen. Verwendet man Rinderlende oder gut abgelegenes, niederes Rostbratenstück (Beiried), so kann das Röllchen (mit Bratfolie gebunden) innerhalb von 10–15 Minuten im vorgeheizten Backofen (220° C) gegart werden.

In diesem Fall wird die Basensauce extra gemacht und dazugegeben. Durch Zugabe von ein paar kalten Butterflocken zur aufgemixten Basensauce erreicht man eine cremige Konsistenz.

Fischgerichte

Fisch

Frische Fische aus biologisch wenig geschädigten Meereszonen, aus sauberen Gebirgsgewässern und -seen stellen hochwertige Nahrungsmittel dar. Forellen aus Bergbächen sind unvergleichlich schmackhafter und weisen besseres Fleisch auf als Zuchtforellen. Der Kauf möglichst frischer Fische ist das Empfehlenswerteste. Mangels besserer Gelegenheiten weicht man auf tiefgefrorenen Qualitätsfisch aus.

Beim Zubereiten von Fisch ist besonders darauf zu achten, daß er kurze Zeit vor dem Servieren frisch gefertigt wird. Mit frischen, zarten Kräutern (ideal Basilikum) soll der Eigengeschmack des Fisches betont werden. Man meide panierte und gebackene Fische; damit zerstört man ihren Eigengeschmack und macht sie überdies schwer verdaulich. Man wähle Fischgerichte mit zarten Weißwein-Rahm-Soßen, wie im Rezeptteil, oder gibt zu gegrillten Fischen frische Kräuter- oder Gemüsesaucen (Rezepte Seite 290, 299). Dampfkartoffeln und vorweg Salate mit kaltgepreßten Ölen machen das Gericht vollständig. Je nach Möglichkeit des Fischbezuges und dessen Qualität, könnte man 1- bis 2mal wöchentlich Fischgerichte in den Speiseplan einbauen.

So komisch es klingen mag: Der Fisch soll nach dem Zubereiten zart rosa bleiben! Nur dann ist er auch wirklich saftig. In kurzer Zeit „zieht" er ohnedies durch! Man gebe unseren Kaltblütern die Ehre, nicht nur feiertags auf den Speiseplan zu kommen, sondern nütze die Variationen der Schnellgerichte im Rezeptteil.

Fische gegrillt oder gebraten,
immer mit frischen Kräutersaucen servieren!

Forelle „Blau" *2 Portionen*

2 fangfrische Forellen à 160 g, ca. 1½ l Wasser, 30 g Zwiebel, 30 g Karotten, 30 g Lauch, 30 g Petersilienwurzel, 4 Wacholderbeeren, 2 Lorbeerblätter, Pfefferkörner, 4 Gewürznelken, eine Prise Meersalz, ⅛ l Weißwein.

Forellen ausnehmen und mit kaltem Wasser ausspülen. Beim Waschen der Forelle darauf achten, daß die empfindliche Schleimhaut rundum erhalten bleibt. Wasser und Wein mit den Gemüsen sowie Gewürzen zum Kochen bringen und die Forellen einlegen. Bei köchelnder Flüssigkeit ca. 8 Minuten garen lassen. Mit 2 Schaumkellen vorsichtig herausnehmen und anrichten. Es gibt dafür spezielles Fischgeschirr (längliche Wannen).

Pro Portion:

15,60 g Ew
2,20 g F
0,0 g KH
82 kcal

Tip:

Nicht ein Essigspritzer im Fischwasser führt zum Blauwerden des Fisches, sondern frische Qualität und unverletzte Schleimhaut. Dazu serviere man Safrankartoffeln (Rezept Seite 310) und vorweg Feldsalat (Rezept Seite 88) oder Kopfsalat. Eine frische Basilikumsauce (Rezept Seite 297) sollte nicht fehlen. Fast jeder portionierte Fisch (z. B. Seezunge, Scholle, Zander) läßt sich bei unterschiedlicher Garzeit ebenso (für „Empfindliche") schmackhaft zubereiten.
Sämtliche frischen Fische können portioniert auch im Wasserdampf (Kocheinsatz) gegart werden. Der Eigengeschmack bleibt dabei am besten erhalten.
Eine Buttersauce (Seite 262) kann jederzeit mit Basilikumsauce (Seite 297) verlängert werden (fettarm).

Zanderfilet in Kressesauce *2 Portionen*

200 g Zanderfilet (Wolfsbarsch oder Seeteufel), eine Prise Meersalz, etwas weißer Pfeffer, frisch gemahlen, etwas Zitronensaft, 1 TL Öl, 5 g Butter, 10 g Schalotten, 8 cl Sahne, 8 cl herber Weißwein, 1 EL Gartenkresse (Bachkresse), frisch.

Zanderfilet mit Salz, Zitronensaft und Pfeffer würzen. Öl in eine Kasserolle geben und das Filet darin beidseitig leicht bräunen. Filet herausnehmen und beiseite stellen. Butter in die Pfanne geben, feingehackte Schalotten darin anschwitzen, mit Weißwein ablöschen. Zanderfilet wieder einlegen und zugedeckt bis zur Hälfte des Volumens einkochen lassen. Sahne und Kresse zugeben und so lange einkochen lassen, bis die Sauce sämig-dicklich ist (ca. 3 Minuten). Die Filets auf vorgewärmte Teller legen und die Sauce darübergießen.

Pro Portion:	20,60 g Ew
	17,10 g F
	4,70 g KH
	276 kcal

Tip:

Zu sämtlichen Fischgerichten sind Dampfkartoffeln, in Kräutern geschwenkte Kartoffeln und vorweg frischer knackiger Salat (grün) empfehlenswert. Werden Portionsfische am Grill oder in Folie zubereitet, so reicht man dazu extra gefertigte Kräutersaucen (Rezept Seite 290), z. B. besonders gut passend sind Basilikumsauce (Rezept Seite 297), Dill-, Sauerampfer-, Majoran- oder Thymiansauce (Rezepte Seite 292, 295, 298).

Hechtschnitte mit Buttersauce 2 Portionen

*2 Hechtschnitten à 120 g, frisch, etwas Meersalz, etwas Zitronensaft, etwas Vollwert-
mehl, weißer Pfeffer aus der Mühle, 1 TL Olivenöl.*

Buttersauce:
*1 Eidotter, 2 EL Weißwein, 80 g fingerwarme Butter, ¹⁄₁₆ l Kartoffel-Basensauce,
(Seite 302), 1 TL frische Estragonblätter (oder 1 TL eingelegte), etwas Estragonessig.*

Die Hechtschnitten salzen, mit Zitronensaft beträufeln, pfeffern und in
Vollwertmehl wälzen. Gut abklopfen und am Griller beidseitig zart rosa
garen, im Rohr warmhalten.

In der Zwischenzeit Eidotter mit Weißwein über Wasserdampf cremig
schlagen, wegnehmen und die warme abgeschäumte Butter unter weiterem
Schlagen mit dem Schneebesen langsam dazulaufen lassen. Je mehr Butter
man dazu gibt, desto cremiger wird die Sauce. Nun mit der vorbereiteten
Kartoffel-Gemüsesauce strecken, mit Salz, Estragonessig und Estragonblät-
tern würzen und warmhalten.

Die Buttersauce teilweise über die Hechtschnitten geben und Petersilienkartoffeln als Beilage geben.

Pro Portion:	
	27,0 g Ew
	4,0 g F
	6,90 g KH
	172 kcal

Buttersauce pro Portion:	
	4,60 g Ew
	19,0 g F
	1,35 g KH
	250 kcal

Tip:

*Sämtliche Frischfische können portioniert so zubereitet werden.
Eine weitere Möglichkeit: Den Fisch über Dampf garen und mit der Sauce servieren.*

Gefüllte Lachsschnitte *6 Portionen*

500 g frisches Lachsfilet, 200 g Zanderfilet, 140 g Sahne, etwas Meersalz, etwas Muskatnuß, frisch gerieben, 50 g frische Spinatblätter, etwas weißer Pfeffer aus der Mühle, Zitronensaft, 1 EL Basilikumblätter, 40 g sehr klein geschnittene Zucchiniwürfelchen, gedämpft.

Lachsfilet der Länge nach taschenförmig einschneiden und auf ein feuchtes Küchentuch legen. Mit Salz, Pfeffer und Zitronensaft würzen und mit vorgedämpften Spinatblättern belegen.
Grätenfreies Zanderfilet fein faschieren und passieren oder in der Moulinex mit Sahne pürieren. Zucchiniwürfelchen und Basilikum untermischen und mit Salz, Pfeffer und Muskatnuß abschmecken. Nun das Fischpüree mit Hilfe eines Spritzsackes einfüllen und den Lachs mit Hilfe des Tuches überlappen. Die Enden des Tuches zubinden und den gefüllten Lachs entweder im gut gewürzten Fischsud etwa 20 Minuten pochieren oder im Dampf garen. Man kann ihn auch in einer mit Klarsichtfolie ausgelegten Rehrückenform im Dampf garen. Danach vorsichtig herausheben, das Tuch entfernen und den Lachs in Tranchen schneiden. Die Sauce zuunterst geben.
So kann der Lachs auch für kalte Zwecke (Buffet) gemacht werden.

Pro Portion:	22,30 g Ew
	22,60 g F
	0,10 g KH
	255 kcal

Tip:

Natürlich kann der Lachs (Forelle, Saibling oder Steinbutt) auch auf einfache Weise geschnitten, gegrillt, im Dampf oder in einem gut gewürzten Fischsud gegart werden. Als Grundlage für die Sauce nimmt man Kartoffeln (Seite 290), die man nach dem Mixen beliebig mit Basilikum, Weißwein, Salz, Sauerrahm und Muskatnuß abschmecken kann. Oder eine Buttersauce (Seite 262), evtl. mit Basensauce gemischt.

Pochiertes Zanderfilet mit Tiefseekrabben
2 Portionen

240 g Zanderfilet (Saibling, Forelle oder Seezunge), 1 l Gemüsebrühe, 60 g Lauch, 60 g Karotten, 60 g Sellerie, geputzt, 2 Lorbeerblätter, 3 EL Weißwein, 4 Wacholderbeeren, ½ kleine Zwiebel mit 3 Gewürznelken gespickt, 1 Gewürzstrauß aus 2 Majoranzweigen, frisch, 2 Thymianzweigen, frisch, und 2 Basilikumzweigen, eine Prise Meersalz, Zitronensaft von ¼ Zitrone.

Füllung:
10 g Butter, 10 g Schalotten, 2 EL Fischsud, 3 EL Sahne, ½ TL Dillkraut, frisch, gehackt, 40 g Tiefseekrabben oder Scampi.

Zanderfilet einrollen und mit einem dünnen Fleischspieß befestigen. Lauch, Karotten und Sellerie in zündholzgroße Streifen schneiden. Gemüsebrühe in eine Stielkasserolle (Ø ca. 15 cm) geben. Mit Salz und Zitronensaft würzen und die Gemüsestreifen darin etwa 8 Minuten knackig garen. Mit einem Schaumlöffel herausheben und warmstellen. In den Fischsud gibt man nun Lorbeerblätter, Wacholderbeeren, gespickte Zwiebel und Gewürzstrauß. Bei schwacher Hitze legt man die Zanderroulade ein und läßt sie ca. 10 Minuten im Fischsud garen. Eventuelle Fischreste werden zum Fischsud dazugegeben. Auf warmgestellten Tellern richtet man in der Mitte die warmgehaltenen Wurzelstreifen an. Die gegarte Zanderrolle wird mit dem Seitenteil nach oben daraufgestellt. Inzwischen wird in einer kleinen Kasserolle die Füllung zubereitet. Feinst geschnittene Schalotten in Butter glasig anschwitzen, Tiefseekrabben zugeben, gleichfalls kurz anschwitzen, mit Fischsud ablöschen, Sahne zugeben und bis zu einer sämigen Sauce einkochen lassen. Mit frischem Dill und Salz abschmecken und in die hochgestellte Fischroulade einfüllen. Mit frischen Basilikumblättern garnieren.

Pro Portion:	30,60 g Ew
	6,20 g F
	2,20 g KH
	191 kcal

Tip:

Dazu paßt jede Art von gedämpften und geschwenkten Kartoffeln sowie vorweg Blattsalat mit kaltgepreßtem Öl und Apfelessig angemacht. Schollen, Steinbutt oder Seezungenfilet kann ebenso verwendet werden.

Zandernockerln in Weinsauce *2 Portionen*

200 g Zander (oder anderen Fisch), 150 g Sahne, eine Prise Meersalz, etwas weißer Pfeffer, frisch gemahlen, 1 EL Dillkraut, frisch, oder Basilikum, helle Gemüsebrühe oder Wasser zum Garziehen (Grundrezept Seite 142).

Für die Sauce
4 cl Weißwein, 10 g Schalotten, Bärlauch oder Jungzwiebel, 20 g Champignons, frisch, 4 cl Sahne, 1 TL Majoranblätter, frisch, 5 g Butter.

Zander von der Haut lösen, Fleisch gründlich von Gräten säubern und im Mixer (Moulinex) mit der Sahne pürieren (je mehr Flüssigkeit – desto lockerer die Nockerln). Püree mit Pfeffer, Salz und gehacktem Dillkraut würzen. Mit zwei Eßlöffeln schöne ovale Nockerln formen und diese 10 Minuten in köchelnder Gemüsebrühe oder Salzwasser ziehen lassen. (Je mehr Flüssigkeit, desto lockerer das Nockerl.)
Inzwischen die Champignons streifenförmig aufschneiden, waschen und in einem Haarsieb abtropfen lassen. Butter in die Kasserolle geben, feingehackte Schalotten und Champignons darin glasig anschwitzen, mit Weißwein ablöschen. Bis zur Hälfte des Volumens einkochen lassen. Sahne oder Basensauce zugeben, weiter einkochen lassen, bis die Sauce sämig wird. Vom Feuer nehmen und Majoranblätter unterheben.
Etwas Sauce auf einen vorgewärmten Teller geben und die Nockerln darauf anrichten. Restliche Sauce nachreichen.

Pro Portion:	
	22,20 g Ew
	14,50 g F
	6,20 g KH
	259 kcal

Tip:

Das gesäuberte Fleisch von z. B. Scholle, Seezunge oder Hecht kann ebenso zu Nockerln verarbeitet werden.
Auch hier kann anstelle der Weißwein-Sahne-Sauce jede Art von Gemüse- oder Kräutersauce (Rezepte Seite 299, 290) zu den Nockerln serviert werden. Dazu Blattspinat und Dampfkartoffeln.

Zanderauflauf 2 Portionen

200 g Zander mit Haut oder anderen Fisch, 80 g Sahne, eine Prise Meersalz, etwas weißer Pfeffer, frisch gemahlen, Muskatnuß, frisch gerieben, 1 EL Basilikumblätter, klein und frisch, Butter zum Ausstreichen.
2 feuerfeste Porzellanförmchen (Ø ca. 7 cm, Höhe ca. 4 cm) oder kleine Tassen.

Die Hälfte vom Zander von der Haut lösen und das Fleisch gründlich von Gräten säubern. Mit Sahne, Salz und Muskatnuß im Mixer (Moulinex) pürieren. Frische Basilikumblätter untermischen. Restlichen Zander mit der geputzten Haut ca. 4 cm breit um die ausgebutterten Porzellanförmchen legen. Fischmus mit Hilfe eines Spritzsackes in die Mitte der Zanderfilets füllen (evtl. Scampi und Basilikum einlegen).
In einer zugedeckten Kasserolle mit etwas Wasser die Förmchen ca. 15 Minuten dämpfen. Darauf achten, daß das Wasser nicht verdampft. Aus den Förmchen auf vorgewärmte Teller stürzen. Zuunterst etwas Basilikumsauce und dann das Ganze keilförmig angeschnitten servieren. Zur Garnierung ein paar Basilikumblätter verwenden.

Pro Portion:	
	20,40 g Ew
	13,40 g F
	2,60 g KH
	213 kcal

Tip:

Dazu eine frische Basilikumsauce (Rezept Seite 297), gedämpfte Kartoffeln und vorweg Kressesalat (Rezept Seite 89).
Ebenso kann ein Auflauf aus Seezungen- oder Schollenfilet zubereitet werden. Bei größeren Mengen Form mit Klarsichtfolie ausgelegt verwenden.

Zandersoufflé *2 Portionen*

200 g Zander, 140 g Sahne, eine Prise Meersalz, etwas weißer Pfeffer, frisch gemahlen, Muskatnuß, frisch gerieben, 1 EL Basilikumblätter, frisch, Butter zum Ausstreichen, Dillsträußchen, frisch, oder Fenchelgrün, zum Auslegen, und 10 g Karottenstreifen oder Zucchini.
2 feuerfeste Porzellanförmchen (∅ ca. 7 cm, Höhe ca. 4 cm).

Zander von der Haut lösen, Fleisch gründlich von Gräten säubern und im Mixer (Moulinex) mit Sahne fein pürieren. Das Püree mit Pfeffer, Salz, einer Prise Muskatnuß und Basilikumblättern würzen.
2 Porzellanförmchen gut ausbuttern, mit abgebrühten Karottenstreifen und Dillsträußchen rundum auslegen und das Zandermus mit Hilfe eines Spritzsackes einfüllen. Förmchen im Wasserbad bei zugedeckter Kasserolle 15–20 Minuten dämpfen lassen. Aus der Form stürzen. Beim Anrichten zuunterst auf den Teller etwas frische Basilikumsauce (Rezept Seite 297) geben und die Zandersoufflés (keilförmig angeschnitten) daraufstellen.

Pro Portion:	
	20,50 g Ew
	13,40 g F
	3,30 g KH
	216 kcal

Tip:

Kleinstgeschnittene und kernig weich gedämpfte Karottenwürfelchen oder gelbe Rüben können auch unter die Fischmasse gemengt werden. Ebenso kleinste Würfelchen von Zucchini oder Blätter von z. B. Basilikum oder Kerbel.
Fein gesäubertes Filet von Scholle oder Seezunge eignet sich ebenfalls für dieses Rezept. Dazu serviert man jede Form von gedämpften Kartoffeln und vorweg grünen Salat. Durch verschiedene Auflaufformen (Pastetenformen) kann es verschiedene Variationen geben (5fache Masse).

Fisch-Terrine 2 Portionen

125 g Seezungenfilets (Dorsch, Scholle oder andere grätenfreie Fischfilets), 3fache Menge für Rehrückenform verwenden, eine Prise Meersalz, 1/16 l saure Sahne, 1/16 l Sahne, etwas weißer Pfeffer, frisch gemahlen, Saft von 1/2 Zitrone, 200 g Zanderfilet, 1 EL Basilikumblätter, frisch, 1 TL Butter, 50 g Karotten und Zucchini.

Seezungenfilets oder gut gekühlten, grätenfreien Fisch im Mixer (Moulinex) mit Sahne und Salz glattpürieren. Die saure Sahne unter das Fischmus rühren. Mit Zitronensaft, Basilikum und Pfeffer würzen. Fischfüllung im Kühlschrank zugedeckt ruhen lassen. Inzwischen Zanderfilet in gleichmäßige (1 cm starke) Streifen schneiden und marinieren. Eine Pasteten- oder eine Rehrückenform mit Klarsichtfolie auslegen, eine Schicht Fischpüree darauf verteilen, Fischfiletstreifen, Zucchini und Karottenstreifen sowie Basilikumblätter mit dem Püree schichtweise einlegen und mit restlichem Fischmus bedecken, glattstreichen.

Die Form verschließen oder mit Folie zugedeckt ca. 25–30 Minuten im Dampf (Kasserolle mit Wasserbad) garen lassen. Warm servieren oder in der Form erkalten lassen und als kalte Vorspeise (Terrine) verwenden.

Pro Portion:	
	31,90 g Ew
	16,0 g F
	5,70 g KH
	297 kcal

Tip:

Dazu frische Spinatblätter (Rezept Seite 327) und Safrankartoffeln (Rezept Seite 310).

Die Fischfüllung kann ebenso in kleine Porzellan- oder Tonschalen gefüllt und im Wasserbad (siehe Zandersoufflé, Seite 267) gegart werden.

Oder in gebutterter Aluminiumfolie rollen und im Backofen am Rost garen. Je mehr Flüssigkeit beim Pürieren, desto lockerer die Masse.

Zum Einlegen können anstatt Zander auch Lachs, Scampi oder Shrimps verwendet werden (guter Effekt).

Seezungenfilet mit Krabben *2 Portionen*

220 g Seezungenfilet, 50 g Tiefseekrabben, 15 g Schalotten, feingeschnitten, eine Prise Meersalz, ein paar Tropfen Zitronensaft, 1 dl Weißwein, 1 dl Sahne, 1 TL Butter, 1 TL Basilikumblätter, frisch.

Gut gesäuberte Seezungenfilets mit Zitronensaft marinieren. Schalotten in einer Kasserolle mit Butter glasig anschwitzen, Filets salzen, darauflegen und mit Weißwein ablöschen. Kurz (ca. 2 Minuten) einkochen lassen, Krabben zugeben, mit Sahne aufgießen und zugedeckt so lange einkochen lassen, bis die Sauce leicht sämig ist (ca. 3 Minuten). Die Filets vorsichtig herausheben, auf vorgewärmten Tellern anrichten, mit der Sauce übergießen (evtl. mit Basensauce strecken) und mit frischen Basilikumblättern bestreuen.

Pro Portion:	25,0 g Ew
	19,90 g F
	3,80 g KH
	322 kcal

Tip:

Die Grundsauce kann zusätzlich mit frischer Kräutersauce (Rezept Seite 290) gestreckt werden!
Dazu serviert man Dampfkartoffeln und z. B. einen Spinatsalat (Rezept Seite 95).
Saibling, Zander, Scholle oder Forelle können ebenso verarbeitet werden.

Gefüllte Seezungenröllchen *2 Portionen*

120 g Seezungenfilets oder 320 g Seezungen im ganzen, 80 g Fisch zum Pürieren (Dorsch oder Kabeljau), 40 g Sahne, eine Prise Meersalz, 1 TL Basilikumblätter, frisch, etwas Zitronensaft, 1 EL Weißwein, Pfeffer aus der Mühle.

Fischsud

¾ l Gemüsebrühe, evtl. Fischreste, 2 Lorbeerblätter, 4 Wacholderbeeren, 4 Pfefferkörner, etwas Gemüseklein (Karotten, Sellerie, Lauch).

Die 8 Filets von den 2 ganzen Seezungen vorsichtig von der Mitte weg herausschneiden, auf Pergamentpapier, Bratfolie oder Alufolie legen, mit Zitronensaft marinieren und salzen. 80 g Dorschfilet mit der Sahne im Mixer (Moulinex) pürieren und evtl. durch ein Sieb streichen. Diese Masse mit Salz, Zitronensaft, Weißwein und Basilikumblättern würzen und mit Hilfe eines Spritzsackes eine dicke Rolle auf die ausgelegten Filets geben. Mit Pergamentpapier oder Folie einrollen, dieses an den Seiten umschlagen und 10 Minuten im leicht kochenden Fischsud (oder im Backofen) ziehen lassen. Vor dem Servieren Folie entfernen und die Röllchen schräg durchschneiden und aufgestellt anrichten. Mit frischen Basilikumblättern garnieren.
Die Filets kann man vor dem Füllen mit gedämpften Spinatblättern auslegen.

Pro Portion:	
	18,0 g Ew
	7,50 g F
	1,0 g KH
	147 kcal

Tip:

Seezungenröllchen auf gedämpften Wurzelstreifen anrichten und mit frischer Basilikumsauce (Rezept Seite 297), Dampfkartoffeln und vorweg grünem Salat servieren.
Ebenso können Lachs-, Schollen- oder Zanderröllchen gefertigt werden!
Macht man die Röllchen mit Brat- oder Alufolie, so kann man diese auch auf ein Backblech (zuunterst etwas Wasser) gelegt im Warmluftofen garen, wobei der Fischsud entfällt.

Felchenfilet mit Estragon   *2 Portionen*

240 g Felchenfilet (Saibling, Wolfsbarsch oder Forelle), 1 TL Estragon, frisch und feingeschnitten, 1 TL Butter, 10 g Schalotten, feingeschnitten, 1 dl Weißwein, 1 dl Sahne, eine Prise Meersalz, ein paar Tropfen Zitronensaft, Basilikum, frisch.

Gut gesäuberte Felchenfilets mit etwas Zitronensaft und Basilikum marinieren. Butter in eine Kasserolle geben und Schalotten darin glasig schwitzen. Felchenfilets darauflegen, salzen, mit Weißwein ablöschen und kurz (ca. 2 Minuten) einkochen lassen. Sahne zugießen, Estragon über den Fisch streuen und zugedeckt einkochen lassen, bis die Sauce sämig ist. Felchenfilets vorsichtig herausheben, in einer vorgewärmten Tonschale anrichten und mit der Sauce übergießen. Mit etwas Estragon garnieren.

Pro Portion:

22,80 g Ew
21,90 g F
7,20 g KH
330 kcal

Tip:

Anstatt Weißwein und Rahm kann man auch eine Basilikum-Basensauce verwenden oder einen Teil davon dazugeben.
Dazu paßt jede Art von gedämpften und geschwenkten Kartoffeln sowie vorweg grüne Salate. Jeder portionierte frische Fisch kann auf diese Weise zubereitet werden.

Abb. 13: Gefüllte Lachsschnitte, Rezept Seite 263, Fisch-Terrine, Rezept Seite 268, Gefüllte Seezungenröllchen, Rezept Seite 270, Gefülltes Schollenfilet, Rezept Seite 275, Basilikumsauce, Rezept Seite 297, Zandersoufflé mit Lachs, Rezept Seite 267, Lachsschnitte, Rezept Seite 263.

Abb. 14: Lammnüßchen in Wirsing-Blättern, Rezept Seite 232, mit Minzensauce, Rezept Seite 293, Kümmelkartoffeln, Rezept Seite 310, Kalbsbraten in Folie, Rezept Seite 186, Gefülltes Kräuterkalbsschnitzel, Rezept Seite 187, Kalbsröllchen, Rezept Seite 193, Rinderröllchen, Rezept Seite 255.

Schollenfilet mit frischen Champignons *2 Portionen*

2 Schollenfilets (Lachs, Zander, Wolfsbarsch oder Forelle) à 120 g, 10 g Schalotten, fein geschnitten, 40 g frische Champignons, etwas Zitronensaft, eine Prise Meersalz, 1 dl Weißwein, 1 dl Sahne, 1 TL Butter, 1 TL Basilikumblätter, frisch.

Gesäuberte Schollenfilets salzen und mit etwas Zitronensaft marinieren. Champignons putzen, waschen, abtropfen lassen und in dünne Scheiben schneiden. Butter in eine Kasserolle geben und Schalotten sowie Champignons darin anschwitzen. Mit Weißwein und Sahne ablöschen, Schollenfilets einlegen und zugedeckt etwa 3–5 Minuten köcheln lassen, bis die Sauce sämig ist. Die Filets herausheben und in einer vorgewärmten Tonschale anrichten. Die frischen Kräuter zur Fischsauce dazurühren und über dem warmgestellten Fisch anrichten. Mit ein paar jungen Basilikumblättern garnieren.

Pro Portion:	22,50 g Ew
	19,0 g F
	7,90 g KH
	306 kcal

Tip:

Eine frische Kräutersauce (Rezepte Seite 290) kann nach Bedarf zu eingekochten Fischsaucen gemischt werden. Dazu Dampfkartoffeln und vorweg einen Salat, mit kaltgepreßtem Öl und gutem Apfelessig angemacht.

Gefülltes Schollenfilet *2 Portionen*

200 g frische ausgelöste Scholle (Steinbutt), eine Prise Meersalz, Saft von ¼ Zitrone, 4 EL Gemüsebrühe oder Wasser.

Für die Füllung
80 g Schollenfilet oder Dorschfilet, ¹⁄₁₆ l Sahne (60 g), eine Prise Meersalz, etwas weißer Pfeffer, frisch gemahlen, 15 g gedämpfte Zucchini und Karottenstreifen, 1 TL Basilikumblätter, jung und frisch.

Schollenfilet in 2 Portionen zu je 100 g zuschneiden. Die 2 Filets mit Zitronensaft und Salz würzen und beiseite stellen. Mit dem restlichen Fisch unter langsamer Zugabe von Rahm im Mixer (Moulinex) ein Mus (Püree) fertigen. Das Fischpüree in eine Schüssel geben und mit Salz und etwas Pfeffer würzen. 1 TL frische Basilikumblätter untermischen. Die Füllung in einen Spritzsack ohne Tülle füllen, auf die aufgeklappten Schollenfilets spritzen. Karottenstreifen und Zucchini daraufgeben und taschenförmig zusammenklappen.
In eine feuerfeste Tonschale oder Jenaer Glasschüssel die Gemüsebrühe einfüllen, die gefüllten Schollenfilets drauflegen (evtl. mit Alufolie abdecken) und im vorgeheizten Ofen (E-Herd, 200°C) ca. 10 Minuten garen lassen. Herausnehmen, die Filets in der Mitte schräg anschneiden und auf vorgewärmten Tellern anrichten.

Pro Portion:	24,80 g Ew
	11,10 g F
	1,50 g KH
	206 kcal

Tip:

Will man, daß die frischen Kräuter rundum zu sehen sind, so läßt man die Fischfüllung weiß (mit Lachs rot) und belegt die Filets vor dem Einfüllen der Füllung mit frischen Basilikumblättern (oder Spinatblättern). Beim Anrichten gibt man ca. 1 EL der Sauce auf den Teller und legt die evtl. schräg angeschnittenen Filets darauf.

Die restliche Sauce wird extra gereicht. Eine frische Kressesauce (Rezept Seite 292) sowie Dampfkartoffeln und grüner Salat machen das Gericht vollständig. Zur Abwechslung kann man zwischendurch anstatt Salat ein Karottenpüree (Rezept Seite 334) dazu servieren.
Fenchel- oder Püree von gelben Rüben paßt auch gut.

Scampi mit Tomatenwürfeln *2 Portionen*

240 g Scampi ohne Schale, Krebse, Riesencrevetten oder Hummerschwänze (350 g Scampi in der Schale), 1 TL Öl, 1 TL Butter, 10 g Schalotten, feingeschnitten, 100 g geschälte und entkernte Tomatenwürfel, 1 dl Weißwein, 1 dl süßen Rahm, etwas Pfeffer aus der Mühle, eine Prise Meersalz, 1 TL frische Majoranblätter oder Basilikum.

Scampi aus der Schale lösen und den Darm entfernen. Öl in eine Kasserolle geben und Schalotten darin kurz anschwitzen. Scampi zugeben, kurz anbräunen und mit Salz und Pfeffer würzen. Mit Weißwein ablöschen und Tomatenwürfel zugeben. Kurz (ca. 2 Minuten) einkochen lassen, mit Sahne aufgießen und so lange zugedeckt einkochen lassen, bis die Sauce sämig-dicklich ist (ca. 3–5 Minuten). Frische Majoranblätter und Butter untermischen.

Pro Portion:	
	22,10 g Ew
	22,30 g F
	9,0 g KH
	338 kcal

Scampi in Currysauce *2 Portionen*

240 g Scampi ohne Schale (Languste, King Prawns oder Hummerschwänze), 1 TL Öl, 1 TL Butter, 10 g Schalotten, feingeschnitten, 1 TL echtes Currypulver, 1 dl Weißwein, 1 dl Sahne, etwas weißer Pfeffer, frisch gemahlen, eine Prise Meersalz, frische Basilikumblätter zum Garnieren und Würzen.

Öl in eine Kasserolle geben und Schalotten darin glasig anschwitzen. Scampi zugeben, kurz anbräunen, mit Salz, Pfeffer und Curry würzen, schwenken und mit Weißwein ablöschen, geschnittenes Basilikum zugeben. Bis zur Hälfte des Volumens einkochen lassen und mit Sahne aufgießen. Zugedeckt so lange einkochen lassen, bis die Sauce sämig-dicklich ist (ca. 3–5 Minuten). Mit Butter abschmecken und mit frischen Basilikumblättern garnieren.

Pro Portion:	
	21,50 g Ew
	22,20 g F
	3,0 g KH
	327 kcal

Wichtig: Bei allen Rezepten kann anstatt Weißwein und Rahm eine extra gemachte Basilikum-Basensauce pur oder zum Mischen verwendet werden.

Tip:

Dazu serviert man Petersilienkartoffeln oder Naturreis (im Silberhäutchen) (Rezept Seite 179) und vorweg einen Kressesalat (Rezept Seite 89).

Seezunge gebraten, in Folie *2 Portionen*

Variante I

2 ganze Seezungen à 180 g, abgezogen, 10 g Butter zum Ausstreichen der Folie, eine Prise Meersalz, etwas Zitronensaft, 1 TL Thymianblätter, frisch, oder Basilikum, Alufolie oder Bratfolie.

Gesäuberte Seezungen mit Zitronensaft und frischen Kräutern kurze Zeit marinieren und salzen. 2 Alufolien so zuschneiden, daß sie groß genug sind, um je eine Seezunge damit umwickeln zu können. Die Folie mit Butter bepinseln, Seezunge darauflegen, mit der Kräutermarinade übergießen und die Folie nach oben hin zuklappen. Auf einem Grill mit Oberhitze oder im vorgewärmten Ofen (E-Herd, 200°C) ca. 8 Minuten lang garen lassen. Seezungen aus der Folie nehmen, auf vorgewärmten Tellern anrichten und mit dem entstandenen Saft übergießen.

Dazu passen fein geschnittene Gemüsenudeln oder Karottenpüree.

Pro Portion:	
	32,20 g Ew
	6,70 g F
	0,20 g KH
	188 kcal

Tip:

Man kann die Seezungen auch kurz anbraten, auf ein Backblech gelegt, bei etwas mehr Hitze (E-Herd, 220° C) im Rohr bräunen und saftig garen. Dazu Basilikumsauce (Rezept Seite 297) und Petersilienkartoffeln.

Seezunge gebraten *2 Portionen*

Variante II

2 ganze Seezungen à 180 g (Steinbutt, Scholle oder Zander), abgezogen, 1 EL Öl, 30 g frischgemahlenes Weizenvollkornmehl, 1 TL frischgehacktes Dillkraut oder Petersilie, den Saft von ½ Zitrone, 4 geschälte, dünne Zitronenscheiben, 10 g Butter, eine Prise Meersalz.

Gesäuberte Seezungen mit ein paar Tropfen Zitronensaft und Salz würzen. In Vollkornmehl beidseitig wenden und leicht abklopfen. Öl in eine Pfanne geben, Seezunge darin beidseitig anbräunen und im vorgeheizten Ofen (E-Herd, 200 °C) zugedeckt ca. 8 Minuten lang garen lassen. Auf vorgewärmte Teller legen, Butter und Zitronenscheiben in die Pfanne geben, frischen Dill zugeben, gut durchschwenken und über dem Fisch anrichten. Zum Garen eignet sich ein Plattengriller auch sehr gut.

Pro Portion:	
	34,0 g Ew
	12,0 g F
	9,40 g KH
	282 kcal

Tip:

Natürlich kann auch ohne Wenden in Vollkornmehl auf gleiche Art gegart werden. Passende Gemüse- oder Kräutersaucen (Rezepte Seite 299, 290) sowie gedämpfte Kartoffeln und vorweg knackige Salate machen Fischgerichte vollständig. Wird die Seezunge filetiert, so kann man auf gleiche Art zubereiten!

Forelle gebraten *2 Portionen*

(Bei dieser Zubereitung wird die Seezunge durch Forellen, Felchen oder Saibling ersetzt)

Variante III

2 fangfrische Forellen à 160 g, 1 EL Öl, 30 g frisch gemahlenes Weizenvollkornmehl, 1 TL frische Basilikumblätter, den Saft von ½ Zitrone (ungespritzt), 10 g Butter, eine Prise Meersalz.

Forellen ausnehmen und kalt ausspülen. Mit etwas Zitronensaft, feingeschnittenem Basilikum und Meersalz innen und außen würzen, in Vollkornmehl beidseitig wenden und abklopfen. Öl in eine Pfanne geben, Forellen darin beidseitig anbräunen und im vorgeheizten Ofen (E-Herd, 180°C) zugedeckt etwa 8 Minuten garen lassen. Forellen in eine vorgewärmte feuerfeste Form legen, Butter und den restlichen Zitronensaft in die Pfanne geben, frische Basilikumblätter gleichfalls zugeben. Kurz durchschwenken und über dem angerichteten Fisch verteilen.

Pro Portion:	33,70 g Ew
	13,80 g F
	9,40 g KH
	296 kcal

Tip:

Der Fisch kann auch in der Pfanne oder auf der Kochplatte fertiggegart werden, wenn man mit Gefühl (evtl. Zurückschalten der Kochplatte), bei nicht ganz geschlossenem Deckel (goldbraun) gart. Die Zubereitungszeit bleibt gleich.
Zum Braten eignet sich auch jeder Plattengriller (ohne Rillen).
Die Forelle kann auch vorher filetiert werden!
Zum Umdrehen bei allen Fischen eine breite Spachtel verwenden.

St. Jakobsmuscheln gratiniert *2 Portionen*

Sie sind meist tiefgekühlt im Handel, entweder als ganze Muscheln (mit oder ohne roten Rogen) oder als Muschelfleisch.

400 g St. Jakobsmuscheln, 50 g feingeschnittene Schalotten oder Zwiebel, 20 g Butter, 1 dl Weißwein, 1,5 dl Sahne, etwas weißer Pfeffer aus der Mühle, etwas engl. Senfpulver, etwas Zitronensaft.

Zum Gratinieren siehe *Buttersauce* (Seite 262), *1 TL frisches Kerbelkraut.*

Butter in die Pfanne geben, Zwiebel glasig schwitzen und die mit Salz, Pfeffer und Zitronensaft gewürzten Muscheln zugeben. Kurz anrösten und mit Weißwein ablöschen. Zugedeckt bis zur Hälfte einreduzieren lassen und mit Sahne aufgießen. Weiter einreduzieren, bis die Sauce dicklich wird, dann sind die Muscheln fertig. Nachwürzen und in einer Gratinierschüssel anrichten. Mit etwas Buttersauce überziehen und im Ofen kurz überbakken. Mit Kerbelkraut bestreuen. Dazu Petersilienkartoffeln.
Will man Sahne und Weißwein weglassen, so kann man auch eine extra gemachte Basilikum-Basensauce nehmen oder damit die Grundsauce verlängern.

Pro Portion:	25,50 g Ew
	39,20 g F
	9,70 g KH
	520 kcal

Tip:

Die Muscheln können auch mit Salz, Basilikum und Pfeffer gewürzt und mit Zitronensaft beträufelt auf der Grillplatte zart rosa gegart werden. Dazu reicht man extra eine Kräuter- oder Gemüsesauce (Seite 290, 299).

Fischragout *4 Portionen*

Dazu verwendet man vorwiegend Seeteufel, St. Petersfisch, Seewolf, Knurr-hahn, Seezunge, Langusten oder Kaisergranat.

400 g frischer filetierter Fisch (aus eventuellen Resten wird ca. ½ l Fischsud gemacht), 50 g Schalotten, 50 g Weißes vom Lauch, 1 EL Olivenöl, 2 Zehen Knoblauch, 1 TL frische Basilikumblätter, 2 Safranfäden, 3 geschälte, entkernte und würfelig geschnittene Tomaten, 50 g sehr dünne Karottenscheiben, 50 g sehr feine Lauchstreifen oder Zucchini, etwas Meersalz, etwas weißer Pfeffer aus der Mühle, evtl. etwas Weißwein.

Lauch und Schalotten in feine Ringe schneiden und in Olivenöl glasig schwitzen. Fein zerdrückten Knoblauch, Safran, feinste Karottenscheiben, Lauchstreifen, Salz und Pfeffer zugeben. Mit Fischsud aufgießen und Gemüse weichkochen. Verschiedene Fische – je nach Größe – geteilt oder im ganzen hinzugeben (weiche Fische erst später). Mit dem Fischsud bedecken und 10 Minuten offen köcheln (ziehen) lassen. Tomatenwürfel zugeben, evtl. noch etwas gut gewürzten Fischsud oder ¹⁄₁₆ l Weißwein auffüllen – in Suppentellern vorsichtig anrichten und mit getoasteten, mit Knoblauch eingeriebenen Scheiben von Vollwertbrot servieren.

Pro Portion:

19,10 g Ew
4,30 g F
6,60 g KH
139 kcal

Tip:

Als zusätzliche Einlage passen junge Karotten, Jungzwiebeln oder etwas Kartoffeln, gedämpft.

Steinbutt in Dill-Rahmsauce *2 Portionen*

250 g Steinbuttfilet (Zander, Scholle, Seezunge oder andere Filets), etwas Meersalz, etwas weißen Pfeffer aus der Mühle, etwas Zitronensaft, 20 g Butter, 50 g feingeschnittene Schalotten, 1 TL frischgehacktes Dillkraut, 1 dl Weißwein, 1,5 dl Sahne, evtl. etwas Mehlbutter oder Kräuter-Basensauce.

Steinbuttfilets mit Salz, Pfeffer und Zitronensaft marinieren. Schalotten in Butter glasig schwitzen, Steinbuttfilets zugeben und kurz anschwitzen. Dill darüberstreuen, mit Weißwein ablöschen, zugedeckt zur Hälfte einreduzieren und Sahne zugießen. Weiter einreduzieren lassen, bis die Sauce dicklich wird oder evtl. mit etwas Mehlbutter oder Basensauce nachdicken.
Anrichten und mit frischem Dill bestreuen.

Die Steinbuttfilets kann man auch marinieren, in etwas Vollwertmehl tauchen und in der Pfanne oder am Griller zart rosa braten.
Dazu serviert man dann eine extra gefertigte Dillsauce (Seite 294) auf Kartoffelbasis oder Basilikumsauce.

Pro Portion:	2,20 g Ew
	6,10 g F
	7,0 g KH
	505 kcal

Tip:

An sich können alle Fische filetiert und entweder im Dampf gegart, in Weißwein pochiert oder mit wenig Öl in der Pfanne gebraten oder gegrillt werden.
Voraussetzung ist dazu immer eine wohlschmeckende Kräuter- oder Gemüsesauce (Seite 290, 299).

Basensaucen

aus

Gemüse und Kräutern

Basensaucen

Basensaucen sind durch Mixen pürierte Kräuter- oder Gemüsesaucen. Diese Saucen sind zu sämtlichen Fleischgerichten sowie zu Getreidespeisen empfehlenswert.

Man meide die Fleischsaucen und Extrakte, welche auf konventionelle Art zu Fleisch- und Fischgerichten gereicht werden. Nach dem Säuren-Basen-Haushalt* empfehlen sich basenreiche Gerichte wie Basensaucen besonders als Zugabe zu Fleisch- oder Fischgerichten, um daraus entstehende Säureüberschüsse herabzusetzen oder zu verhindern. Weitere basische Beilagen wie Kartoffeln, Gemüse und Salate sorgen in der Menüzusammenstellung für guten Ausgleich. Ein Naturschnitzel z. B., in der Pfanne zubereitet oder zart gegrillt, erhält durch eine frische Kräutersauce die passende Note. Basensaucen sind geschmacklich so vorzüglich, daß man gerne auf Fleischsaucen mit Bouillonwürfel verzichtet. Das Mischen von Fleischsaucen mit basischen Kräutersaucen wirkt sich sowohl geschmacklich, wie auch aus der Sicht des Säuren-Basen-Haushaltes günstig aus. Außerdem besitzen Basensaucen im Gegensatz zu den ungünstigen Fleischsaucen einen hohen biologischen Wert.

Basensaucen sind zu allen (portionsweise gegarten) Fleisch-, Fisch- und Getreideprodukten zu empfehlen!

Frische Kräuter kann man kleingeschnitten mit wenig Salz vermischt in ein Glas mit Schraubverschluß füllen, leicht pressen und mit kaltgepreßtem Öl bedecken. Kühl gestellt über den Winter leicht haltbar! (Auch im Handel erhältlich.)

---

* *Rauch/Mayr:* Säuren-Basen-Tabelle, aus: Milde Ableitungsdiät. Karl F. Haug Verlag, Heidelberg.

Abb. 15: Apfelcreme, Rezept Seite 343, Erdbeer Charlotte, Rezept Seite 346, Anis-Teecreme mit Zitronenfilet, Rezept Seite 347, Sauerkirschpudding, Rezept Seite 357, gemischte Fruchtsaucen, Rezept Seite 363, Apfeltorte, Rezept Seite 374, Karottentorte, Rezept Seite 373.

Abb. 16: Erdbeer Charlotte, Rezept Seite 346, Vanille Grundcreme mit Früchten, Rezept Seite 344, Topfenknödel mit Mangoschaum, Rezept Seite 349, Gestürzte Mangocreme, Rezept Seite 356, Sauerkirschpudding, Rezept Seite 357, mit Fruchtmark.

Kräutersaucen – Basensaucen

Grundsauce
20 g Butter, ca. 350 g Gemüsebrühe oder Wasser, 100 g mehlige Kartoffeln, geschält, Meersalz, 1 Bund Kräuter, frisch oder in Öl eingelegt, oder 20 g Kräuter, getrocknet, geriebene Muskatnuß, evtl. 15 g feingeschnittene Schalotten oder Lauch (mit den Kartoffeln anschwitzen), 2 EL Sahne oder Sauerrahm.

Variante I
mit frischen oder in Öl eingelegten Kräutern

Kartoffeln in kleine Würfelchen schneiden, Schalotten und Kartoffeln mit Butter in einer Kasserolle anschwitzen, mit Meersalz oder Steinsalz würzen und mit der Gemüsebrühe oder Wasser aufgießen. Zugedeckt ca. 10 Minuten köcheln lassen, bis die Kartoffeln gar sind. Alles in ein Mixglas geben, mit ca. 2/3 der frischen Kräuter mixen und mit dem Rest garnieren. Oder die Kräuter erst nach dem Mixen dazugeben. Evtl. mit 2 EL Sauerrahm, Muskatnuß oder 2 EL Weißwein verfeinern (mitmixen). Die Saucen sollten etwas dicker als die Suppen sein.
Bei Milchunverträglichkeit nimmt man statt Sahne Schafmilch oder Sojamilch.

Variante II
mit getrockneten Kräutern

Verwendet man getrocknete Kräuter, so nimmt man immer 20 g, also um die Hälfte mehr als frische Kräuter auf dieselbe Grundmasse. Getrocknete Kräuter werden in Gemüsebrühe oder Wasser aufgekocht. Nach ca. 10 Minuten Ziehenlassen seiht man die Brühe ab. Mit dieser Gewürzbrühe werden dann die angeschwitzten Kartoffeln aufgegossen, gegart und gemixt wie bei Variante I. Als Geschmacksabrundung kann man nach dem Mixen einen EL saure Sahne oder Sahne zur Sauce geben.

Löwenzahnsauce *4 Portionen*

20 g Butter, 350 g Gemüsebrühe, 100 g mehlige Kartoffeln, geschält, Meersalz, ca. 10 g Löwenzahn, frisch, 20 g Schalotten, 2 EL Sauerrahm.

Zubereitung: Wie bei Grundrezept, Variante I, Seite 290.
Löwenzahn mit Kartoffeln und Schalotten in Butter anschwitzen, würzen, aufgießen, kochen und mit Sauerrahm und etwas frischem Löwenzahn mixen.

Alle Saucen pro Person:	0,10 g Ew
	4,20 g F
	4,20 g KH
	57 kcal

Fenchelsauce *4 Portionen*

20 g Butter, 350 g Gemüsebrühe, 100 g mehlige Kartoffeln, geschält, Meersalz, ca. 10 g Fenchelkraut, frisch, 20 g Schalotten, 2 EL Sauerrahm, Muskatnuß.

Zubereitung: Wie bei Grundrezept, Variante I, Seite 290.

Wermutsauce *4 Portionen*

20 g Butter, 350 g Gemüsebrühe, 100 g mehlige Kartoffeln, geschält, Meersalz, ca. 5 g Wermutkraut, frisch, 20 g Schalotten, Muskatnuß, 2 EL Sauerrahm.

Zubereitung: Wie bei Grundrezept, Variante I, Seite 290.

Kerbelsauce *4 Portionen*

20 g Butter, 350 g Gemüsebrühe, 100 g mehlige Kartoffeln, geschält, Meersalz, ca. 10 g Kerbelkraut, frisch, 20 g Schalotten oder Jungzwiebel, Muskatnuß, 2 EL Sauerrahm oder Sahne.

Zubereitung: Wie bei Grundrezept, Variante I, Seite 290.

Sauce mit Zitronenmelisse *4 Portionen*

20 g Butter, 350 g Gemüsebrühe, 100 g mehlige Kartoffeln, geschält, Meersalz, 10 g Zitronenmelisse, frisch, 20 g Zwiebel, 2 EL Sauerrahm oder Sahne, Muskatnuß.

Zubereitung: Wie bei Grundrezept, Variante I, Seite 290.
Melissenblätter nicht mitkochen, sondern zum Schluß mitmixen.

Thymiansauce *4 Portionen*

20 g Butter, 350 g Gemüsebrühe, 100 g mehlige Kartoffeln, geschält, Meersalz, 10 g (2 EL) Thymianblätter, frisch, 20 g Jungzwiebel, 2 EL Schafmilch oder Sauerrahm, Muskatnuß.

Zubereitung: Wie bei Grundrezept, Variante I, Seite 290.
Etwas Thymian zuletzt mitmixen.

Bachkressesauce *4 Portionen*

20 g Butter, 350 g Gemüsebrühe, 100 g mehlige Kartoffeln, geschält, Meersalz, 10 g (2 Fäuste) Bachkresse, 20 g Schalotten, 2 EL Sauerrahm, Muskatnuß.

Zubereitung: Wie bei Grundrezept, Variante I, Seite 290.
Etwas Bachkresse zuletzt mitmixen.

Bohnenkrautsauce *4 Portionen*

20 g Butter, 350 g Gemüsebrühe, 100 g mehlige Kartoffeln, geschält, Meersalz, 10 g (2 EL) Bohnenkraut, frisch, 20 g Schalotten, 2 EL Sauerrahm, Muskatnuß.

Zubereitung: Wie bei Grundrezept, Variante I, Seite 290.

Minzensauce *4 Portionen*

20 g Butter, 350 g Gemüsebrühe, 100 g mehlige Kartoffeln, geschält, Meersalz, 10 g Minzenblätter, frisch (2 Fäuste), 20 g Schalotten, 2 EL Sahne, Muskatnuß.

Zubereitung: Wie bei Grundrezept, Variante I, Seite 290.
Minzenblätter nicht mitkochen – zuletzt mitmixen.

Alle Saucen pro Person:	0,10 g Ew 4,20 g F 4,20 g KH 57 kcal

Eibischsauce *4 Portionen*

20 g Butter, 350 g Gemüsebrühe, 100 g mehlige Kartoffeln, geschält, Meersalz, 10 g (2 EL) Eibischblätter, frisch, 20 g Schalotten, 2 EL Sahne, Muskatnuß.

Zubereitung: Wie bei Grundrezept, Variante I, Seite 290.

Petersiliensauce *4 Portionen*

20 g Butter, 350 g Gemüsebrühe, 100 g mehlige Kartoffeln, geschält, Meersalz, 10 g (2 EL) Petersilie, frisch, 20 g Zwiebel, 2 EL Sauerrahm, Muskatnuß.

Zubereitung: Wie bei Grundrezept, Variante I, Seite 290.
Petersilie nicht mitkochen – zuletzt mitmixen.

Beifußsauce *4 Portionen*

20 g Butter, 350 g Gemüsebrühe, 100 g mehlige Kartoffeln, geschält, Meersalz, 10 g (2 EL) Beifuß, frisch, 20 g Schalotten, 2 EL Sauerrahm, Muskatnuß.

Zubereitung: Wie bei Grundrezept, Variante I, Seite 290.

Spinatsauce *4 Portionen*

20 g Butter, 350 g Gemüsebrühe, 100 g mehlige Kartoffeln, geschält, Meersalz, 10 g Spinatblätter, frisch, 20 g Schalotten, 2 EL Sauerrahm, Muskatnuß.

Zubereitung: Wie bei Grundrezept, Variante I, Seite 290.
Etwas rohen Spinat zuletzt mitmixen.

Dillsauce *4 Portionen*

20 g Butter, 350 g Gemüsebrühe, 100 g mehlige Kartoffeln, geschält, Meersalz, 10 g (1 kl. Bd.) Dillkraut, frisch, 20 g Schalotten, 2 EL Sahne, Muskatnuß.

Zubereitung: Wie bei Grundrezept, Variante I, Seite 290.
Dill nicht mitkochen – zuletzt mitmixen.

Kümmelsauce *4 Portionen*

20 g Butter, 350 g Gemüsebrühe, 100 g mehlige Kartoffeln, geschält, Meersalz, 1 EL Kümmel, gemahlen, 1 Bd. Bärlauch, 20 g Schalotten, 2 EL Sauerrahm, Muskatnuß.

Zubereitung: Wie bei Grundrezept, Variante I, Seite 290.
Bärlauch (wilder Knoblauch) zuletzt mitmixen.

Bärlauchsauce *4 Portionen*

20 g Butter, 350 g Gemüsebrühe, 100 g mehlige Kartoffeln, geschält, Meersalz, 1 EL Bärlauch, 20 g Schalotten, 2 EL Sauerrahm, Muskatnuß.

Zubereitung: Wie bei Grundrezept, Variante I, Seite 290.
Bärlauch nicht mitkochen – zuletzt mitmixen.

Brennesselsauce *4 Portionen*

20 g Butter, 350 g Gemüsebrühe, 100 g mehlige Kartoffeln, geschält, Meersalz, 10 g (2 Fäuste) Brennessel, frisch und jung, 20 g Schalotten, 2 EL Sahne.

Zubereitung: Wie bei Grundrezept, Variante I, Seite 290.
Etwas Brennesseln zum Schluß roh mitmixen.

Alle Saucen pro Portion:	0,10 g Ew
	4,20 g F
	4,20 g KH
	57 kcal

Estragonsauce *4 Portionen*

20 g Butter, 350 g Gemüsebrühe, 100 g mehlige Kartoffeln, geschält, Meersalz, 10 g (1 EL) Estragon, frisch (1 TL eingelegt), 20 g Schalotten, 2 EL Sauerrahm, Muskatnuß.

Zubereitung: Wie bei Grundrezept, Variante I, Seite 290.
Etwas Estragonblätter zuletzt mitmixen, nicht mitkochen.

Sauerampfersauce *4 Portionen*

20 g Butter, 350 g Gemüsebrühe, 100 g mehlige Kartoffeln, geschält, Meersalz, 10 g Sauerampferblätter, frisch, 20 g Schalotten, 2 EL Sauerrahm, Muskatnuß.

Zubereitung: Wie bei Grundrezept, Variante I, Seite 290.
Sauerampfer nicht mitkochen, sondern zuletzt roh mitmixen (Pürierstab).

Salbeisauce *4 Portionen.*

20 g Butter, 350 g Gemüsebrühe, 100 g mehlige Kartoffeln, geschält, Meersalz, 10 g (2 EL) Salbeiblätter, frisch, 20 g Schalotten, 2 EL Sahne, Muskatnuß.

Zubereitung: Wie bei Grundrezept, Variante I, Seite 290.

Rosmarinsauce *4 Portionen*

20 g Butter, 350 g Gemüsebrühe, 100 g mehlige Kartoffeln, geschält, Meersalz, 10 g (1 EL) Rosmarin, frisch, 20 g Schalotten, 2 EL Sahne, Muskatnuß.

Zubereitung: Wie bei Grundrezept, Variante I, Seite 290.

Schnittlauchsauce *4 Portionen*

20 g Butter, 350 g Gemüsebrühe, 100 g mehlige Kartoffeln, geschält, Meersalz, 10 g (2 EL) Schnittlauch, frisch und jung, 20 g Schalotten, 2 EL Sahne, Muskatnuß.

Zubereitung: Wie bei Grundrezept, Variante I, Seite 290.
Schnittlauch nicht mitkochen – zuletzt mitmixen.

Kressesauce *4 Portionen*

20 g Butter, 350 g Gemüsebrühe, 100 g mehlige Kartoffeln, geschält, Meersalz, 10 g Kresse, frisch, 20 g Schalotten, 2 EL Sauerrahm, Muskatnuß.

Zubereitung: Wie bei Grundrezept, Variante I, Seite 290.
Kresse nicht mitkochen – zuletzt mitmixen.

Waldmeistersauce *4 Portionen*

20 g Butter, 350 g Gemüsebrühe, 100 g mehlige Kartoffeln, geschält, Meersalz, 10 g Waldmeisterblätter, frisch, 20 g Schalotten, 2 EL Sauerrahm, Muskatnuß.

Zubereitung: Wie bei Grundrezept, Variante I, Seite 290.
Etwas Waldmeister roh mitmixen.

Borretschsauce *4 Portionen*

20 g Butter, 350 g Gemüsebrühe, 100 g mehlige Kartoffeln, geschält, Meersalz, 10 g Borretschblätter, frisch, 20 g Schalotten, 2 EL Sahne, Muskatnuß.

Zubereitung: Wie bei Grundrezept, Variante I, Seite 290.
Borretsch nicht mitkochen, zuletzt mitmixen.

Alle Saucen pro Portion:	0,10 g Ew 4,20 g F 4,20 g KH 57 kcal

Basilikumsauce *4 Portionen*

20 g Butter, 350 g Gemüsebrühe, 100 g mehlige Kartoffeln, geschält, Meersalz, 10 g Basilikumblätter, frisch, 20 g Schalotten oder Zwiebel, 2 EL Sauerrahm, Muskatnuß.

Zubereitung: Wie bei Grundrezept, Variante I, Seite 290.
Basilikum nicht mitkochen, sondern roh mitmixen.

Kamillensauce *4 Portionen*

20 g Butter, 350 g Gemüsebrühe, 100 g mehlige Kartoffeln, geschält, Meersalz, 10 g Kamillenblüten, frisch und jung, 20 g Jungzwiebel, 2 EL Sahne, Muskatnuß.

Zubereitung: Wie bei Grundrezept, Variante I, Seite 290. Sauce passieren.

Lauchsauce *4 Portionen*

20 g Butter, 400 g Gemüsebrühe, 100 g mehlige Kartoffeln, geschält, Meersalz, 20 g Lauch, jung, 2 EL Sauerrahm, Muskatnuß.

Zubereitung: Wie bei Grundrezept, Variante I, Seite 290.

Majoransauce *4 Portionen*

20 g Butter, 350 g Gemüsebrühe, 100 g mehlige Kartoffeln, geschält, Meersalz, 10 g Majoranblätter, frisch, 20 g Schalotten, 2 EL Sauerrahm oder Sahne, Muskatnuß.

Zubereitung: Wie bei Grundrezept, Variante I, Seite 290.
Majoranblätter nicht mitkochen – zuletzt mitmixen.

Champignon-Kräutersauce *4 Portionen*

20 g fein gehackte Schalotten, 20 g Butter, 1 dl Weißwein, 1,5 dl Sahne, ein paar Tropfen Zitronensaft, 1 TL fein gehackte Petersilie, 150 g Champignons, geputzt, etwas Meersalz, frisch geriebene Muskatnuß.

Schalotten in Butter anschwitzen und die blättrig geschnittenen Champignons ebenfalls kurz anrösten. Mit Weißwein ablöschen, einreduzieren, Sahne zugießen und wieder einreduzieren lassen – bis die Sauce dicklich wird. Mit Zitronensaft, Salz, Petersilie und Muskatnuß abschmecken.

	Pro Portion:	
	2,0 g Ew
	17,80 g F
	6,90 g KH
	195 kcal

Wichtig: Werden die Saucen zu Fisch gereicht, so gibt man etwas Weißwein und den abgelaufenen Fischsaft zur Basensauce. Bei Fleischgerichten den Fleischsaft. Dadurch werden die Saucen noch schmackhafter.

Bei Milchunverträglichkeit nimmt man statt Sahne Schafmilch oder Sojamilch.

Gemüsesaucen – Basensaucen *4 Portionen*

Grundsauce

80 g abgeschabtes Gemüse (Sellerie, Petersilienwurzel, Pastinaken), 20 g mehlige Kartoffeln, geschält, 1 Messerspitze Meersalz, 20 g Butter, eine Prise Muskatnuß, 1 TL Gartenkräuter, frisch, 350 g Gemüsebrühe, evtl. 15 g feingeschnittene Schalotten oder Lauch.

Gemüse und Kartoffeln in kleine Würfel schneiden, in einer Kasserolle mit Butter und Schalotten anschwitzen, mit Gemüsebrühe aufgießen, würzen und zugedeckt ca. 10–12 Minuten köcheln lassen, bis das Gemüse weich ist. Im Mixglas oder mit Pürierstab mixen und mit den frischen Kräutern abschmecken. Evtl. mit 1–2 EL Sauerrahm oder Crème fraîche verfeinern bzw. mitmixen.

Pro Portion:	0,60 g Ew
	4,20 g F
	2,0 g KH
	51 kcal

Tip:

Bei gebratenen oder gedünsteten Fleischzubereitungen im ganzen Stück kann das zur Verwendung kommende Gemüse (mitgebratenes Gemüse) mit dem Fleischsaft gemixt werden. Bei portionsweise gebratenen oder gegrillten Fleischspeisen sind die im Rezeptteil angeführten Gemüse- und Kräutersaucen besonders empfehlenswert. Fleischspeisen sollen anstatt mit herkömmlichen eingekochten Fleischsaucen oder Halbfertigprodukten mit einer dazu passenden Gemüsesauce oder Kräutersauce serviert werden.

Pikante Gemüsesauce *4 Portionen*

50 g mehlige Kartoffeln, geschält, 50 g Sellerie, geschält, 20 g Butter, 1 Messerspitze Meersalz, eine Prise Muskatnuß, 350 g Gemüsebrühe, 20 g Lauch, (evtl. eine Knoblauchzehe), 1 TL Hefeflocken, 2 EL saure Sahne, 1 TL frischgehackte Petersilie. Einlage: 50 g kleinste Gemüsewürfelchen (Sellerie-Karotten-Zucchini), extra weichgedämpft.

Feingeschnittenen Lauch (oder Schalotten) in Butter anschwitzen und die kleingeschnittenen Kartoffeln und Sellerie zugeben – kurz anschwitzen. Mit Gemüsebouillon aufgießen, mit Salz, Muskat würzen und langsam weichkochen.
Danach im Mixglas oder mit dem Mixstab pürieren und mit Sauerrahm (Sahne) legieren. Nachschmecken und Hefeflocken, Petersilie und gedämpfte Gemüsewürfelchen dazugeben.

Pro Portion:	
	0,10 g Ew
	5,30 g F
	3,10 g KH
	63 kcal

Provenzalische Sauce *4 Portionen*

Obenstehende Sauce ohne Einlage zubereiten und zusätzlich 2 geschälte, entkernte und würfelig geschnittene Tomaten zugeben. Mit 2 EL Weißwein, feingeschnittenem Basilikum und 1–2 zerdrückten Knoblauchzehen abschmecken.
Ebenso kann man in Butter angeschwitzte feine Streifen von abgezogenen Paprikaschoten oder Champignons zur Sauce mischen.

Pro Portion:	
	1,90 g Ew
	5,30 g F
	6,70 g KH
	92 kcal

Gemüse-Sojasauce mit Hefeflocken *4 Portionen*

100 g mehlige Kartoffeln und Wurzelgemüse, geschält, 20 g Butter, 1 Messerspitze Meersalz, eine Prise Muskatnuß, 320 g Gemüsebrühe, 30 g Tamari-Sojasauce, 1 TL Hefeflocken, 2 EL saure Sahne, 1 TL frischgehackte Petersilie oder Dill, 20 g frischgeschnittene Schalotten.

Zubereitung wie Seite 299.

Pro Portion:	
	3,70 g Ew
	7,80 g F
	6,90 g KH
	98 kcal

Apfelsauce mit Curry *4 Portionen*

50 g Mangos, 50 g Äpfel, 50 g Kartoffeln, 20 g Schalotten, feingeschnitten, ½ TL Currypulver, ½ TL Bienenhonig, 20 g Butter, ¹⁄₁₆ l Weißwein, 300 g Gemüsebrühe, etwas Meersalz, ¹⁄₁₆ l Sahne.

Schalotten mit Butter anschwitzen, Apfel-, Mango- und Kartoffelwürfel-chen zugeben – anschwitzen, mit Salz und Curry würzen – mit Weißwein und Gemüsebrühe aufgießen. Langsam weichkochen, mit Sahne und Honig verfeinern und mixen.
Paßt zu verschiedenen Geflügelspeisen gut dazu.

Pro Portion:	
	0,70 g Ew
	10,50 g F
	7,50 g KH
	133 kcal

Kartoffelsauce *4 Portionen*

100 g geschälte Kartoffeln, 20 g Butter, 350 g Gemüsebrühe, eine Prise Muskatnuß, 1 Messerspitze Meersalz, 1 TL Majoranblätter, frisch, 20 g Schalotten, 2 EL Sahne oder Sauerrahm, Muskatnuß.

Zubereitung: Wie bei Grundrezept Gemüsesauce, Seite 299.

Alle Saucen pro Portion:	0,60 g Ew
	4,20 g F
	4,30 g KH
	57 kcal

Selleriesauce *4 Portionen*

80 g Sellerieknolle, geschält, 20 g Kartoffeln, geschält, 20 g Butter, 350 g Gemüsebrühe, eine Prise Meersalz, 1 TL Gartenkräuter, frisch, 20 g Schalotten, 2 EL Sahne, Muskatnuß.

Zubereitung: Wie bei Grundrezept Gemüsesauce, Seite 299.

Spinatsauce *4 Portionen*

70 g frischen Blattspinat, gewaschen und abgetropft, 30 g Kartoffeln, geschält, 20 g Butter, 350 g Gemüsebrühe, 1 Messerspitze Meersalz, eine Prise Muskatnuß, evtl. 2 TL saure Sahne, 20 g Schalotten, Muskatnuß.

Zubereitung: Wie bei Grundrezept Gemüsesauce, Seite 299.

Sauce aus Petersilienwurzeln *4 Portionen*

80 g junge Petersilienwurzeln, geschält, 20 g Karotten, geschält, 20 g Butter, 1 Messerspitze Meersalz, eine Prise Muskatnuß, 1 TL Gartenkräuter, frisch, 350 g Gemüsebrühe, 20 g Schalotten, Muskatnuß, 2 EL Sahne.

Zubereitung: Wie bei Grundrezept Gemüsesauce, Seite 299.

Tomatensauce *4 Portionen*

70 g geschälte, entkernte und würfelig geschnittene Tomaten, 30 g geschälte Kartoffeln, 20 g Butter, 1 Messerspitze Meersalz, eine Prise Muskatnuß, 1 TL Thymianblätter oder Basilikum, frisch, 350 g Gemüsebrühe, 20 g Schalotten, 2 EL Sahne, 1 TL Honig.

Zubereitung: Wie bei Grundrezept Gemüsesauce, Seite 299.

Alle Saucen pro Portion:	0,60 g Ew
	4,20 g F
	4,30 g KH
	57 kcal

Fenchelsauce *4 Portionen*

80 g geputzte Fenchelknolle, 20 g geschälte Kartoffeln, 350 g Gemüsebrühe, 1 Messerspitze Meersalz, eine Prise Muskatnuß, 20 g Butter, 1 TL Fenchelkraut, frisch, 20 g Schalotten, 2 EL Sahne.

Zubereitung: Wie bei Grundrezept Gemüsesauce, Seite 299.

Karottensauce *4 Portionen*

80 g Karotten, abgeschält, 20 g Kartoffeln, geschält, 20 g Butter, 1 Messerspitze Meersalz, 350 g Gemüsebrühe, eine Prise Muskatnuß, 1 TL Petersilie, frisch, 20 g Schalotten, 2 EL Sahne.

Zubereitung: Wie bei Grundrezept Gemüsesauce, Seite 299.

Kohlrabisauce *4 Portionen*

80 g Kohlrabi, geschält, 20 g Kartoffeln, geschält, 20 g Butter, 1 Messerspitze Meersalz, eine Prise Muskatnuß, 350 g Gemüsebrühe, 1 TL Gartenkräuter, frisch, 20 g Schalotten, 2 EL Sahne.

Zubereitung: Wie bei Grundrezept Gemüsesauce, Seite 299.

Blumenkohlsauce *4 Portionen*

80 g Blumenkohl, geputzt, 20 g Kartoffeln, geschält, 20 g Butter, 1 Messerspitze Meersalz, eine Prise Muskatnuß, 350 g Gemüsebrühe, 1 TL Gartenkräuter, frisch, 20 g Schalotten, 2 EL Sahne.

Zubereitung: Wie bei Grundrezept Gemüsesauce, Seite 299.

Currysauce *4 Portionen*

60 g Kartoffeln, geschält, 40 g Äpfel, geschält, 20 g Butter, 350 g Gemüsebrühe, 1 EL Sahne, 1 EL Currypulver, echt, 1 Messerspitze Meersalz, 20 g Schalotten.

Zubereitung: Wie bei Grundrezept Gemüsesauce, Seite 299.

Zucchinisauce *4 Portionen*

80 g Zucchini-Gemüse, 20 g Kartoffeln, geschält, 20 g Butter, 1 Messerspitze Meersalz, eine Prise Muskatnuß, 1 TL Gartenkräuter, frisch, 350 g Gemüsebrühe, 1 TL saure Sahne, 20 g Schalotten.

Zubereitung: Wie bei Grundrezept Gemüsesauce, Seite 299.

Lauchsauce *4 Portionen*

60 g Lauch, jung, 40 g Kartoffeln, geschält, 20 g Butter, 350 g Gemüsebrühe, 1 Messerspitze Meersalz, eine Prise Muskatnuß, evtl. 1 EL Sahne.

Zubereitung: Wie bei Grundrezept Gemüsesauce, Seite 299.

Gurkensauce *4 Portionen*

80 g Salatgurke, geschält und entkernt, 20 g Kartoffeln, geschält, 20 g Butter, 1 Messerspitze Meersalz, 1 Prise Muskatnuß, 1 TL Dillkraut, frisch, 350 g Gemüsebrühe, 20 g Schalotten, 2 EL Sauerrahm.

Zubereitung: Wie bei Grundrezept Gemüsesauce, Seite 299.

Alle Saucen pro Portion:	
	0,60 g Ew
	4,20 g F
	4,30 g KH
	57 kcal

Wichtig: Bei allen Gemüsesaucen kann zuletzt etwas rohes Gemüse mitgemixt werden, wodurch der Geschmack noch feiner wird. Bei Milchunverträglichkeit statt Sahne Schafmilch oder Sojamilch verwenden!

Tip:

Zum Würzen sämtlicher Saucen kann man nach dem Mixen flüssige Sahne, Schlagrahm, sehr kalte Butterflocken oder saure Sahne zugeben, nochmal durchmixen. Bei Sauerrahm darf die Sauce nicht kochen, da sonst Flocken entstehen! Um sich das ständige Umleeren in ein Mixglas zu ersparen, schafft man sich einen Stabmixer an.

Buttermischungen

Buttermischungen können gut gekühlt zur Aufbesserung in die nicht mehr kochende Sauce in Form von Flocken verwendet werden (mitmixen). Sie eignen sich aber auch für sämtliche am Rost gebratenen Gerichte vorzüglich. Auf Vorrat wird die Buttermischung auf nassem Pergamentpapier gerollt und kalt in Scheiben geschnitten. Kann auch gefroren werden.

Knoblauchbutter *12 Portionen*

250 g Butter, 5 g zerdrückter Knoblauch, 1 TL gehackte Petersilie, 1 TL Schnittlauch, 1 TL Estragonblätter, 1 TL Thymianblätter, ½ TL Zitronensaft, 1 TL Cognac, etwas Meersalz, 1 TL Madeirawein.

Die Butter schaumig rühren und mit den Geschmackszutaten vermengen. Mit Hilfe eines Spritzsackes eine längliche Rolle auf nasses Pergamentpapier geben, einrollen und in den Tiefkühlschrank legen. Oder kleine Mengen Buttermischung auf ein Blech spritzen und einfrieren.

Durch verschiedene Zutaten wie etwa: Paprikapulver, Curry, Tomatenpüree, Haselnüsse, Schalotten, pürierte Räucherforellen, pürierten Räucherlachs, Krevettenpüree, Schnittlauch, Bärlauch oder andere Frischkräuter usw. gibt es viele Variationsmöglichkeiten.

Pro Portion:	0,30 g Ew
	17,30 g F
	0,50 g KH
	160 kcal

Gemüsebutter *12 Portionen*

100 g Wurzelgemüse (Karotten, Zucchini), in feinste Würfelchen geschnitten und weichgedämpft, 250 g Butter, etwas Meersalz, 50 g rote und grüne Paprikawürfelchen, 1 TL Zitronensaft, 2 EL Tamari-Sojasauce, 2 TL Hefeflocken.

Pro Portion:	1,10 g Ew
	17,70 g F
	1,70 g KH
	170 kcal

Beilagen
Kartoffel/Gemüse
fleischlose Hauptspeisen

Beilagen oder fleischlose Hauptspeisen

Im allgemeinen sind vor allem in Gaststätten die Beilagen zu klein und die Fleischportionen zu groß!
Fleischportionen sollten jedoch bescheiden, basische Gemüse, Salate und Kartoffeln hingegen oft bevorzugter eingesetzt werden. Wenn erhältlich, wird möglichst frisches, ungespritztes, biologisches Gemüse bevorzugt. Es ist wertvoller und schmeckt wesentlich besser*. Langes Kochen von Gemüse, noch dazu in viel Wasser, ist stets zu vermeiden. Das Gemüsewasser dient als stets brauchbarer Aufguß. Schwimmend in Fett gebackenes Gemüse ist schwer verdaulich! Außerdem verliert es auch seinen Eigengeschmack. Man verwende auch keine dicken Saucen, sondern würze gedämpftes Gemüse mit frischen Gartenkräutern, Meersalz und Butterflokken. Gemüse ist nach dem Garen nie mit kaltem Wasser abzuschrecken, da es dadurch einen Wertverlust erleidet. Man versuche, die kurze Garzeit von frischen Gemüsen der Menüfolge anzupassen und gare nicht zu früh! Will man Gemüse binden und sämig machen, so mixt man einen Teil davon oder fertigt gesondert eine Kräuter- oder Gemüsesauce (Basensauce) an. Man plane das Gemüse stets der Jahreszeit entsprechend ein und bevorzuge grundsätzlich die heimischen Sorten!
Tiefgekühltes Gemüse hat einen relativ geringen Wertverlust und ist daher tagelang herumstehendem Frischgemüse vorzuziehen!

Gemüse und Kartoffeln sind wertvolle Basenspender!
Man verwende frische Gemüsereste und -schalen stets für Gemüsebrühen, sofern sie aus biologischem Anbau stammen. Leider ist aufgrund der zunehmenden Umweltverschmutzung das „Schälen" dem „Abschaben" vorzuziehen!

---

* *Rauch/Mayr:* Milde Ableitungsdiät. Karl F. Haug Verlag, Heidelberg (s. Zubereitung von Gemüse).

Safrankartoffeln *2 Portionen*

4 große Kartoffeln, 1 Tütchen echten Safran, eine Prise Meersalz.

Kartoffeln waschen, schälen und mit einem Ausstecher 10 g schwere Kugeln ausstechen. In eine Kasserolle füllt man etwas Gemüsebrühe oder Salzwasser und gibt den Safran und die Kartoffeln dazu. Ca. 15 Minuten bei schwacher Hitze zugedeckt köcheln lassen.

Pro Portion:	3,0 g Ew
	0,0 g F
	24,0 g KH
	108 kcal

Tip:

Die Kartoffeln können ebenso sechseckig zugeschnitten (tourniert) oder einfach geschält im Kocheinsatz (Dampf) gegart werden. Empfehlenswert als Fischbeilage!

Kümmelkartoffeln *2 Portionen*

250 g Kartoffeln, geschält, 1 TL Kümmel ganz, eine Prise Meersalz, 1 TL Öl, 1 TL Gartenkräuter, frisch, 10 g Butterflocken.

Kartoffeln roh in Scheiben (ca. ½ cm dick) schneiden. Auf ein mit Öl bestrichenes Backblech (oder Tonschale) schichten, mit Kümmel und Salz bestreuen und im vorgeheizten Ofen (E-Herd, 220 °C) ca. 30 Minuten kernig weich backen. Mit frischen Kräutern und Butterflocken bestreuen und als passende Beilage servieren.

Pro Portion:	3,30 g Ew
	6,70 g F
	20,40 g KH
	152 kcal

Käse-Kräuterkartoffeln *2 Portionen*

250 g Kartoffeln, geschält, 20 g Emmentaler, gerieben, 1 TL Öl, 1 TL Majoran- oder Thymianblätter, frisch.

Kartoffeln roh in Scheiben (ca. ½ cm dick) schneiden. Auf ein mit Öl bestrichenes Backblech (oder Tonschale) schichten, salzen und im vorgeheizten Ofen (E-Herd, 220 °C) ca. 30 Minuten backen. Mit Käse bestreuen und weitere 5 Minuten in den Backofen geben, bis der Käse zerlaufen ist. Vor dem Servieren mit frischen Kräutern bestreuen.

Pro Portion:	
	5,90 g Ew
	5,60 g F
	20,20 g KH
	154 kcal

Wichtig: Sämtliche Kartoffeln und Kartoffelgerichte können auf diese Art im Backofen zubereitet werden. Ein Warmluftofen (Konvektomat) eignet sich ebenso, wenn er 250 °C erreichen kann! Der Eigengeschmack wird unvergleichlich besser und die Fetteinsparung ist entscheidend. Kartoffelkroketten z. B. (gleiche Grundmasse wie Kartoffellaibchen, Rezept Seite 314) sollten wie sämtliche anderen beliebten Gerichte nicht in erhitztem*, schwimmendem Fett, sondern nach der hier genannten Weise gefertigt werden. Wenn es schneller gehen soll, so werden die Kartoffelscheiben bei Kümmelkartoffeln und Käsekartoffeln vorher weich gedämpft.

---

* Erhitzte Fette sind besonders zu meiden. Da gerade in Gewerbebetrieben für Frittüren billige Fette verwendet werden und diese *viel zu oft* und *viel zu hoch* erhitzt werden, wird empfohlen, auf sämtliche schwimmend in Fett zubereiteten Gerichte (z. B. Fleisch – Fisch – Kartoffeln – Pommes frites usw.) zu verzichten!

Ofenkartoffeln mit saurer Sahne *2 Portionen*

250 g Kartoffeln, geschält, ½ TL Koriander oder Kümmel, gemahlen, 2 EL saure Sahne, eine Prise Meersalz, 1 TL Schnittlauch, frisch und feingeschnitten, 1 TL Öl.

Ganze Kartoffeln etwa 3 mm stark zu ¾ fächerförmig einschneiden. Auf ein mit Öl bestrichenes Backblech (oder Tonschale) geben, salzen und im vorgeheizten Ofen (E-Herd, 220 °C) ca. 30 Minuten weich garen. Saure Sahne gleichmäßig über die Kartoffeln verteilen und weitere 5 Minuten überbacken lassen, bis eine leichte Bräunung entsteht. Mit frischem Schnittlauch bestreuen.

Pro Portion:

3,20 g Ew
4,50 g F
21,0 g KH
137 kcal

Kartoffeln in Folie *2 Portionen*

300 g mehlige Kartoffeln in der Schale, 20 g Butter (Sauerrahm oder Hüttenkäse), 1 Tl Schnittlauch, frisch und feingeschnitten, eine Prise Meersalz.

Kartoffeln mit einer Bürste gut waschen und in Alufolie einwickeln. In eine Pfanne, deren Boden mit Salz bedeckt ist, legen (oder auf einen Rost) und im vorgeheizten Ofen (E-Herd, 220 °C) ca. 30 Minuten weich garen lassen. Kartoffeln mit der Folie der Länge nach einschneiden, etwas aufbrechen und die Butter in Schnittlauch gewälzt hineingeben.

Pro Portion:

3,30 g Ew
8,40 g F
24,50 g KH
186 kcal

Tip:

Als Beilage zu verschiedenen Steaks besonders zu empfehlen. Buttermischungen, Rezept Seite 306, und Quarkaufstriche, Rezept Seite 25, eignen sich zum Füllen!

Roh geriebene Kartoffeln *2 Portionen*

300 g mehlige Kartoffeln, geschält, eine Prise Meersalz, etwas Pfeffer, frisch gemahlen, 1 TL Öl, 1 TL Schnittlauch, Majoran, Thymian oder Origano, frisch und feingeschnitten, (evtl. 1 Eidotter), Muskatnuß.

Kartoffeln sehr fein raspeln, ausdrücken und mit Salz, Kräutern und Pfeffer würzen und (evtl. mit Eidotter) vermischen. Eine beschichtete Pfanne (∅ ca. 10 cm) mit Öl bestreichen und die geraspelten Kartoffeln einfüllen. Wie Puffer flachdrücken. In einer geölten Pfanne beidseitig goldgelb braten. Mit Hilfe eines Fleischtellers umdrehen und wieder in die Pfanne gleiten lassen. Ca. weitere 2–3 Minuten knusprig braun werden lassen. Auf vorgewärmte Teller gleiten lassen und mit Schnittlauch bestreuen.
Diese Kartoffelpuffer kann man auch mit wenig Öl auf der Grillplatte zubereiten. Bei Feinreiben vorher gut ausdrücken (evtl. mit feingeriebenen Karotten oder Zucchini mischen).

Pro Portion:	
	3,10 g Ew
	1,50 g F
	24,20 g KH
	123 kcal

Tip:

Ebenso können aus dieser Masse kleinere Plätzchen geformt werden, welche wie oben zubereitet werden. Auf ein befettetes Backblech legen und mit Tomate und Mozzarella belegen. Mit Salat auch als fleischloses Hauptgericht zu empfehlen. Oder wie eine Pizza belegen und nochmals überbacken.

Kartoffellaibchen/Kroketten *2 Portionen*

Grundmasse

200 g mehlige Kartoffeln, 1 Eidotter, etwas weißer Pfeffer, frisch gemahlen, Meersalz, Muskatnuß, frisch gerieben, Butter zum Auspinseln (Öl).

Gewaschene Kartoffeln kernig weich dämpfen und schälen. Mit einer Kunststoffraspel grob aufreiben und mit Eidotter, Pfeffer, Salz und Muskatnuß würzen. 4 kleine Laibchen formen und in eine mit zerlassener Butter ausgepinselte Tonschale (oder Backblech) geben. Im vorgeheizten Ofen bei 220 °C 10 Minuten backen lassen oder in einer Pfanne mit Öl beidseitig bräunen.

Zur Hebung des Eigengeschmackes etwas zerlassene Butter unter die Grundmasse mischen.

Diese Grundmasse kann auch mit geschwenkten Champignons, Steinpilzen oder frischen Kräutern vermengt zu Plätzchen geformt und wie eine Pizza belegt und überbacken werden. Das geht auch ohne Ei.

Pro Portion:	3,40 g Ew
	2,70 g F
	16,10 g KH
	102 kcal

Tip:

Die gleiche Grundmasse kann auch für Kartoffelkroketten verwendet werden. In diesem Fall wird die Masse in einen Spritzsack (ohne Tülle) gefüllt, daraus eine lange Wurst geformt, diese in 5 cm lange Stücke geschnitten, in Vollmehl gewälzt, auf ein Backblech gelegt und im Rohr gebräunt.

Danach mit einer Spachtel vom bemehlten Blech heben.

Käse-Kartoffellaibchen *2 Portionen*

200 g mehlige Kartoffeln, 1 Eidotter, etwas weißer Pfeffer, frisch gemahlen, Meersalz, Muskatnuß, 20 g Emmentaler (Schafskäse), gerieben, 1 TL Majoranblätter, frisch.

Gewaschene Kartoffeln im Kocheinsatz weich dämpfen, schälen. Mit einer Kunststoffraspel grob aufreiben und mit Eidotter, Pfeffer, Salz und Muskatnuß würzen. Grob geriebenen Käse und Majoranblätter dazugeben, 4 kleine Laibchen formen und in eine mit zerlassener Butter ausgepinselte Tonschale (oder Backblech) geben. Im vorgeheizten Ofen bei 220 °C 10 Minuten backen. Oder in der Pfanne braten und im Ofen warmhalten. Der Eidotter kann auch weggelassen werden.

Pro Portion:	6,30 g Ew
	5,80 g F
	16,20 g KH
	143 kcal

Tip:
Zur Abwechslung gibt man zur Grundmasse 20 g Champignons und 10 g Zwiebel, in Butter angeschwitzt, dazu, oder man belegt die Laibchen vor dem Backen mit 20 g Tomatenwürfeln und 5 g geriebenem Parmesan, Mozzarella oder Emmentaler Käsescheiben. Zum Würzen gibt man unter die Grundmasse etwas zerlassene Butter.

Kräuter-Kartoffellaibchen *2 Portionen*

200 g Kartoffeln, evtl. 1 Eidotter, etwas weißer Pfeffer, frisch gemahlen, Meersalz, Muskatnuß, frisch gerieben, 10 g Butter, 1 TL Gartenkräuter, frisch (Majoran-, Thymian-, Basilikumblätter, Bärlauch, Ruccola).

Grundzubereitung wie bei Kartoffellaibchen, Seite 314.
Zusätzlich werden die frischen Kräuter in 10 g Butter angeschwitzt und zur
Grundmasse beigemengt. Aus der gleichen Grundmasse kann man auch
Kartoffelkroketten formen (siehe Seite 314) und im Backrohr bräunen und
garen.

Pro Portion:	3,50 g Ew
	6,70 g F
	16,30 g KH
	140 kcal

Kartoffelstrudel mit Kräutern *4 Portionen*

400 g vorgekochte und erkaltete Kartoffeln reiben, mit 150 g Vollwertmehl,
2 Eidottern, Muskatnuß und etwas Salz zu einem glatten Teig verarbeiten.
Zu einem Rechteck ausrollen. 100 g gehackte Petersilie oder Bärlauch oder
andere Frischkräuter in Butter geschwenkt darauf verteilen, Teig aufrollen
und, locker in feuchtes Tuch eingepackt, ca. ½ Stunde in Salzwasser leise
kochen.
In Scheiben geschnitten servieren oder in der Pfanne beidseitig braten.
Dazu paßt etwas zerlassene Butter und eine Schüssel Salat oder Sauerkraut.

Pro Portion:	10,60 g Ew
	13,90 g F
	41,90 g KH
	348 kcal

Tip:

Sauerkraut soll auf alle Fälle ohne Einbrenne zubereitet werden, dann ist es auch
besser verträglich. Zusätzlich kann der Kartoffelstrudel auch mit 50 g Schinken und
Käsewürfelchen gefüllt werden.
Oder roh geriebene Kartoffeln mit Butter und Sahne kurz einkochen (große Pfanne),
mit Kräutern, Salz und Muskat würzen (400 g Kartoffeln, 100 g Sahne, 30 g
Butter), in Strudelteigblätter füllen und im Ofen überbacken.

Eierschwammerlpfanne *4 Portionen*

40 g Lauch oder Jungzwiebel, 200 g Eierschwammerln, 20 g Butter, 40 g Schalotten, feingeschnitten, 1 EL frischer Schnittlauch, 2 Eier, 3 EL saure oder süße Sahne, Pfeffer.

Die Schwammerln fein putzen und gründlich waschen. Man achte auch darauf, daß man die kleinen Nadeln der Bäume und sonstige Fremdkörper ablöst. Gut abtropfen lassen, die größeren Stücke halbieren oder vierteln. Schalotten fein hacken. In einer geräumigen Pfanne die Butter erhitzen, Schalotten darin hell anschwitzen, fein nudelig geschnittenen Lauch mitrösten. Die vorbereiteten Eierschwammerln dazugeben, würzen und in der offenen Pfanne flott dünsten bis die Flüssigkeit verdampft ist (dann sind auch die Schwammerl gar). Eier aufschlagen und mit der sauren Sahne in einer Schüssel versprudeln, salzen, pfeffern, über die Eierschwammerln gießen und einige Male verrühren, stocken lassen und sofort in der Pfanne mit Schnittlauch bestreut auftragen. Dazu paßt sehr gut ein Vollwertbrot oder frische, gedämpfte Kartoffeln.

Pro Portion:	
	4,60 g Ew
	14,20 g F
	3,13 g KH
	160 kcal

Tip:

Für besonders Empfindliche weniger geeignet, kann auch mit Champignons oder Steinpilzen (ohne Ei) gemacht werden.

Kartoffel-Pilz-Laibchen *4 Portionen*

1 kg mehlige Kartoffeln, 150 g Eierschwammerln oder Champignons, 20 g Butter, 2 Dotter, Petersilie, Kerbel, Muskatnuß, Salz, etwas Vollwertmehl, 20 g Schalotten.

Kartoffeln weich dämpfen oder kochen, schälen, überkühlen lassen und grob reiben. Eierschwammerln oder Champignons blättrig schneiden, Schalotten kleinschneiden und in der Butter dünsten lassen. Geriebene Kartoffeln mit den Pilzen, Eidottern, Kräutern und Gewürzen vermengen. Laibchen formen, auf gemehltes Blech legen und im Rohr bei ca. 200 °C 10 Minuten backen. Anstatt im Rohr kann man die Laibchen auch auf einer Grillplatte (mit wenig Öl) beidseitig bräunen.
Dazu passen Rohkostsalate und Gemüsesaucen.

Pro Portion:	
	7,50 g Ew
	7,0 g F
	41,30 g KH
	258 kcal

Tip:

Die Pilzlaibchen können auch ohne Eidotter gemacht werden.
Im Nu wird daraus eine Pizza, wenn die Kartoffelmasse auf ein gefettetes Backblech fingerstark aufgetragen, wie eine Pizza (mit Tomatenscheiben, Schinkenstreifen und Mozzarella-Käse) belegt und im Ofen gratiniert wird. Das gleiche geht auch mit gedämpfter Polenta, Rezept Seite 164.

Gestürzte Kartoffeln *2 Portionen*

Erdäpfeltimbale

150 g mehlige Kartoffeln, in der Schale gekocht (gedämpft) und geschält, evtl. 1 Eidotter, 30 g Butter, eine Prise Meersalz, Muskatnuß, ½ TL Majoranblätter, frisch, ½ TL Thymianblätter, frisch, 2 feuerfeste Porzellanförmchen (Timbales), ⌀ 7 cm, Höhe 4 cm.

Kartoffeln waschen, weich dämpfen und schälen.
Geschälte Kartoffeln mit einer groben Kunststoffraspel aufreiben. Zerlassene Butter, Dotter, Salz, Muskatnuß und frische Kräuter dazugeben und gut vermengen. In 2 kleine ausgebutterte Porzellanförmchen füllen und 15 Minuten im Wasserbad zugedeckt köcheln lassen. Stürzen und als Beilage servieren.

Pro Portion:	3,10 g Ew
	15,20 g F
	12,30 g KH
	198 kcal

Tip:

Besonders gut werden diese gestürzten Kartoffeln, wenn man sie hinterher mit etwas saurer Sahne oder Gemüsesauce überzieht oder mit geriebenem Käse kurz gratiniert (mit einer Kruste überbäckt). Zusätzliche Einlage von Schinkenwürfelchen und frische Minzenblätter sorgen für Abwechslung. Ebenso kann diese Masse (z. B. mit einer Eiszange geformt) auf ein leicht bemehltes Backblech gegeben und bei 220° C im Backofen gebräunt werden. Besonders empfehlenswert zu gekochtem Tafelspitz mit Spinat (Rezept Seite 250).

Gemüsegulasch-Ragout   *2 Portionen*

40 g jungen Lauch, 20 g Zwiebel, 40 g junge Sellerieknolle (Stangensellerie), geschält, 30 g junge Petersilienwurzel, abgeschält, 30 g junge Karotten, abgeschabt, 40 g Zucchini, 20 g Butter, ¼ l Gemüsebrühe, ¹⁄₁₆ l Sahne, eine Prise Meersalz, Muskatnuß, frisch gerieben, je 1 TL Majoran- und Thymianblätter, frisch.

Lauch und Zwiebel in kleine Würfel schneiden und mit der Butter in einer Kasserolle anschwitzen. Restliches Gemüse ebenfalls würfelig schneiden und mit anschwitzen lassen. Salzen, mit Gemüsebrühe aufgießen und zugedeckt bei kleiner Flamme ca. 20 Minuten garen. Das Gemüse soll noch „kernig weich" sein. Mit Muskatnuß und Sahne würzen, leicht einkochen lassen und zuletzt mit frischen Kräutern abschmecken und garnieren.

Das Gemüse kann auch im Kocheinsatz gegart, mit fertiger Basensauce gemischt werden.

Pro Portion:

2,20 g Ew
18,0 g F
6,70 g KH
203 kcal

Tip:

Eignet sich vorzüglich zu Getreidegerichten an fleischlosen Tagen (Rezepte Seite 164–165). Das Gemüse kann individuell ausgesucht und gemischt werden. Um das Gemüse zu binden, mixt man einen Teil davon oder mischt eine vorher gefertigte Gemüse- und Kräutersauce (Rezepte Seite 299, 290) dazu. Somit kann die Sahne eingespart werden (wichtig für „Kalorienbewußte"). Bei Neigung zu Blähungen verzichtet man auf Lauch und Zwiebel. Zum Garen eignet sich jeder Dampftopf.

Zucchini-Tomaten-Gemüse *4 Portionen*

5 schlanke Zucchini, 6 Freilandtomaten, 2 Knoblauchzehen, 40 g Butter, etwas Salz, weißer Pfeffer, aus der Mühle, etwas frischgeriebene Muskatnuß, 1 Bund Basilikum.

Bei den Tomaten den Strunk herausschneiden, Tomaten einritzen und sekundenlang in heißes Wasser tauchen. Die Haut abziehen und entkernte Tomaten in Würfel schneiden.

Zucchini putzen, waschen und in ½ cm dicke Scheiben schneiden. Knoblauch feinhacken.

Butter in eine große Pfanne geben und Zucchini mit Knoblauch darin etwa 2–3 Minuten unter mehrmaligem Schwenken leicht anbräunen. Dann die Tomatenwürfel zugeben und alles zusammen einkochen lassen, bis die Zucchini kernig weich sind. Mit Salz, Pfeffer, Basilikum und Muskatnuß gut abschmecken und zu den Erdäpfelkrapferln (Seite 334) servieren.

Dazu paßt eine frisch pürierte Kräuter- oder Gemüsesauce (Seite 290, 299).

Pro Portion:	
	3,20 g Ew
	9,0 g F
	10,50 g KH
	136 kcal

Auberginen gegrillt (Melanzani) *4 Portionen*

2 große Auberginen (geschält oder auch nicht), Salz, etwas Vollwertmehl, 1 TL Öl (Olivenöl), Zitronensaft.

Die Auberginen schälen und in 1 cm dicke Scheiben schneiden. Salzen, mit Zitronensaft beträufeln, in Vollwertmehl wälzen, abklopfen und auf der Grillplatte oder in der Pfanne mit wenig Öl braten. Mariniert mit Olivenöl, Basilikum und Balsamico sind die Melanzani auch kalt (Antipasti) als Vorspeise zu essen. Genauso Zucchini.

Dazu serviert man eine pikante Kräutersauce (Seite 290) und vorweg Salat.

Pro Portion:	
	3,90 g Ew
	1,90 g F
	17,60 g KH
	440 kcal

Sellerie in Zitronensauce *4 Portionen*

1 Sellerieknolle (450 g), 30 g Butter, Salz, weißer Pfeffer, ⅜ l heiße Gemüsebrühe, 3 Eigelb, 3 EL Zitronensaft, 1 Bund Petersilie, 100 g geriebenen Emmentaler oder Bergkäse.

Sellerieknolle unter fließendem Wasser abbürsten, schälen und in fingerdicke Scheiben schneiden. Butter in einem Topf erhitzen, Sellerie hineingeben und auf jeder Seite 2 Minuten anbraten. Gemüsebrühe darübergeben, salzen, pfeffern und 20 Minuten kochen lassen. Dann vorsichtig abseihen und Brühe auffangen. Selleriescheiben in einer befetteten Auflaufform anrichten. Eigelb mit Zitronensaft und 2 EL Gemüsebrühe verquirlen und in die Brühe rühren. Topf vom Herd nehmen und die Sauce mit Salz und Pfeffer abschmecken. Dann über die geschichteten Selleriescheiben geben, Emmentaler darüberstreuen und im vorgeheizten Ofen bei 200 °C 20 Minuten überbacken. Inzwischen Petersilie waschen, abtropfen, fein hakken und vor dem Servieren darüberstreuen.

Pro Portion:	11,0 g Ew
	18,30 g F
	12,50 g KH
	263 kcal

Tip:

Eine weitere Variante: Selleriescheiben weichdämpfen, mit Kräuter-Basensauce übergießen und mit Bergkäse oder Mozzarella und Tomaten gratinieren.
Dazu paßt (als Hauptspeise) ein Gemüsepüree, Rezept Seite 330.

Pikantes Fenchelgemüse (Finocchio) *4 Portionen*

2 Fenchelknollen (700 g), 3 Tomaten (250 g), 50 g Butter, 100 g geriebener Emmentaler Käse, 200 g frische Champignons, etwas Meersalz, etwas Pfeffer aus der Mühle, 1 EL frische Gartenkräuter.

Den Fenchel putzen, 4 schöne Fenchelschalen zum Füllen herunterschneiden, dabei die Strünke und die schlechten äußeren Blätter entfernen. Dann die Fenchelhälften nochmals der Länge nach halbieren, in ca. 1 cm große Würfel schneiden und mit den Fenchelschalen im Dampftopf ca. 2 Minuten kernig weich dämpfen. Inzwischen die Tomaten einritzen, den Strunk herausschneiden, kurz in kochendes Wasser tauchen und die Haut abziehen. Tomaten halbieren, entkernen und in ca. 1 cm große Würfel schneiden. Champignons putzen, waschen, abtropfen und halbieren.
Butter in einer Pfanne schmelzen lassen und die Champignons darin kurz anbräunen. Dann die Fenchelwürfel, die Tomatenwürfel, die Hälfte vom Käse und die feingewiegten Gartenkräuter zugeben. Vorsichtig untermischen und mit Salz, Pfeffer und etwas frisch geriebener Muskatnuß würzen. (Evtl. 1 EL saure Sahne oder Basensauce darunterziehen.)
Dieses Ragout in die weich gedämpften Fenchelschalen einfüllen und mit dem restlichen Käse bestreuen. Im vorgeheizten Ofen kurz überbacken, bis der Käse eine goldbraune Farbe bekommt. Zum Überbacken kann ebenfalls der Käse mit etwas saurer Sahne gemischt werden.

Pro Portion:	
	12,30 g Ew
	18,80 g F
	17,30 g KH
	292 kcal

Tip:

Stangensellerie kann gleich verwendet werden.
Dazu gestürzte Kartoffeln, Rezept Seite 319, und vorweg eine Schüssel Salat.

Pikante Tomaten gefüllt   *4 Portionen*

8 Stück mittelgroße und reife Freiland-Tomaten, 170 g Zucchini, 100 g Auberginen, 1 mittlere Zwiebel, 2 EL frische Gartenkresse oder Basilikum (ersatzweise Petersilie), 1 TL Zitronensaft, 1 Zehe Knoblauch, Vollsalz, 150 g geriebener Emmentaler Käse, Mozzarella oder Bergkäse, 1 TL Öl, etwas weißer Pfeffer aus der Mühle, 50 g Butter.

Die Tomaten waschen, den Deckel abschneiden und das Mark (Fruchtfleisch) herausschneiden. Die Zwiebel in kleine Würfelchen schneiden. Auberginen und Zucchini in ½ cm starke Würfel schneiden. Den Knoblauch fein zerdrücken.
Butter in einem großen Kochtopf schmelzen lassen und die Zwiebel darin kurz anschwitzen. Dann Auberginen- und Zucchiniwürfelchen kurz anschwitzen, Mark zugeben und mit Salz, Pfeffer, Zitronensaft und Knoblauch würzen. Dann den Kochtopf zudecken und bei kleiner Flamme ca. 10 Minuten dünsten lassen, bis alles sämig-dicklich ist. Danach zwei Drittel vom Käse und die Gartenkresse dazugeben. Die ausgehöhlten Tomaten gerade schneiden, damit sie schön stehen und in eine mit Öl bepinselte Auflaufform stellen. Mit dem Ragout füllen und den restlichen Käse darüberstreuen.
Im vorgeheizten Ofen bei 200 ° C 10 Minuten überbacken.
Zwischendurch mit etwas Weißwein oder Gemüsebrühe aufgießen.

Pro Portion:	
	11,90 g Ew
	22,90 g F
	5,40 g KH
	286 kcal

Tip:

Wie oben können auch Melanzanigemüse, Gurken oder Zucchini gefüllt werden. Dazu serviert man etwas Basensauce und Kräuter-Kartoffellaibchen, Rezept Seite 315.

Käseknödel *4 Portionen*

4–6 würfelig geschnittene, altbackene Vollwertsemmeln, 80 g Butter, feingehackte Petersilie, Thymian oder Majoran, 2 Eier, Salz, ¼ l Milch, 6 EL Vollwertmehl, 100 g geriebener Emmentaler Käse, geröstete Zwiebeln oder Semmelbrösel zum Anrichten.

Die Semmeln würfelig schneiden, in Butter mit feingehackter Petersilie anrösten, mit den Eiern, der Milch und dem Mehl sowie dem geriebenen Emmentaler vermengen, evtl. noch salzen. 20 Minuten kühlstellen, dann Knödel daraus formen und 20 Minuten langsam kochen lassen. Anrichten und mit in Butter gerösteten Zwiebeln oder Semmelbröseln übergießen. Dazu paßt jeder Salat.
Diese Knödelmasse kann auch, in eine Serviette gebunden, in Salzwasser gekocht werden (Beilage oder Hauptspeise).

Pro Portion:	
	18,70 g Ew
	30,10 g F
	47,0 g KH
	539 kcal

Tip:

In kleiner Form auch als Suppeneinlage geeignet.

Spargel mit frischen Kräutern *2 Portionen*

300 g Spargel, 10 g Butter, 1 TL Gartenkräuter, frisch, eine Prise Meersalz, ¼ Zitrone (ungespritzte Schale), 1 EL Zucker, ⅛ l Weißwein.

Spargel vom Kopf zum Ende hin dicker werdend schälen. Holzige Fasern entfernen und die Enden der Stiele etwa ½ cm stutzen. In kochendem Salzwasser (evtl. gebunden, stehend) mit Zitrone, Weißwein, Butter und Zucker ca. 8–10 Minuten nicht zu weich garen. Spargelschalen im Wasser mitkochen lassen. Das Wasser zum Aufgießen weiterverwenden. Spargel trocken in einem randhohen feuerfesten Ton-, Porzellan- oder Glasgefäß anrichten und mit Kräuterbutter oder Buttersauce (Seite 262) übergießen. Beim Kochen evtl. zusammenbinden und in das Kochwasser stellen. Erst später umlegen, da die Stiele länger brauchen als der zarte Kopf.

Pro Portion:	3,42 g Ew
	4,50 g F
	6,0 g KH
	79 kcal

Tip:

Spargelzeit ist von April – Juni. Frischer grüner Spargel wird gleich zubereitet, nur an den Enden schälen. Spargel nach dem Garen evtl. mit schmalen Schinkenstreifen umwickeln. Passend zu allen Gemüsen sind frische Gemüse- und Kräutersaucen (Rezepte Seite 299, 290). Kann auch kalt als Vorspeise mit entsprechender Sauce (Seite 99) oder Vinaigrette serviert werden.

Blattspinat natur *2 Portionen*

100 g Blattspinat, jung und frisch, 10 g Butter, 20 g Schalotten oder Zwiebeln, feingeschnitten, eine Prise Meersalz, etwas weißer Pfeffer, frisch gemahlen, etwas Muskatnuß, frisch gerieben, etwas Knoblauch.

Spinat putzen und in reichlich kaltem Wasser schnell und gründlich waschen. In einem Sieb abtropfen lassen. Butter in eine Kasserolle geben, Zwiebel darin anschwitzen und Spinatblätter zugeben. Mit wenig Salz, Knoblauch, Pfeffer und Muskatnuß würzen, die Kasserolle zudecken und die Spinatblätter ca. 3 Minuten kernig weich garen.

Pro Portion:

1,80 g Ew
4,30 g F
2,70 g KH
57 kcal

Blattspinat mit Rahm *2 Portionen*

100 g Blattspinat, 10 g Butter, 20 g Zwiebel, feingeschnitten, eine Prise Meersalz, etwas weißer Pfeffer, frisch gemahlen, etwas Muskatnuß, frisch gerieben, 3 EL Sahne.

Zubereitung wie oben. Spinatblätter mit der Sahne einkochen lassen, wodurch eine sämige Bindung entsteht. Wer es liebt, gibt etwas Knoblauch, Bärlauch oder junge Brennesseln zum Spinat.

Pro Portion:

2,20 g Ew
9,10 g F
3,20 g KH
103 kcal

Kartoffelnudeln mit Käse *4 Portionen*

500 g mehlige Kartoffeln, 150 g Vollwert-Weizenmehl, 30 g Grieß (Dinkel-Grieß), etwas Salz, 1 Eidotter, etwas Muskatnuß, 1 EL frischgehackte Petersilie, 100 g feingeriebener Emmentaler Käse, 30 g Butter.

Die Kartoffeln mit Schale weich dämpfen oder kochen. Schälen und noch heiß durch eine Kartoffelpresse auf ein Schneidbrett pressen. Mit allen Zutaten zu einem Teig verarbeiten. Nicht kneten, nur kurz durcharbeiten, sonst wird der Teig zäh. Den Kartoffelteig in dicke Rollen formen, davon nußgroße Stücke schneiden und mit der Hand auf einem bemehlten Brett zu länglichen Nudeln rollen. In Salzwasser 5 Minuten kochen, vorsichtig herausheben, abtropfen lassen und in Butter schwenken oder auf ein mit wenig Mehl bestäubtes Backblech geben und im vorgeheizten Ofen bei 220 °C ca. 10 Minuten knusprig überbacken.

Pro Portion:	
	15,40 g Ew
	16,30 g F
	59,20 g KH
	419 kcal

Tip:

Magerer gewürfelter Rinderschinken, geriebener Käse oder verschiedene frische Kräuter können für Abwechslung sorgen. Dazu paßt eine Schüssel frischer Salat.
Gekocht können die Nudeln auch gefrostet werden. Mit Butter und Bröseln, Mohn, Nüssen oder Mandeln geschwenkt, kann daraus auch eine Süßspeise gemacht werden.

Rosenkohl Mailänder Art   *4 Portionen*

800 g Rosenkohl, Kohlsprossen, Wasser, Salz, 300 g Tomaten, 3 EL Olivenöl (30 g) oder 30 g Butter, Pfeffer, 1 EL frische Basilikumblätter (oder in Öl eingelegtes Basilikum).

Rosenkohl putzen und waschen. Strünke kreuzweise einschneiden. Wasser mit Salz in einem Topf aufkochen, Rosenkohl hineingeben und ca. 20 Minuten weich kochen. Tomaten einritzen, überbrühen, häuten und Stengelansätze herausschneiden. Tomaten vierteln.
Öl oder Butter in einem Topf erhitzen und Tomaten darin 5 Minuten dünsten. Rosenkohl abtropfen lassen (Wasser weiterverwenden) und zu den Tomaten geben. Mit Salz, Pfeffer und Basilikum abschmecken. Evtl. mit wenig Basensauce mischen.

Pro Portion:	10,80 g Ew
	15,0 g F
	16,50 g KH
	245 kcal

Kartoffelpüree   *2 Portionen*

220 g Kartoffeln (mehlig), 2 EL Sahne, Meersalz, Muskatnuß, frisch gerieben, ¼ l Gemüsebrühe, 10 g Butter.

Kartoffeln waschen, schälen und in Scheiben schneiden. In einer Kasserolle mit Butter anschwitzen, mit Gemüsebrühe aufgießen, salzen und zugedeckt ca. 15 Minuten bei schwacher Hitze garen lassen. Die frischen gedämpften Kartoffeln im Mixer (Moulinex) mit Sahne und Muskatnuß pürieren.
Oder die Kartoffeln mit Schale dämpfen, pellen, durchdrücken und mit Sahne, Milch, Butter und Muskat vermischen und abschmecken.

Pro Portion:	2,50 g Ew
	7,30 g F
	18,0 g KH
	147 kcal

Gemüsepüree *2 Portionen*

50 g Sellerieknollen, 50 g Kartoffeln, 50 g Karotten, 50 g Lauchgemüse, 10 g Butter, ¼ l Gemüsebrühe, 4 EL Sahne, Meersalz, Muskatnuß, frisch gerieben.

Das geschälte und gewaschene Wurzelwerk abtropfen lassen und klein aufschneiden. Den Lauch ebenfalls waschen, abtropfen lassen, streifenförmig schneiden und in einer Kasserolle mit Butter anschwitzen. Wurzelwerk zugeben und mit Gemüsebrühe aufgießen. Zugedeckt bei schwacher Hitze ca. 15 Minuten garen lassen. Das trocken gedämpfte Gemüse im Mixer mit Sahne, Salz und Muskatnuß pürieren. Nur ganz kurz mixen oder die Masse passieren.

Oder das Gemüse im Kocheinsatz weichdämpfen und mit Sahne und Gewürzen in der Moulinex pürieren.

Pro Portion:	
	1,70 g Ew
	12,10 g F
	9,70 g KH
	157 kcal

Tip:

Sollte nach dem Garen der Gemüse noch etwas Flüssigkeit vorhanden sein, so verwendet man diese als Aufguß für andere Gerichte (z. B. Basensuppen) weiter.
Natürlich kann sämtliches Gemüse auch vorher gedämpft, dann püriert bzw. passiert und mit Butter, Salz und Muskatnuß abgeschmeckt werden.
Zum Dämpfen von Gemüse eignet sich jeder Dampftopf mit Einhängekorb oder Kocheinsatz!

Fenchelpüree *2 Portionen*

100 g Fenchelknollen, küchenfertig geputzt, 100 g Kartoffeln, 10 g Butter, 1 EL Fenchelkraut, frisch, ca. ¼ l Gemüsebrühe, Meersalz, 1–2 EL Sahne.

Fenchelgemüse kleinwürfelig schneiden, waschen und in einem Haarsieb abtropfen lassen. Kartoffeln schälen und ebenfalls würfelförmig aufschneiden. Das Fenchelkraut mit Butter in der Kasserolle anschwitzen, Fenchelgemüse und Kartoffeln zugeben, mit Gemüsebrühe aufgießen und zugedeckt 10–15 Minuten garen lassen. Das trockene Gemüse im Mixer (Moulinex) mit Sahne und Gewürzen pürieren und mit Fenchelgrün garnieren. Oder das weichgedämpfte Gemüse pürieren.

Pro Portion:	
	2,60 g Ew
	7,70 g F
	13,30 g KH
	139 kcal

Zucchinipüree *2 Portionen*

30 g junge Zwiebel oder Schalotten, 100 g Zucchinigemüse, 100 g Kartoffeln, 10 g Butter, 1 EL Dillkraut, frisch, ca. ¼ l Gemüsebrühe, Meersalz, 1–2 EL Sahne, Muskatnuß.

Geschälte Zwiebeln kleinhacken. Zucchini waschen und in Scheiben schneiden. Dillkraut mit Butter in einer Kasserolle anschwitzen, Gemüse und geschälte, würfelig geschnittene Kartoffeln zugeben, mit Gemüsebrühe aufgießen und zugedeckt ca. 10 Minuten kernig weich garen. Das trockene Gemüse im Mixer (Moulinex) mit Sahne und Gewürzen zu einem Püree verarbeiten.

Pro Portion:	
	2,70 g Ew
	8,20 g F
	13,10 g KH
	137 kcal

Tip:

Nach dem Mixen kann zusätzlich jedem Püree etwas des namengebenden Gemüses, in kleine Würfelchen geschnitten und gedämpft, zugegeben werden (z. B. bei Selleriepüree ein paar Selleriewürfelchen). Anstatt Gemüsebrühe kann auch überall Milch verwendet werden. Nur ganz kurz mixen.

Grünes Püree *2 Portionen*

200 g Blattspinat, jung und frisch, 10 g Butter, 2 EL Sahne, Meersalz, etwas Muskatnuß, frisch gerieben.

Spinatblätter in reichlich kaltem Wasser schnell und gründlich waschen. In einem Haarsieb abtropfen lassen. Butter in die Kasserolle geben und die Spinatblätter darin ca. 3 Minuten ausdämpfen. Im Mixer (Moulinex) mit Sahne, Salz und Muskatnuß pürieren. Kann auch mit Kartoffeln gemischt werden.

Pro Portion:	3,50 g Ew
	13,30 g F
	4,40 g KH
	105 kcal

Petersilienwurzelpüree *2 Portionen*

200 g Petersilienwurzeln, jung, 10 g Butter, 2 EL Sahne, Meersalz, Muskatnuß, frisch gerieben, ¼ l Gemüsebrühe.

Die gewaschenen und abgeschälten Petersilienwurzeln grob aufschneiden, mit Butter in einer Kasserolle anschwitzen, mit Gemüsebrühe aufgießen und zugedeckt ca. 15 Minuten bei schwacher Hitze ausdämpfen lassen. Das trocken gegarte Gemüse mit Sahne, Salz und Muskatnuß pürieren. Oder das Gemüse weichdämpfen, dann pürieren.

Pro Portion:	2,70 g Ew
	8,0 g F
	12,60 g KH
	120 kcal

Tip:

Beim Einkauf darauf achten, daß die Wurzeln nicht holzig sind!

Selleriepüree *2 Portionen*

220 g Sellerie, ½ TL Zitronensaft, 50 g Kartoffeln, geschält, ca. ¼ l Gemüsebrühe, Meersalz, etwas Muskatnuß, frisch gerieben, 2 EL süße Sahne, ½ TL frische Salbeiblätter, 10 g Butter.

Sellerieknollen mit der Bürste unter fließendem Kaltwasser gut abreiben, schälen, in Würfelform schneiden und mit Zitronensaft beträufeln. Geschälte Kartoffeln ebenfalls würfeln. Butter in einer Kasserolle schmelzen lassen, Kartoffeln und Sellerie darin anschwitzen, mit Gemüsebrühe aufgießen und zugedeckt bei schwacher Hitze ca. 15 Minuten garen lassen. Nach der Garzeit soll die Flüssigkeit verdunstet sein, ansonsten diese auffangen und das trockene Gemüse im Mixer (Moulinex) unter Zugabe von Salz, Muskatnuß und Sahne pürieren.

Pro Portion:	2,70 g Ew
	8,0 g F
	12,60 g KH
	120 kcal

Tip:

Es besteht auch die Möglichkeit, das Gemüse im Dampfdrucktopf zu garen, im Mixer zu pürieren und mit den Zutaten abzuschmecken.
Genauso kann auch ein Püree von gelben Rüben, Pastinaken, Kürbis oder roten Rüben gemacht werden. Mit einem Eisportionierer anrichten.

Karottenpüree *2 Portionen*

220 g Karotten, ½ TL Honig, Meersalz, Muskatnuß, 2 EL Sahne, 2 TL Zitronenmelisse, frisch, ca. ¼ l Gemüsebrühe, 10 g Butter.

Ganz junge Karotten nur unter fließendem Wasser abbürsten. Ausgewachsene Karotten waschen und abschaben. In Scheiben schneiden, mit Butter in einer Kasserolle glasig anschwitzen, mit Gemüsebrühe aufgießen und zugedeckt bei schwacher Hitze ca. 15 Minuten ausdünsten lassen. Das trockene Karottengemüse im Mixer mit Sahne, Zitronenmelisse, Salz und Muskatnuß zu einem Püree verarbeiten.

Pro Portion:

1,90 g Ew
8,30 g F
11,50 g KH
128 kcal

Kartoffelkrapferln mit Zucchinigemüse
4 Portionen

500 g mehlige Kartoffeln, 50 g Butter, 50 g geriebener Hartkäse (Emmentaler oder Bergkäse), 1 Eidotter, 2 feingeschnittene Schalotten, 1 EL Schnittlauchröllchen, etwas Salz, weißer Pfeffer aus der Mühle, Muskatnuß, frisch gerieben, 1 EL Vollwertmehl.

Kartoffeln mit der Schale kernig weich garen (im Dampftopf) und schälen. Die noch warmen Kartoffeln in eine Schüssel raspeln (nicht fein passieren). Schalotten in einer Pfanne mit Butter glasig schwitzen und untermischen. Eidotter und Schnittlauch zur Masse geben und mit Salz, Pfeffer und Muskatnuß würzen. Dann fingerdicke ca. 100 g schwere Krapfen formen (Eisportionierer) und diese auf ein mit Vollmehl bestäubtes Backblech legen.

Im vorgeheizten Ofen bei 220 °C ca. 10 Minuten bräunen. Mit Hilfe einer Spachtel vom Blech heben.
Zu diesem sehr einfachen Gericht paßt bestens eine Schüssel Salat!

Pro Portion:

7,30 g Ew
15,70 g F
22,80 g KH
263 kcal

Brokkoli mit Butter *2 Portionen*

400 g Brokkoli, 20 g Butter, eine Prise Meersalz.

Brokkoli so putzen, daß der Kopf nur einen kurzen Stengel aufweist. Waschen und in kochendem Salzwasser etwa 8 Minuten knackig garen. Vorsichtig herausheben (damit die Blüten nicht abfallen) und in einem feuerfesten randhohen Porzellangefäß anrichten. Mit Butter übergießen. Kann auch mit Sauerrahm überzogen und mit Käse bestreut gratiniert werden. Blumenkohl (evtl. mit Bröselbutter) kann gleich zubereitet werden.

Pro Portion:

1,70 g Ew
8,60 g F
3,0 g KH
96 kcal

Tip:

Gemüsewasser, am nächsten Tag verwendet, ist evtl. vorteilhafter als Leitungswasser. Bei längerem Stehenlassen wird das Gemüsewasser grau, und es setzt sich ab. Langsam aufgießen – und den „Gemüsesatz" zurücklassen!

Brokkoli mit Tomatensauce *2 Portionen*

400 g Brokkoli, 10 g Butter, eine Prise Meersalz, Tomatensauce (siehe Rezept Seite 303).

Zubereitung erfolgt nach Rezept Seite 315. Das Brokkoligemüse wird nach dem Garen mit etwas frischer Tomatensauce nappiert (überzogen). Dazu passen auch geschälte Tomatenwürfel mit Basilikum geschwenkt.

Pro Portion:

4,10 g Ew
13,20 g F
9,80 g KH
174 kcal

Kürbisgemüse *4 Portionen*

1500 g Kürbis, 2 Zwiebeln (80 g), 30 g Butter, 4 Tomaten (160 g), ⅛ l Gemüsebrühe, Salz, Pfeffer, 1 TL Bienenhonig, 1 Bund Dill, 1 EL Weizenvollmehl (15 g).

Kürbis schälen, entkernen und Fruchtfleisch in 1 cm große Würfel schneiden. Zwiebel schälen, halbieren und fein würfeln. Butter in einem Topf erhitzen und Zwiebeln darin 3 Minuten hellbraun braten. Kürbisfleisch zugeben und 5 Minuten mitbraten. Tomaten waschen, kreuzweise einschneiden, mit kochendem Wasser überbrühen und Haut abziehen. Stengelansätze rausschneiden und Tomaten würfeln. In den Topf geben und mit Gemüsebrühe auffüllen. 5 Minuten dünsten lassen. Mehl darüberstreuen und in 5 Minuten gar kochen. Mit Salz, Honig und Pfeffer abschmecken. In einer vorgewärmten Schüssel anrichten und mit frisch gehacktem Dill bestreuen.
Dazu paßt Dinkel oder Vollwertreis.

Pro Portion:

5,20 g Ew
6,80 g F
8,70 g KH
197 kcal

Dessert

Dessertcremes
Soufflés
Warme Getreideaufläufe

Bananencreme *4 Portionen*

150 g Bananen, geschält, 80 g Sahne oder ½ Becher Biogarde oder Sanoghurt oder Schafsjoghurt .

Banane im Mixer (Moulinex) pürieren oder zerdrücken und mit geschlagener Sahne (Biogarde) vermischen. In 2 Portionsschalen füllen und mit Bananenscheiben garnieren. Sofort servieren.

Pro Portion:

1,70 g Ew
6,80 g F
10,20 g KH
109 kcal

Wichtig: Bei Milchunverträglichkeit kann Schafmilch oder Sojamilch oder Schafjoghurt anstatt Kuhmilchprodukten verwendet werden.

Bananen-Apfel-Creme *4 Portionen*

100 g Banane, geschält, 60 g säuerlicher Apfel, geschält und entkernt, 80 g Sahne oder ½ Becher Biogarde (evtl. Joghurt).

Banane und Apfel mixen (Moulinex) und mit geschlagener Sahne (Biogarde) vermischen. In 2 Portionsschalen füllen und mit Apfelschnitten und Bananenscheibchen garnieren.

Pro Portion:

1,60 g Ew
6,80 g F
9,30 g KH
105 kcal

Bananen-Erdbeer-Creme *4 Portionen*

120 g Banane, geschält, 100 g Wald- oder Gartenerdbeeren, frisch, 3 cl* Sahne oder Joghurt. Junge Minzenblätter.

Banane und Erdbeeren mixen, evtl. mit etwas Honig süßen und die steifgeschlagene Sahne unterheben. In Portionsschalen abfüllen und mit Banane, Minzenblättern und Erdbeeren garnieren.

Pro Portion:	0,70 g Ew
	2,60 g F
	8,80 g KH
	61 kcal

Himbeercreme *4 Portionen*

120 g Himbeeren, frisch, 100 g Bananen, 3 cl Sahne, Joghurt oder Sauerrahm. Frische Zitronenmelisse.

Himbeeren mit Banane mixen, evtl. mit Honig nachsüßen und die steifgeschlagene Sahne unterheben. In Portionsschalen füllen und mit Himbeeren, Zitronenmelisse und Banane garnieren. Sofort servieren.

Pro Portion:	0,90 g Ew
	2,60 g F
	8,70 g KH
	61 kcal

*   1 cl = 10 g

Kiwicreme *2 Portionen*

120 g Kiwi, 100 g Banane, 3 cl Sahne oder Joghurt.

Kiwifrucht mit einem kleinen, scharfen Messer dünn schälen und passieren bzw. mit einer Gabel zerdrücken. In 2 Portionsschalen füllen. Banane mixen und mit steifgeschlagener Sahne vermischen. Portionsschalen damit füllen. Mit je einer Kiwischeibe garnieren. Sofort servieren.

Pro Portion:	0,70 g Ew
	2,50 g F
	8,40 g KH
	60 kcal

Frische Feigen in Weinschaumsauce *2 Portionen*

2 vollreife Feigen, 1 Dotter, 1 Messerspitze Vanille natur, 1 gestrichener TL Honig, 2 EL Weißwein, 1 Spritzer Cognac oder Orangenlikör.

Mit einem Messer die äußere Haut der Feigen abziehen, Feigen sechsteln, marinieren und auf einem Teller sternförmig anrichten. In einem Topf etwas Wasser zum Kochen bringen. Die übrigen Zutaten in eine Rührschüssel geben und über Wasserdampf schaumig aufschlagen. Den Weinschaum über die Feigen geben und sofort servieren.

Pro Portion:	8,90 g Ew
	16,20 g F
	15,0 g KH
	247 kcal

Nougatcreme *4 Portionen*

für 4 kleine Dessertschalen

⅛ l Milch, 1 Ei, 15 g Honig, 1 Blatt Gelatine, 40 g Nüsse, gerieben, ¹⁄₁₆ l Sahne, eine Prise Meersalz, 1 Messerspitze echte Vanille, gemahlen.

Die geriebenen Nüsse mit Milch aufkochen lassen. Das 3 Minuten in kaltem Wasser eingeweichte und gut ausgedrückte Gelatineblatt dazugeben und auflösen. Eidotter, Honig und Vanille einrühren. Die Masse abkühlen lassen und kurz vor dem Steifwerden der Creme das mit einer Prise Salz zu Schnee geschlagene Eiweiß und die steif geschlagene Sahne unterheben. In kleinen Glasschalen anrichten und mit Nüssen und wenig Sahne garnieren.

Pro Portion:	
	4,50 g Ew
	13,70 g F
	6,40 g KH
	170 kcal

Wichtig: Damit der Nachtisch etwas Besonderes bleibt, sollte er nur selten serviert werden.

Tip:

Sämtliche Dessertcremes können, um den richtigen Moment des Steifwerdens besser zu erwischen, unter Rühren im Eiswasser kaltgeschlagen werden, bevor die Schlagsahne und der Eischnee untergehoben werden. Auf diese Weise kann es niemals Klumpen geben!

Apfelcreme *4 Portionen*

für 4 kleine Dessertschalen

2 säuerliche Äpfel (300 g), 1 EL Bienenhonig, ¹/₁₆ l Sahne, 10 g Butter, ¹/₁₆ l Milch, eine Prise Meersalz, Zitronenmelisse oder Minzenblätter.

Äpfel waschen, schälen, ausstechen und in Schnitten oder Scheiben schneiden. Butter in einer Kasserolle schmelzen lassen, Äpfel darin anschwitzen, mit Milch aufgießen und 3–4 Minuten bei schwacher Hitze zugedeckt ausdünsten lassen. Im Mixer (Moulinex) mit Honig pürieren, etwas abkühlen lassen und die steif geschlagene Sahne unterheben. In Glasschalen anrichten und mit je einer gedämpften Apfelschnitte und Zitronenmelisse garnieren.

Pro Portion:	
	1,60 g Ew
	8,50 g F
	13,90 g KH
	138 kcal

Wichtig: Die Äpfel (oder auch anderes Obst) können auch im Kocheinsatz gedämpft und püriert werden.

Tip:
Wie obenstehend kann auch eine Mango-, Rhabarber-, Aprikosen- oder Birnencreme gemacht werden!

Grundcreme „Vanille" *8 Portionen*

¼ l Milch, 1 Vanillestange, 2 Eigelb, 50 g Honig oder Rohzucker, 2½ Blatt Gelatine zum Abfüllen in Gläser (zum Stürzen 3½ Blatt Gelatine), ¼ l geschlagene Sahne.

Eine Vanillecreme kann nach vielen Richtungen aromatisiert werden: mit Kaffee, Nüssen, Schokolade, Mandeln und den meisten Früchten. Biskuitscheiben oder -würfel eignen sich als zusätzliche Einlagen.

Gelatineblätter 3–4 Minuten in kaltes Wasser legen. In einem Kochtopf Milch mit Eigelb, Honig oder Rohzucker und der halbierten und ausgekratzten Vanillestange glattrühren und auf der Kochplatte auf ca. 40 °C erwärmen. Die in kaltem Wasser gequollene Gelatine gut ausdrücken und unter die Grundcreme rühren, bis sich die Gelatine vollständig aufgelöst hat. (Dann die Creme durch ein Sieb geben, damit eventuelle Klümpchen noch herausgefiltert werden.) In eine große Schüssel Eiswürfel und kaltes Wasser geben und eine entsprechend kleinere Schüssel hineinstellen. Sie muß aber so groß sein, daß die Sahne später mühelos untergezogen werden kann. Mit einem Schneebesen auf Eis behutsam kaltrühren, bis die Grundcreme leicht dickflüssig wird. Dann sofort herausnehmen und die zwischenzeitlich steif geschlagene Sahne mit dem Schneebesen unterheben. Eine ideale Konsistenz ist erreicht, wenn die Creme dickflüssig vom Löffel fließt. Jetzt kann die Creme in Gläser oder zum Stürzen in Förmchen abgefüllt werden. Während des Einfüllens die Form einige Male auf ein feuchtes Tuch aufstoßen, damit eventuelle Luftblasen entweichen können. 1–2 Stunden gut kühlen und zum Stürzen kurz in heißes Wasser tauchen. Mit Erdbeersauce (siehe Seite 361) oder Ahornsirup servieren.

Pro Portion:	5,20 g Ew
	24,70 g F
	15,20 g KH
	305 kcal

Walderdbeergrütze *8 Portionen*

400 g Walderdbeeren (oder andere Beeren), ¼ l Milch, 2 Eidotter, 5 Blatt Gelatine, 80 g Bienenhonig, ¼ l Schlagsahne, Beeren zum Garnieren, Zitronenmelisse.

Die Erdbeeren gut sortieren, waschen und gut abtropfen lassen. Einige schöne Erdbeeren zum Garnieren beiseite legen. Die übrigen abgetropften Früchte mit dem Mixer unter Zugabe von etwas Honig pürieren.

Blattgelatine in kaltem Wasser 5 Minuten einweichen, dann ausdrücken. Milch, restlichen Honig und Eidotter (es geht auch ohne Eidotter) gut schlagen und in einer Kasserolle erhitzen, jedoch nicht zum Kochen bringen.

In die heiße Flüssigkeit die Gelatine geben, zergehen lassen (durch ein Sieb seihen). Die Creme kaltstellen. Wenn sie leicht zu gelieren beginnt, mit der steifen Schlagsahne vermengen. Die Creme zu ⅔ voll in Gläser füllen und im Kühlschrank 1 Stunde durchziehen lassen. Dann die Gläser mit den pürierten Erdbeeren nicht ganz voll machen und wieder gut durchkühlen lassen. Vor dem Servieren mit Erdbeeren und evtl. einem Tupfer Schlagsahne und Zitronenmelisse garnieren.

Pro Portion:	
	3,30 g Ew
	5,40 g F
	17,70 g KH
	139 kcal

Tip:

Sämtliche Beeren können auf diese Weise zu einer frischen Grütze verarbeitet werden.

Walderdbeer Charlotte *8 Portionen*

Eine halbe Hirseroulade, mit Marmelade gefüllt (Seite 390) und in dünne Scheiben geschnitten.

Creme: *80 g Honig, 8 Blatt Gelatine, 2 Eidotter, geriebene Zitronenschale, ¼ l Schlagsahne, 400 g Walderdbeeren (oder andere Beeren), zum Garnieren evtl. frische Walderdbeeren, ¼ l Milch, Vanille, natur, 2 cl Cognac.*

Die Gelatineblätter in kaltem Wasser 5 Minuten einweichen und ausdrükken. Milch, Honig und Eidotter sowie geriebene Zitronenschale und Vanille mit dem Schneebesen gut verrühren. Auf der Kochstelle erhitzen, aber nicht aufkochen. In die heiße Flüssigkeit die Gelatine geben und darin vollkommen zergehen lassen (durch ein feines Sieb seihen). Mit Cognac abschmecken.
Walderdbeeren waschen, abtropfen lassen. Eine Hälfte der Früchte evtl. mit etwas Honig im Mixer fein pürieren. Das Mark in die bereits ausgekühlte Creme geben. Mit der steif geschlagenen Sahne vermengen. Zweite Hälfte der Früchte unter die Creme mischen. Die Creme in einen mit dünn geschnittener Hirseroulade dicht ausgelegten Model (Halbkugelform) füllen. Evtl. noch mit Rouladenscheiben abdecken. Im Kühlschrank ca. 4 Stunden stocken lassen. Vor dem Servieren die Form in sehr heißes Wasser bis zum Rand eintauchen, etwa drei Sekunden eingetaucht lassen und auf eine bereitgestellte Platte stürzen. Wie einen Kuchen aufschneiden und evtl. mit geschlagener Sahne und mit reservierten Walderdbeeren garnieren.

Pro Portion:	
	4,20 g Ew
	7,0 g F
	25,0 g KH
	179 kcal

Tip:

Frische Beeren aller Art können unter die weiße Grundcreme gehoben werden. Füllt man die Creme in Gläser, so nimmt man nur 4 Blatt Gelatine (Diplomatencreme).

Schokoladencreme *4 Portionen*

¹/₁₆ l Milch, ¹/₁₆ l Sahne, 1 Ei, 50 g gute Milchschokolade, 1 TL Bienenhonig, 1 Blatt Gelatine, eine Prise Meersalz.

Schokolade fein aufreiben und in erhitzter Milch unter Rühren auflösen. Die in kaltem Wasser 3 Minuten eingeweichte und danach gut ausgedrückte Gelatine zugeben und ebenfalls auflösen. Auskühlen lassen oder kaltrühren und kurz vor dem Steifwerden der Creme die geschlagene Sahne und das mit einer Prise Salz steifgeschlagene Eiweiß unterheben. In Glasschalen anrichten und mit geschabter Schokolade und wenig Sahne garnieren.

Pro Portion:

1,80 g Ew
10,70 g F
2,0 g KH
142 kcal

Anis-Teecreme *4 Portionen*

für 4 kleine Dessertschalen

¹/₈ l Milch, 2 EL Anis, 15 g Bienenhonig, 1 Ei, 1 Blatt Gelatine, ¹/₁₆ l Sahne, Meersalz, ½ Vanillestange.

Anis am besten frisch mit der Kaffeemühle mahlen. Gelatineblatt in kaltem Wasser 3 Minuten einweichen und danach gut ausdrücken. Milch in eine Kasserolle geben, Anis, Vanillestange und Gelatine zugeben und unter Rühren auf ca. 70°C erwärmen. Eidotter und Honig unterziehen, abkühlen lassen oder kaltrühren und kurz vor dem Absteifen der Creme geschlagene Sahne und das mit einer Prise Salz steifgeschlagene Eiweiß untermengen. In Gläser abfüllen und mit Sahne und Anis garnieren.

Pro Portion:

2,20 g Ew
1,50 g F
5,10 gKH
96 kcal

Quark-Topfensoufflé *8 Portionen*

250 g Magertopfen, 2 Eidotter, 15 g Honig, 30 g Maizena (Maisstärke), 70 g Milch, 130 g saure Sahne, 2 Eiweiß, 15 g Fruchtzucker, eine Prise Salz, Vanilleschote, Zitronenschale.

Milch, Eidotter und Maizena mit Topfen, saurer Sahne und Honig gut verrühren. Eiweiß mit 15 g Fruchtzucker aufschlagen und unter die Grundmasse heben.
In ausgebutterte Formen füllen, ins kochende Wasserbad setzen und im vorgeheizten Backofen 20 Minuten bei 190 °C ohne Deckel garen. Sofort stürzen und mit einer Fruchtsauce (siehe Seite 361) oder in der Form servieren.

Pro Portion:

6,50 g Ew
3,40 g F
9,10 g KH
94 kcal

Tip:

Die Masse kann auf Vorrat gemacht werden, doch darf das Eiweiß erst kurz vor dem Garen dazugemischt werden. Ebenso kann diese Masse wie ein Schmarren in einer Pfanne oder auf einem gefetteten Backblech im Ofenrohr gemacht werden. Würfel abstechen und mit Fruchtmark servieren.

Quark-Topfenknödel mit Mangoschaum

8 Portionen

45 g Butter, 150 g Magertopfen, 1 Ei, 1 Eidotter, 60 g Grieß (Weizen oder Dinkelgrieß), etwas Salz.

Butter schaumig rühren, Eigelb, Ei und Topfen untermischen, Grieß und Salz beifügen und eine halbe Stunde rasten lassen. Eiweiß zu Schnee schlagen, unter die Masse heben. Danach mit einer Eiszange (Portionierer) kleine Knöderln formen und in reichlich Salzwasser ca. 10 Minuten mehr ziehen als kochen lassen.
Mit einem Schaumlöffel herausheben, auf Küchenkrepp abtropfen und mit warmem Fruchtschaum (Kompott oder Zwetschgenröster) servieren.

Fruchtschaum:
500 g geschälte und entkernte, gut gereifte Mango, Beeren oder andere Früchte werden im Mixer (Moulinex) püriert. Jede frische Frucht kann so verwendet werden.

Pro Portion:	5,0 g Ew
	12,50 g F
	31,50 g KH
	275 kcal

Mohnsoufflé mit Weinschaum *4 Portionen*

2 Eidotter, 2 Eiweiß, 120 g Sahne, 3 TL Bienenhonig oder Roh-Rohrzucker, 40 g Weizenvollwertmehl, 80 g gemahlener Mohn, etwas Salz, 4 Porzellanförmchen (∅ 7 cm, Höhe 4 cm).
Für den Weinschaum: 2 Eigelb, ⅛ l Weißwein, 2 EL Roh-Rohrzucker.

Das Eiweiß mit einer Prise Salz zu steifem Schnee schlagen. Eidotter mit Sahne und Honig schaumig rühren. Die beiden Massen zusammengeben und vorsichtig das Mehl und den Mohn untermengen. Dies geht am besten mit einem Schneebesen. Die Masse in mit erwärmter Butter ausgepinselte Förmchen geben und im Wasserbad 12 Minuten garen. Dazu gibt man in eine Kasserolle ca. 1–2 cm hoch Wasser, bringt dieses zum Kochen, stellt die Förmchen hinein, Deckel darauf und bei leicht köchelndem Wasser auf dem Herd oder bei 190 °C im Backofen (Wasserbad) garen. Danach entweder mit der Form servieren oder rundum mit einem Messer lockern und aus der Form stürzen. Sofort mit etwas Weinschaum servieren.

Weinschaum: Eigelb mit Weißwein und Roh-Rohrzucker im Schneekessel auf Wasserbad schaumig rühren.

Pro Portion:	
	10,40 g Ew
	23,40 g F
	22,90 g KH
	374 kcal

Tip:

Anstatt Mohn können auch Nüsse, Mandeln oder Pistazien verwendet werden.

Reis Trauttmansdorff *8 Portionen*

⅝ l Milch, 120 g Reis im Silberhäutchen (Vollwertreis), 60 g Honig, 1 Vanilleschote, etwas Salz, 400 g Sauerkirschen (Weichsel), 4 cl Kirschwasser, 1 Zimtstange, ¼ l Sahne, ½ TL Speisestärke, 6 cl Orangensaft.

Die Vanilleschote der Länge nach aufschneiden und das Mark herausschaben. Die Schote, das Mark und den Reis mit der Milch aufkochen und zugedeckt bei schwacher Hitze etwa 1 Stunde ausquellen lassen. Dann den Honig und eine Prise Salz unterrühren und die Masse erkalten lassen.
Die Sauerkirschen waschen und entsteinen. Die Kirschen mit dem Kirschwasser begießen und zugedeckt etwa 5 Minuten ziehen lassen. Den Orangensaft mit der Zimtstange aufkochen und die mit 1 EL Orangensaft angerührte Speisestärke hineinrühren und durchkochen lassen. Zu den marinierten Kirschen geben.
Die Sahne steifschlagen und etwas mehr als ⅔ unter die erkaltete Reismasse heben. Den Rest in einen Spritzsack füllen. Abwechselnd Reis und Kirschen in Portionsschälchen schichten und jeweils mit einigen Kirschen und etwas Schlagsahne garnieren. Gut gekühlt servieren. Mit Sahne und Zitronenmelisse garnieren.

Dieses Reisdessert kann mit verschiedenen Früchten, wie etwa Mangos, Walderdbeeren, Heidelbeeren oder Marillen, beliebig abgewandelt werden.

Pro Portion:	5,0 g Ew
	13,20 g F
	29,90 g KH
	274 kcal

Brotauflauf *8 Portionen*

150 g Milch, 120 g Vollwertbrot, gut getrocknet (ohne Rinde), 100 g Butter, 60 g Roh-Rohrzucker, 40 g Honig, 35 g Vollwert-Kuchenbrösel, 60 g geriebene Haselnüsse oder Mandeln, 3 Eiklar, 3 Eidotter, 1 TL Kakao, eine Prise Zimt.
⅛ l Weißwein, 40 g Roh-Rohrzucker, 3 Eidotter.

Die Milch erwärmen und abgerindetes Brot einweichen. Die Butter schaumig rühren, mit dem Honig sowie gut geweichtem Brot, Kuchenbröseln und Nüssen verrühren, nach und nach Eigelb sowie Geschmackszutaten einrühren. Eiklar mit Roh-Rohrzucker zu einem schmierigsteifen Schnee schlagen und unter die Rührmasse ziehen. In ausgebutterte und ausgebröselte feuerfeste Porzellanförmchen abfüllen. Bei 190 °C im Rohr im Wasserbad backen (oder 20 Minuten im Wasserbad, siehe Seite 350, dämpfen), stürzen und mit Weinschaum oder warmer Fruchtsauce nach Saison servieren.

Weinschaum: ⅛ l Weißwein, 40 g Honig und 3 Eidotter über Wasserbad aufschlagen.

Pro Portion:	
	6,50 g Ew
	20,10 g F
	28,10 g KH
	330 kcal

Tip:

Jede mißlungene Torten- oder Kuchenmasse wird getrocknet und dann zu Kuchenbröseln aufgerieben. Sollte nicht immer, kann aber passieren!

Grießflammeri mit Erdbeeren   6 *Portionen*

¼ l Milch, ½ Vanilleschote, etwas abgeriebene Zitronenschale, 25 g Grieß, 4 Blatt Gelatine, 2½ Eigelb, 50 g Roh-Rohrzucker oder Bienenhonig, ⅛ l und ¹⁄₁₆ l Sahne, 4 kleine Kranzförmchen (Ø 10 cm), etwas Pflanzenöl zum Einfetten, 200 g frische Erdbeeren, Sauce von 200 g Aprikosen und etwas Sahne zum Garnieren.

Die Milch mit der Vanilleschote und der abgeriebenen Zitronenschale aufkochen. Durch ein feines Sieb passieren, in den Topf zurückgießen und zum Sieden bringen. Den Grieß unter ständigem Rühren hineinschütten und auf schwacher Hitze solange weiterrühren, bis die Masse leicht andickt, dann die eingeweichte, gut ausgedrückte Gelatine unterrühren. Die Eigelb mit dem Rohzucker oder Honig cremig schlagen und nach und nach zur Grießmasse rühren. Auf Eiswasser kaltrühren und zum Schluß die steifgeschlagene Sahne sorgfältig unterziehen. Die fertige Masse in die dünn geölten Formen geben, die Oberfläche glattstreichen und im Kühlschrank etwa 1 Stunde festwerden lassen.
Die Grießflammeris auf Teller stürzen und mit Erdbeeren, Aprikosensauce (siehe Seite 363) und Schlagsahne servieren. Mit Zitronenmelisse und Minzenblättern garnieren.

Pro Portion:	
	4,60 g Ew
	14,0 g F
	19,50 g KH
	222 kcal

Tip:

Man kann auch kleingeschnittene Früchte mit etwas Fruchtmark mischen und in die Mitte der Flammeris füllen. Dazu eignet sich Weizen- oder Dinkelgrieß.

Mohr im Hemd *6 Portionen*

*50 g Schokolade, 3 Eigelb, 50 g Roh-Rohrzucker (oder Bienenhonig), Mark einer
halben Vanilleschote, 50 g geschälte Mandeln, 25 g Vollwertkuchenbrösel, 3 Eiweiß,
4–6 Puddingformen (∅ 7 cm, Höhe 4 cm), Butter zum Ausstreichen, halbsteif
geschlagene Sahne zum Garnieren, Kuchenbrösel zum Ausstreuen.*

Puddingformen mit der weichen Butter sorgfältig ausstreichen und mit
etwas Kuchenbröseln ausstreuen. Die Schokolade im Wasserbad auflösen
und mit dem Eigelb, dem Vanillemark und der Hälfte des Zuckers schaumig
rühren. Die Mandeln fein reiben und mit den Kuchenbröseln vermischen.
Das Eiweiß mit dem restlichen Zucker zu steifem Schnee schlagen. Etwa ¼
des Eischnees unter die Eigelbmasse rühren und dann den übrigen Eischnee
und die Mandel-Brösel-Mischung mit einem Schneebesen vorsichtig unterheben. In die vorbereiteten Formen füllen. In das kochend heiße Wasserbad
setzen (der Wasserspiegel sollte bis etwa 2–3 cm unter den Rand reichen)
und im Ofen bei 170 °C 20 Minuten garen. Das Wasser darf nicht kochen,
sondern sollte immer unter dem Siedepunkt gehalten werden. Der Auflauf
kann auch im Dampf gegart werden, siehe Seite 350. Wenn der Pudding
(Auflauf) gar ist, wird er aus der Form gestürzt (mit einem kleinen Messer
rundum lockern) und noch warm mit halbsteif geschlagener Sahne oder mit
heißer Schokoladensauce (oder beidem) serviert.

Pro Portion:	
	5,50 g Ew
	9,80 g F
	15,50 g KH
	171 kcal

Tip:

Sollte man gerade keine Mandeln zur Hand haben, so darf man auch Nüsse nehmen.

Mangotörtchen mit Mangoschaum *8 Portionen*

Backform mit 8 Vertiefungen (∅ 7,5 cm), Höhe 3,5 cm, 2 Eier, 30 g Bienenhonig, 45 g frischgemahlenes Dinkel- oder Weizenvollwertmehl, 30 g frischgehackte Nüsse, etwas Naturzitronenschale, etwas Meersalz, ca. 100 g frische Mangowürfelchen, Zitronenmelisse.

Mangoschaum:
300 g geschälte, entkernte und würfelförmig geschnittene Mangofrucht, 1 TL Bienenhonig.

Eidotter mit Honig und Zitronenschale schaumig schlagen. Eiweiß mit einer Prise Salz steif schlagen und mit Nüssen und dem Weizenmehl zugleich (mittels Schneebesen) unter die Dottermasse heben. Tortenförmchen mit zerlassener Butter auspinseln und die Masse zu 2/3 einfüllen. Mit den Mangowürfelchen belegen und im vorgeheizten Ofen (E-Herd 170 °C) 20 Minuten backen.
Inzwischen für den Fruchtschaum die Mangofrucht würfelförmig schneiden, in einer Kasserolle kurz anschwitzen und im Mixer mit Honig pürieren. Etwas Fruchtschaum auf Desserttellern anrichten, die Törtchen aus der Form lösen und daraufstellen. Mit Zitronenmelisse garnieren.

	Pro Portion:
	4,60 g Ew
	5,30 g F
	16,53 g KH
	128 kcal

Tip:

Beliebige Variationen sind mit sämtlichen Beeren und Früchten sowie verschiedenen Mehlen möglich. Obige Masse kann auch auf dem Blech gebacken und rund ausgestochen werden. 3–4 Tortenringe (∅ 5 cm) werden dann mit Mangocreme, Seite 356, zusammengesetzt und garniert.

Gestürzte Mangocreme *2 Portionen*

1 Eigelb, 30 g Bienenhonig, 2 Blatt Gelatine, ¹/₁₆ l Weißwein, ⅛ l Sahne, etwas Meersalz, 50 g Mangofrucht oder andere Früchte, frisch. 2 Porzellanförmchen (Ø 7 cm, Höhe 4 cm).

Zum Garnieren:
Mangofrucht, etwas Öl zum Bestreichen.

Gelatine ca. 3 Minuten in kaltem Wasser einlegen, danach gut ausdrücken und mit Eigelb, Honig und Wein in einem Schneekessel über Wasserdampf erst warm- und dann kaltschlagen. Mangokern entfernen. Frucht fein zerdrücken oder in der Moulinex mixen und zugeben. Geschlagene Sahne zuletzt mittels Schneebesen unterheben. Förmchen mit etwas kaltgepreßtem Öl ausstreichen, je eine Mangoscheibe einlegen und mit der Creme füllen. 1 Stunde im Kühlschrank absteifen lassen. Danach mit einem Messer rundum lösen und aus der Form stürzen.
Dazu serviert man etwas gemixte Mangosauce. Garniert wird mit Sahne, Zitronenmelisse oder Minzenblättern.

Pro Portion:	
	3,60 g Ew
	22,50 g F
	19,0 g KH
	308 kcal

Tip:

Jede Frucht kann auf diese Weise zu einer Creme gemacht werden!
Bei Bedarf einer größeren Menge kann die Creme in eine Form gefüllt werden.
Durchkühlen und in Scheiben schneiden.

Sauerkirschpudding *6 Portionen*

500 g entstielte, entkernte Sauerkirschen, 60 g Honig, 1 Becher Magerjoghurt, etwas geriebene Zitronenschale, 4 Blatt Gelatine, ¼ l Schlagsahne, etwas davon zum Verzieren.

Die Sauerkirschen waschen, entkernen und kurz zugedeckt dünsten. Auskühlen lassen und mit Honig süßen. Die halbe Menge der Sauerkirschen im Mixer (Moulinex) fein pürieren. Mit Joghurt und geriebener Zitronenschale verrühren. Gelatineblätter 5 Minuten in kaltem Wasser erweichen und in wenig Joghurtcreme heiß machen, bis sie zerfließt. Wieder einrühren. Mit ca. 2 dl geschlagener Sahne und den restlichen Sauerkirschen mischen. In Formen füllen und stocken lassen. Die Förmchen vorher mit etwas kaltgepreßtem Öl einstreichen. Nach etwa 2 Stunden stürzen, mit Schlagsahne garnieren und mit Sauerkirschen und Minzeblättern dekorieren.

Pro Portion:	
	3,70 g Ew
	14,20 g F
	22,80 g KH
	233 kcal

Tip:

Jede hausgemachte Marmelade kann, mit etwas Wasser verdünnt, als passende Fruchtsauce verwendet werden!

Walderdbeersoufflé   *2 Portionen*

1 Eiweiß, 1 Eidotter, 1 EL Roh-Rohrzucker oder Fruchtzucker, etwas echte Vanille, gemahlen, eine Prise Meersalz, 20 g Walderdbeeren, frisch, 5 g Butter.

Eiweiß mit Zucker zu steifem Schnee schlagen. Eidotter, Vanille, Salz und Früchte darunterheben. In einer ausgebutterten Auflaufform aus dieser Masse 2 große Laibchen (Nocken) mittels Teigschaber anrichten. Bei 180 Grad im vorgeheizten Backofen ca. 8 Minuten backen. Danach sofort servieren. Mit ganzen Walderdbeeren, vermischt mit etwas Erdbeermark, garnieren.

Pro Portion:

3,10 g Ew
4,80 g F
6,60 g KH
83 kcal

Tip:

Besonders leichte Früchte, wie z. B. frische Himbeeren oder Brombeeren, eignen sich für Soufflés besonders gut, da sie nicht einsacken!
Ebenso kann ein Kiwi-, Bananen- oder Heidelbeersoufflé zubereitet werden.

Weitere Dessertcremes im Buch *Rauch/Mayr:* Milde Ableitungsdiät. Karl F. Haug Verlag, Heidelberg.

Gemixte

Fruchtsaucen

Gemixte Fruchtsaucen

Gemixte Erdbeersauce *2 Portionen*

100 g Banane, 100 g Erdbeeren, etwas Zitronensaft.

Banane in der Moulinex mixen und mit den frischen Walderdbeeren oder mit würfelig geschnittenen Gartenerdbeeren vermischen. Evtl. mit ein paar Tropfen Zitronensaft abschmecken.

Pro Portion:

1,0 g Ew
0,40 g F
15,30 g KH
68 kcal

Tip:

Verwendet man gefrorene Beeren, so läßt man sie in einem Sieb auftauen und abtropfen. Besser sind aber frische Früchte.

Gemixte Bananensauce *2 Portionen*

300 g Banane, geschält, etwas Zitronensaft.

200 g Banane in der Moulinex mixen und mit ein paar Tropfen Zitronensaft abschmecken. Restliche Banane in kleine Würfelchen geschnitten unterheben.

Pro Portion:

1,70 g Ew
0,30 g F
34,20 g KH
146 kcal

Gemixte Kiwisauce *2 Portionen*

100 g Banane, 100 g Kiwi, etwas Zitronensaft.

Banane mixen und mit Zitronensaft abschmecken. Kiwi dünn schälen, in kleine Würfelchen schneiden oder mit einer Gabel zerdrücken und untermischen.
Kiwi dürfen nicht gemixt werden (bitter und grau durch Oxydation).

Pro Portion:	1,10 g Ew
	1,40 g F
	31,70 g KH
	54 kcal

Fruchtsaucen können praktisch aus allen Früchten bereitet werden.
In Verbindung mit anderen würzenden Zutaten, z. B. Likören, mit einer Vanilleschote oder Läuterzucker* aus Roh-Rohrzucker kann beliebig variiert werden. Ideal sind die meisten Beerenfrüchte sowie Aprikosen, Pfirsiche, Pflaumen, Mango, Kiwi oder Passionsfrüchte.

Tip:

Zu den im Rezeptteil enthaltenen Süßspeisen wie Topfenauflauf, Fruchtsoufflés, Puddings und Rouladen passen sämtliche Fruchtsaucen.

---

* Läuterzucker ist Wasser und Zucker zu gleichen Teilen gekocht.

Heiße Himbeersauce *2 Portionen*

200 g vollreife, frische Himbeeren pürieren und evtl. passieren. 50 g Roh-Rohrzucker und 5 cl roten Burgunder mit einem kleinen Stückchen Zitronenschale aufkochen. Das Himbeerpüree zugeben und etwa 2 Minuten einkochen.
Natürlich kann die Sauce auch kalt serviert werden. In diesem Fall mit etwas Honig süßen.

Pro Portion:	1,30 g Ew
	0,40 g F
	34,40 g KH
	160 kcal

Aprikosensauce *2 Portionen*

250 g vollreife Aprikosen evtl. blanchieren, schälen, halbieren und die Steine entfernen.
Im Mixglas (Moulinex) mit 5 cl Läuterzucker (Flüssigkeit mit etwas Honig) pürieren. Mit Zitronensaft und etwas Cognac verrühren. Abschmecken.

Pro Portion:	1,30 g Ew
	0,30 g F
	40,40 g KH
	169 kcal

Tip:

Genauso kann auch eine Sauce mit Johannisbeeren, Heidelbeeren oder Äpfeln gemacht werden.

Torten
und Kuchen
aus
Vollwertgetreide

Schokoladentorte   *16 Portionen*

130 g Butter, 100 g Bienenhonig oder Roh-Rohrzucker, 6 Eigelb, 130 g Schokolade, 130 g Dinkel- oder Weizenvollkornmehl, 6 Eiweiß, 100 g Roh-Rohrzucker.
Zum Füllen: *150 g Aprikosenmarmelade, evtl. Schokoladenglasur.*

Butter mit Honig oder Rohrzucker schaumig rühren, nach und nach Eigelb zur Masse geben und die aufgelöste Schokolade einrühren. Eiweiß halbsteif schlagen, den Rohrzucker zugeben und weiterschlagen, bis der Schnee fest ist. Dann zur Buttermasse geben und zugleich mit dem langsam dazugegebenen Mehl vorsichtig unterheben oder, wie der Fachmann sagt, untermelieren. Dann die Masse in eine ausgebutterte Springform (∅ 22 cm) füllen und im vorgeheizten Ofen bei 180 °C 45 Minuten backen. Aus der Form nehmen und auf einem Gitter auskühlen.
Die Torte einmal durchschneiden und mit guter Aprikosenmarmelade dünn füllen. Mit erwärmter Aprikosenmarmelade rundum bestreichen (aprikotieren) und evtl. mit Schokoladenglasur überziehen. Dazu die Torte auf ein Gitter setzen.

Pro Portion:	
	9,50 g Ew
	11,40 g F
	31,80 g KH
	224 kcal

Tip:

Die Torte kann auch mit Pariser Creme (Seite 384) gefüllt und dekoriert werden.

Weizen-Vollwert-Torte/Mais/Hirse/Dinkel
16 Portionen

6 Eier, 150 g Weizenvollkorn, 80 g Bienenhonig, 1 Messerspitze echte Vanille, gemahlen, 1 TL Anis, gemahlen, eine Prise Meersalz, Butter zum Ausstreichen der Form.

Weizen kurz vor der Zubereitung mit der feinsten Stufe der Getreidemühle mahlen. Eidotter mit Honig und Gewürzen schaumig schlagen. Eiweiß mit einer Prise Salz zu steifem Schnee schlagen und mit dem Weizenvollkornmehl zugleich (mittels Schneebesen) unter die Dotter-Honig-Masse heben. Eine Springform (ca. Ø 20 cm)* mit Butter ausstreichen und mit etwas Weizenvollkornmehl ausstauben. Masse einfüllen und im vorgeheizten Ofen (E-Herd, 180°C) 25 Minuten backen**. Auskühlen lassen, einmal durchschneiden und mit einer Creme nach Wahl (Rezepte Seite 375) füllen und als Torte dekorieren.

Pro Portion:	
	3,70 g Ew
	2,60 g F
	9,70 g KH
	80 kcal

Tip:

Wichtig ist, daß das Getreide ganz fein gemahlen ist. Dann kann genausogut Maismehl oder Hirsemehl genommen werden.
Sollte einmal eine Torten- oder Kuchenmasse nichts werden, so verzweifeln Sie nicht. Nach dem Backen kann man die Massen trocknen und dann zu Kuchenbröseln reiben. So werden sie wieder verwendet!

Wichtig: Es wird immer das Mehl gewogen, nicht das Korn.

---

* Der Durchmesser der Tortenform ist stets zu beachten, da Backzeit und Temperatur davon abhängen.
** Zum Backen von Torten eignet sich besonders gut ein Warmluftofen (Konvektomat).

Pflaumenkuchen *15 Portionen*

250 g Butter, 100 g Bienenhonig oder Roh-Rohrzucker, 4 Eier, 250 g Mandeln oder Nüsse, 250 g Vollweizenmehl, 200 g Milch, 2 TL Naturbackpulver, 800 g Pflaumen, Butter zum Einfetten.

Pflaumen waschen, abtropfen und entsteinen.
Butter schaumig rühren, Honig oder Rohzucker zugeben und gut vermischen. Eier unter Rühren nach und nach einarbeiten. Nüsse oder Mandeln fein mahlen. Mit Weizenvollmehl und Backpulver vermischen und zur Grundmasse geben. Milch dazugeben und mit dem Schneebesen gut vermischen. Die Masse auf ein gefettetes Backblech (mit Rand) 2 cm hoch aufstreichen. Mit den halbierten Pflaumen belegen und im vorgeheizten Ofen (E-Herd 180 °C) 40 Minuten backen. Aus dem Ofen nehmen, erkalten lassen und portionsmäßig einteilen.

Pro Portion:	7,90 g Ew
	25,30 g F
	28,0 g KH
	375 kcal

Tip:

Eine weitere Variante für ein Blech Pflaumenkuchen: 5 Eier, 300 g Butter, 150 g geriebene Nüsse, 150 g Dinkelmehl, 300 g Rohzucker. Butter mit Eidotter und Zucker schaumig rühren, steifgeschlagenes Eiweiß und Mehl unterheben. Mit Früchten belegen und ca. 30 Minuten backen.
Diese Grundmasse kann zum Belegen mit sämtlichen Früchten verwendet werden, z. B.: Kirschen, Aprikosen, Äpfel . . .
Wenn Sie einen Teil von Früchten im Mixer mit etwas Milch, Wasser oder Sahne pürieren, so haben Sie eine ideale Fruchtsauce dazu. Man kann auch hausgemachte Marmelade mit wenig Wasser verdünnen und mit etwas Cognac abschmecken (Seite 45).

Mürber Apfelkuchen *15 Portionen*

200 g Butter, 150 g Dinkel- oder Weizenvollmehl, 150 g Biskuitbrösel vom Vollwertkuchen, 150 g Bienenhonig, 150 g fein gemahlene Nüsse, 3 Eier, 1 TL Zimt, etwas geriebene Zitronenschale.
Füllung: *600 g geriebene Äpfel, 1 EL Bienenhonig, 1 TL Zimt, vermischt.*

Butter mit Eidotter, Zitronenschale, Zimt und Honig schaumig rühren. Biskuitbrösel, Mehl, Nüsse und steif geschlagenes Eiweiß dazurühren. Danach ½ Stunde rasten lassen und mit der Hand gut durchkneten. Die Hälfte des Teiges auf einem Backblech ca. 1 cm stark ausrollen und mit den ausgedrückten Äpfeln, vermischt mit Honig und Zimt, belegen. Restlichen Teig auf einem Brett mit etwas Mehl bestaubt ca. ½ cm stark ausrollen, dann vorsichtig einrollen, auf die Apfelfüllung heben und vorsichtig wieder ausrollen. Evtl. mit dem Rollholz noch einmal nachrollen und im vorgeheizten Ofen (E-Herd 170 °C) 35 Minuten backen. Danach auskühlen und in 15 gleich große Stücke schneiden.

Pro Portion:	
	4,80 g Ew
	19,20 g F
	30,80 g KH
	304 kcal

Tip:

Da der Teig sehr mürb ist, kann man ihn auch für sämtliche Mürbteiggebäckstücke verwenden. Aprikosen, Kirschen oder Rhabarber können auch verwendet werden.

Hirse-Pfirsichkuchen   *18 Portionen*

180 g Butter, 80 g Honig, Vanille, natur, geriebene Zitronenschale, 5 Eidotter, 150 g gemahlene Walnüsse, 120 g feingemahlenes Vollwert-Hirsemehl (Dinkel oder Mais), 5 Eiklar, 80 g Roh-Rohrzucker, Fett und Mehl für die Form.

Für den Belag: 1 kg gelbe, gut reife Pfirsiche, Aprikosen oder andere Früchte, Mandelsplitter.

Die Pfirsiche in kochendes Wasser legen und gleich wieder herausnehmen. Die Pfirsiche vorsichtig schälen, halbieren und entkernen. Butter mit Honig, Vanille und geriebener Zitronenschale schaumig rühren. Gemahlene Walnüsse und Hirsemehl untermischen. In den Rührteig nach und nach 5 Eidotter einrühren. 5 Eiklar aufschlagen, mit Roh-Rohrzucker zu festem Schnee schlagen. Etwas Schnee unter den Rührteig mischen, dann restlichen Schnee zugeben, das Nußgemisch auch darunterziehen. Die Masse in eine gefettete und ausgestaubte Wannenform oder aufs Blech füllen. Mit den halbierten Pfirsichen belegen, mit Mandelsplittern bestreuen und im vorgeheizten Backrohr bei 180 °C 25 Minuten backen.

Pro Portion:	
	4,20 g Ew
	16,40 g F
	22,70 g KH
	237 kcal

Tip:

Mit Aprikosen wird es ein Aprikosenkuchen, mit Kirschen ein . . .
Es kann jedes Vollwert-Getreidemehl dazu genommen werden. Bei größeren Mengen wird der Kuchen auf dem Blech gebacken. Siehe Seite 369 TIP!

Linzer Schnitte *12 Portionen*

210 g frisch gemahlener Dinkel oder Weizen, 140 g Butter, 100 g gemahlene Mandeln oder Nüsse, 150 g Honig oder Rohrzucker, 1 Ei, geriebene Schale von einer Zitrone, Nelken, Johannisbeermarmelade.

Man knetet aus den Zutaten einen Teig, den man fingerdick auf ein Blech aufträgt und dick mit Ribiselmarmelade bestreicht. Dann spritzt man oben ein Gitter aus dem Teig darüber (kann auch gerollt werden) und bäckt bei 180°C ca. 20 Minuten im Rohr zuerst bei Unterhitze, dann bei Oberhitze. Portionsmäßig schneiden und auf dem Blech erkalten lassen.

Pro Portion:

2,60 g Ew
10,60 g F
20,90 g KH
192 kcal

Tip:

Den etwas weichen Teig am besten mit Hilfe einer Palette aufs Backblech streichen.

Karottentorte ohne Mehl   *16 Portionen*

280 g Karotten, jung, 250 g Haselnüsse, feingerieben, 5 Eier, 100 g Bienenhonig, 50 g Fruchtzucker, Saft einer ½ Zitrone, etwas abgeriebene Schale einer ungespritzten Zitrone, eine Prise Meersalz, ¼ l Sahne, 1 kleine Karotte zum Garnieren, 2 Blatt Gelatine.

Karotten abschaben und fein aufraspeln (Kunststoffraspel).
Eier trennen. Dotter mit Honig, Zitronensaft und Zitronenschale schaumig rühren. Geraspelte Karotten mit den Nüssen vermischen und zur Dotter-Honig-Masse mischen. Eiweiß mit Fruchtzucker und einer Prise Salz zu steifem Schnee schlagen und locker unterheben. In eine mit Butter ausgestrichene Tortenform (∅ ca. 20 cm)* füllen und im vorgeheizten Ofen (E-Herd, 170 °C) ca. 50 Minuten backen, herausnehmen und auf einem Gitter auskühlen.
Gelatineblätter 3 Minuten lang in kaltes Wasser einweichen, danach gut ausdrücken und über Dampf auflösen. Sahne steifschlagen und die dünnfließende Gelatine in die Schlagsahne einrühren. Die ausgekühlte Torte damit einstreichen, zum Verzieren etwas Schlagsahne in einen Spritzsack füllen und mit 14 Rosetten verzieren. Diese mit dünn geschnittenen Karottenscheiben belegen. Den Rest der Karotte raspeln und in der Mitte der Torte verteilen. Die Torte 1 Stunde kühlstellen und dann servieren.

Pro Portion:	
	4,70 g Ew
	14,0 g F
	12,20 g KH
	193 kcal

Tip:

Diese Masse kann auch (ohne Füllung) als Karottenkuchen auf dem Blech gebacken und serviert werden. Der Kuchen bleibt saftig.

---

* Der Durchmesser der Tortenform ist stets zu beachten, da Backzeit und Temperatur davon abhängen.

Apfelkuchen/Torte 16 Portionen

100 g Butter, 100 g Bienenhonig, 3 Eier, 1 Messerspitze echte Vanille, gemahlen, 100 g Dinkel oder Weizenvollkorn, 50 g Biskuitbrösel aus Vollwertgebäck.

Zum Belegen:
500 g Äpfel, Saft einer ½ Zitrone, 30 g Butter, 50 g Bienenhonig, 80 g Walnüsse, grobgehackt, 2 EL Milch, eine Messerspitze Zimt, etwas Butter zum Ausstreichen der Form.

Weizen kurz vor der Verwendung sehr fein mahlen. Butter, Honig und Eidotter schaumig rühren. Eiweiß mit einer Prise Meersalz zu steifem Schnee schlagen und mit Weizenvollwertmehl und Biskuitbröseln zugleich unter die Dotter-Butter-Masse heben. Die Masse in eine mit Butter ausgestrichene Tortenform (∅ ca. 22 cm)* geben. Äpfel schälen, entkernen, achteln, mit dem Zitronensaft beträufeln und kreisförmig auf die Kuchenmasse legen. Butter mit Milch und Nüssen aufkochen, etwas überkühlen und mit Zimt würzen, mit Honig süßen und über die Äpfel verteilen. Im vorgeheizten Ofen (E-Herd, 170 °C) ca. 45 Minuten backen und danach auf einem Gitter auskühlen.

Pro Portion:	
	3,50 g Ew
	11,60 g F
	18,0 g KH
	190 kcal

Tip:

Der Kuchen kann auch mit Aprikosen oder Rhabarber belegt werden.
Man kann für eine Torte auch die 1½- bis 2fache Menge nehmen. Größere Mengen kann man auch auf dem Backblech backen!

---

* Der Durchmesser der Tortenform ist stets zu beachten, da Backzeit und Temperatur davon abhängen.

Tortencremes
Rouladenfüllungen

Apfelcreme *16 Portionen*
zum Füllen von Torten und Rouladen

Die angegebene Menge reicht zum Füllen einer Getreidetorte (Rezept Seite 368).
Zum Füllen einer Roulade (Rezept Seite 387) reicht die Hälfte der angeführten Menge.

200 g säuerliche Äpfel, entkernt und geschält, 80 g Bienenhonig, ½ l Sahne, 4 Blatt Gelatine, 10 g Butter, ½ TL Anis, gemahlen, eine Prise Meersalz.

Äpfel in Scheiben schneiden und in einer Kasserolle mit Butter und frischgemahlenem Anis kurz schwenken, so daß die Apfelscheiben überdünstet sind.
Gelatineblätter 3 Minuten in kaltem Wasser einweichen, danach gut ausdrücken, über Dampf auflösen und zu den Apfelscheiben geben. Mit Honig im Mixer (Moulinex) pürieren und abkühlen lassen oder kaltrühren. Sahne steif schlagen und kurz vor dem Steifwerden unter die Apfelmasse heben.
Einen beliebigen Tortenboden aus Vollwertgetreide (Rezept Seite 368) in der Mitte durchschneiden, das Unterteil mit einer Springform umranden, einen Teil der Apfelcreme aufstreichen und das Oberteil daraufsetzen. Dieses ebenfalls mit Apfelcreme bestreichen und die Torte im Kühlschrank ½ Stunde kühlen lassen. Springform wieder wegnehmen.
Will man die Torte dekorativer gestalten, so behält man einen Teil der Grundcreme zurück, füllt diese in einen Spritzsack und verziert damit die Torte einteilungsgemäß. Kleine gedämpfte Apfelschnitten als Garnierung daraufsetzen. Mit Minzenblättern garnieren.

Pro Portion:	
	1,0 g Ew
	10,50 g F
	6,80 g KH
	125 kcal

Bananencreme *16 Portionen*

Zum Füllen von Torten und Rouladen

Die angegebene Menge reicht zum Füllen einer Getreidetorte (Rezept Seite 368).
Zum Füllen einer Roulade (Rezept Seite 387) reicht die Hälfte der angeführten Menge.

200 g Bananen, geschält, 40 g Bienenhonig, ½ l Sahne, 4 Blatt Gelatine, eine Prise Meersalz.

Bananen mit dem Honig im Mixer (Moulinex) pürieren. Gelatineblätter 3 Minuten in kaltes Wasser einlegen, danach gut ausdrücken und über Dampf auflösen. Zu den gemixten Bananen geben und gut untermischen. Sahne steifschlagen und kurz vor dem Steifwerden der Bananenmasse unterheben. Die Torte oder Roulade damit füllen (siehe Seite 377) und mit Bananenscheiben garnieren.

Pro Portion:	
	1,0 g Ew
	10,0 g F
	5,90 g KH
	118 kcal

Tip:

Den richtigen Moment des Steifwerdens einer kühlgestellten Grundcreme zu erwischen, bedarf einiger Aufmerksamkeit. Sämtliche Cremes können daher kaltgerührt werden, womit eine eventuelle Klumpenbildung ausgeschaltet wird. Muß es besonders schnell gehen, so macht man dies auf einer Eisunterlage oder im kalten Wasser (mit Eiswürfel), indem man den Rührkessel daraufsetzt.

Erdbeercreme *16 Portionen*
zum Füllen von Torten und Rouladen

Die angegebene Menge reicht zum Füllen einer Getreidetorte (Rezept Seite 368).
Zum Füllen einer Roulade (Rezept Seite 387) reicht die Hälfte der angegebenen Menge.

200 g Wald- oder Gartenerdbeeren, 80 g Bienenhonig, ½ l Sahne, 4 Blatt Gelatine, eine Prise Meersalz.

Erdbeeren in reichlich kaltem Wasser kurz waschen und abtropfen lassen. Mit Honig im Mixer pürieren. Gelatineblätter 3 Minuten in kaltes Wasser einlegen, danach gut ausdrücken und über Dampf auflösen. Zu den gemixten Erdbeeren dazugeben und gut untermischen. Inzwischen Sahne schlagen und kurz vor dem Steifwerden der Grundcreme unterheben. Einen entsprechenden Tortenboden in der Mitte durchschneiden, die Springform um den unteren Boden legen, einen Teil der Erdbeercreme aufstreichen, das obere Teil daraufsetzen und etwas Creme darüberstreichen. Die Torte ca. 1 Stunde kühlstellen, die Springform entfernen, einteilen und mit der restlichen Creme mittels Spritzsack Rosetten aufspritzen. Mit Erdbeeren garnieren.

Pro Portion:	
	0,10 g Ew
	10,0 g F
	6,0 g KH
	118 kcal

Tip:

Je nach Geschmack kann diese Creme in eine Hirsetorte, Weizentorte usw. (Rezept Seite 368) gefüllt werden. Keinesfalls müssen ganze Beeren immer gemixt werden. Eine zusätzliche Möglichkeit wäre, nach obigem Rezept die mit Honig aufgelöste Gelatine langsam unter die steifgeschlagene Sahne zu heben und zuletzt halbierte oder geviertelte Erdbeeren unterzuheben (siehe z. B. Himbeercreme, Seite 380). Dies gilt für sämtliche Fruchtcremes.

Himbeercreme *16 Portionen*
zum Füllen von Torten und Rouladen

Die angegebene Menge reicht zum Füllen einer Getreidetorte (Rezept Seite 368).
Zum Füllen einer Roulade (Rezept Seite 379) reicht die Hälfte der angeführten Menge.

200 g Himbeeren, 80 g Bienenhonig, ½ l süße Sahne, 4 Blatt Gelatine, eine Prise Meersalz.

Himbeeren kurz waschen und abtropfen lassen. Gelatineblätter 3 Minuten in kaltes Wasser einlegen, gut ausdrücken und mit Bienenhonig über Dampf auflösen. Sahne steifschlagen und mit einem Schneebesen unter die überkühlte Honig-Gelatine-Masse heben oder diese tropfweise zum Schlagrahm mischen. Himbeeren zuletzt (mit einem Kochlöffel) unterheben.
Torte oder Roulade damit füllen (siehe Seite 377), kühlstellen und mit frischen Himbeeren garnieren.

Pro Portion:	
	1,0 g Ew
	10,0 g F
	6,30 g KH
	119 kcal

Tip:

Weitere Variationen können nach obigem Rezept mit Mangofrüchten, Pfirsichen und Marillen erzielt werden.
Auf Grund der veränderten Garungsmethoden bei sämtlichen Hauptspeisen sparen wir ⅔ Fett ein. Daher keine Panik vor einem Stück Kuchen oder Roulade mit Sahne gefüllt. Alles mit Maß!

Nußcreme *16 Portionen*

Zum Füllen von Torten und Rouladen

Die angegebene Menge reicht zum Füllen einer Getreidetorte (Rezept Seite 368).
Zum Füllen einer Roulade (Rezept Seite 379) reicht die Hälfte der angeführten Menge.

½ l Sahne, 80 g Walnüsse, feingerieben, 8 cl* Milch, 6 Blatt Gelatine, 60 g Bienenhonig, eine Prise Meersalz.

Gelatineblätter 3 Minuten lang in kaltem Wasser einweichen, danach ausdrücken und in der Milch über Wasserdampf auflösen. Honig dazugeben und ebenfalls auflösen. Creme kaltrühren und kurz vor dem Steifwerden die geschlagene Sahne und die in einer trockenen Pfanne kurz gerösteten Nüsse (erkaltet) unterheben.

Pro Portion:	1,80 g Ew
	13,30 g F
	5,0 g KH
	147 kcal

*   1 cl = 10 g

Mandelcreme *16 Portionen*

Zum Füllen von Torten und Rouladen

Die angegebene Menge reicht zum Füllen einer Getreidetorte (Rezept Seite 368).
Zum Füllen einer Roulade (Rezept Seite 377) reicht die Hälfte der angeführten Menge.

½ l Sahne, 80 g Mandeln, feingerieben, 8 cl Milch, 6 Blatt Gelatine, 60 g Bienenhonig, eine Prise Meersalz.

Die 3 Minuten lang in kaltem Wasser eingeweichten und danach ausgedrückten Gelatineblätter in der Milch über Wasserdampf auflösen. Honig dazugeben und ebenfalls auflösen. Die Creme kaltrühren und kurz vor dem Steifwerden die geschlagene Sahne und die in einer trockenen Pfanne kurz angerösteten, geschälten und geriebenen Mandeln (erkaltet) unterheben.

Pro Portion:	
	2,0 g Ew
	12,80 g F
	5,30 g KH
	145 kcal

Quarkfüllung *16 Portionen*

Dinkel-/Weizentorte siehe Seite 368.

Die Torte durchschneiden und den Boden in einen Tortenreifen einlegen. Dann die Topfencreme einfüllen und kühlgestellt absteifen lassen. Danach das zweite Biskuitblatt auflegen und die Torte portionieren. Sie kann auch mit Schlagsahne bestrichen und mit gerösteten Mandeln und Schlagrosette garniert werden.

Creme: 250 g passierten Quark, 100 g Honig, 3 Eigelb, 10 Blatt Gelatine, ¹⁄₁₀ l Wasser, Salz, Zitronensaft und Schale einer halben Naturzitrone, etwas Vanille, natur, ½ l Sahne, etwas Sahne zum Ausgarnieren.

Quark, Honig, Eigelb und Geschmackszutaten glattrühren. Die kurz in kaltem Wasser eingeweichten, ausgedrückten Gelatineblätter im Wasser heiß auflösen und dazumischen. Zuletzt die geschlagene Sahne unterheben und die Torte damit füllen.

Pro Portion:	
	3,70 g Ew
	11,60 g F
	7,0 g KH
	148 kcal

Tip:

Zur Abwechslung kann die Torte auch mit feinstgemahlenem Mais, Dinkel oder Hirse gebacken werden (Seite 368).

Pariser Creme *16 Portionen*

250 g zartbittere Schokolade, ¼ l Schlagsahne.

Schlagsahne aufkochen und die zerkleinerte Schokolade darin auflösen.
Auskühlen lassen und vor dem vollständigen Abstocken schaumig rühren.

Diese Creme muß schnell zubereitet werden, da sie sehr rasch stockt. Auf
Vorrat hergestellte, im Eisschrank aufbewahrte Pariser Creme wird durch
Anwärmen etwas weich gemacht und dann schaumig gerührt.

Pro Portion:

0,70 g Ew
5,10 g F
10,70 g KH
92 kcal

Tip:

*Zum Füllen von sämtlichen Torten, Rouladen, Törtchen oder Brandteigkrapferln
geeignet. Die Creme kann auch mit einem Eisportionierer (Nockerln) angerichtet
und evtl. mit Vanillesauce serviert werden. Mit Zitronenmelisse garnieren (Tagesdessert).*

Rouladen

aus

Vollwertgetreide

Weizen-Vollwert-Roulade   *14 Portionen*

Kaltgeschlagen

Grundmasse I

3 Eier, 50-60 g Weizenvollwertmehl, 40 g Bienenhonig, 1 Prise Meersalz, 1 TL Anis, gemahlen, 1 Messerspitze echte Vanille, gemahlen, Butter zum Bestreichen, 60 g hausgemachte Marmelade (rot), Rezept Seite 45.

Weizen kurz vor der Zubereitung mit der feinsten Stufe der Getreidemühle mahlen. Eidotter mit Honig und den Geschmackszutaten schaumig schlagen. Eiweiß mit einer Prise Salz zu steifem Schnee schlagen und mit Weizenvollwertmehl zugleich mittels Schneebesen unter die Dotter-Honig-Masse heben.

Diese Masse auf ein mit Butter ausgestrichenes und mit etwas Weizenvollwertmehl bestäubtes Fettpapier ca. 1 cm hoch aufstreichen und im vorgeheizten Ofen* (E-Herd, 170 °C) ca. 10 Minuten backen. Den Biskuitboden auf ein zweites mit Weizenvollwertmehl bestäubtes Fettpapier stürzen, das erste Papier lösen und den Biskuitboden mit Marmelade bestreichen. Die Ränder des Biskuitbodens evtl. vor Beginn des Einrollens auflegen, überlappen und eine Roulade formen.

Bei Füllung mit Früchten und Schlagsahne die Roulade mit dem Papier vorher einrollen und erkalten lassen (siehe Seite 379).

Pro Portion:	
	2,0 g Ew
	1,40 g F
	7,80 g KH
	52 kcal

Tip:

Diese Roulade eignet sich auch gut als kleine Zugabe bei verschiedenen Creme-Desserts (Rezepte Seite 344–346), welche als Nachtisch serviert werden können.

---

*   Zum Backen von Torten und Rouladen eignet sich der Warmluftofen (Konvektomat) am besten.

Weizen-Vollwert-Roulade   *14 Portionen*

Warmgeschlagen

Grundmasse II
3 Eier, 40 g Bienenhonig, 50-60 g Dinkel- oder Weizenvollwertmehl, 1 TL Anis, eine Prise Meersalz, 1 Messerspitze echtes Vanillepulver.

Weizen kurz vor der Zubereitung mit der feinsten Stufe der Getreidemühle mahlen. Eier mit Honig über Wasserdampf schaumig schlagen (bis sich das Volumen nicht mehr vergrößert und die Masse cremig ist), dann kaltschlagen, Anis, gemahlen, Vanille und Salz zum Weizenvollwertmehl mischen und dieses unter die Crememasse heben. Auf ein Backblech ein bebuttertes Fettpapier legen, die Masse 1 cm hoch auftragen und im vorgeheizten Ofen (E-Herd, 180 °C) 10 Minuten backen. Auf ein zweites mit etwas Weizenvollwertmehl bestäubtes Papier stürzen, das erste Papier ablösen und mit dem zweiten Papier einrollen und auskühlen. Nach dem Auskühlen mit einer Creme (Rezepte Seite 377–384) füllen, einrollen und mit frischen Früchten dekorieren. Ca. 1 Stunde kühlstellen.

Pro Portion:	2,0 g Ew
	1,40 g F
	7,80 g KH
	52 kcal

Tip:

Mit der oben angeführten Grundmasse kann man verschiedene kleine Küchlein, Plätzchen, Omeletten usw. mit einem Spritzsack formen und backen. In diesem Fall kann die Hälfte der angeführten Masse verwendet werden. Die Backzeit beträgt 5 Minuten bei 190° C. Zur Füllung der Roulade können verschiedene Cremes und Früchte (Rezepte Seite 377–384) verwendet werden. Zum Schneiden von Rouladen und Torten verwendet man ein scharfes Säge- oder Elektromesser!

Mais-Vollwert-Roulade *14 Portionen*

3 Eier, 50–60 g Maisvollwertmehl, 40 g Bienenhonig, eine Prise Meersalz, 1 TL Koriander oder Anis, gemahlen, Butter zum Ausstreichen, 60 g hausgemachte Marmelade (Rezept Seite 45) oder Fruchtcremes (Rezepte Seite 377–384) als Füllung.

Mais kurz vor der Zubereitung mit der feinsten Stufe der Getreidemühle mahlen. Eier mit Honig über Wasserdampf schaumig schlagen (bis sich das Volumen nicht mehr vergrößert und die Masse cremig ist), dann kaltschlagen. Koriander und Salz zum Maisvollwertmehl mischen und dieses unter die Crememasse heben. Auf ein Backblech ein bebuttertes und bemehltes Fettpapier legen, die Masse 1 cm hoch auftragen und im vorgeheizten Ofen (E-Herd, 180 °C) ca. 10 Minuten backen. Auf ein zweites mit etwas Maisvollwertmehl bestäubtes Papier stürzen, das erste Papier ablösen und mit dem zweiten Papier einrollen und auskühlen. Nach dem Erkalten mit hausgemachter Marmelade oder einer Fruchtcreme füllen, einrollen und mit frischen Früchten und evtl. Cremerosetten dekorieren. Ca. 1 Stunde kühlstellen.

Pro Portion:	1,90 g Ew
	1,40 g F
	5,0 g KH
	52 kcal

Bei kaltgeschlagener Maisroulade siehe Seite 387.

Tip:

Eidotter mit Honig immer gut schaumig rühren, sonst klebt die Rouladenmasse am Papier! Bricht die Roulade, so wurde entweder zu viel Mehl genommen oder es wurde zu heiß oder zu lange gebacken!

Hirse-Vollwert-Roulade   *14 Portionen*

3 Eier, 50–60 g Hirsemehl (Goldkern), 40 g Bienenhonig, eine Prise Meersalz, 1 TL Vanille, gemahlen, Butter zum Ausstreichen, 60 g hausgemachte Marmelade (rot) (Rezept Seite 45) oder Fruchtcremes (Rezepte Seite 377–384) als Füllung.

Hirse kurz vor der Zubereitung mit der feinsten Stufe der Getreidemühle mahlen. Eier mit Honig über Wasserdampf schaumig schlagen (bis sich das Volumen nicht mehr vergrößert und die Masse cremig ist). Vanille und Salz zum Hirsemehl mischen und dieses unter die Crememasse heben. Auf ein Backblech ein bebuttertes und bemehltes Fettpapier legen, die Masse 1 cm hoch auftragen und im vorgeheizten Ofen (E-Herd, 180 °C) ca. 10 Minuten backen. Auf ein zweites mit etwas Hirsemehl bestäubtes Papier stürzen, das erste Papier ablösen und mit dem zweiten Papier einrollen und auskühlen. Nach dem Erkalten mit hausgemachter Marmelade bestreichen oder mit einer Fruchtcreme füllen, einrollen und mit frischen Früchten dekorieren.

Pro Portion:	
	1,90 g Ew
	1,40 g F
	4,90 g KH
	52 kcal

Tip:

Zum Backen von Kuchen, Torten und Rouladen ist ein Warmluftofen (Konvektomat) am besten geeignet. Die gefüllten Rouladen vor dem Anschneiden ca. 1 Stunde kühlstellen.
Kann auch kaltgeschlagen werden (s. Seite 387).
Die Roulade kann auch mit Dinkel- oder Buchweizenmehl gemacht werden. Es wird immer das Mehl gewogen!

Weingugelhupf (Kuchen) *8 Portionen*

4 Eigelb, 120 g Honig, 4 Eiweiß, Abgeriebenes einer halben Zitrone, 150 g Vollwertkuchenbrösel, Butter zum Ausstreichen, eine Prise Salz.

8 Gugelhupfförmchen mit zerlassener Butter auspinseln und mit Kuchenbröseln ausstreuen. Eigelb mit Honig und Zitronenschale schaumig rühren. Das Eiweiß mit einer Prise Salz zu Schnee schlagen und mit den Kuchenbröseln zugleich unter die Eigelbmasse heben. Den Biskuit in die Förmchen füllen und die Oberfläche glattstreichen. Bei 180 °C im vorgeheizten Ofen etwa 15–20 Minuten hellbraun backen. Einige Minuten abkühlen lassen und dann stürzen.

Pro Portion:	5,23 g Ew
	12,90 g F
	31,70 g KH
	300 kcal

½ l Weißwein, 80 g Birnendicksaft (oder Honig), Saft einer Orange, Saft einer halben Zitrone, Zitronenschale, ½ Zimtstange und 3 Gewürznelken, 2 cl Orangenlikör, ¼ l Schlagsahne.

Wein mit Birnendicksaft, Orangen- und Zitronensaft, Zitronenschale, Zimtstange und Nelken aufkochen und 2 Minuten ziehen lassen. Den Orangenlikör zugeben. Die Gugelhupfe auf Schüsseln setzen und mit der Weinmischung beschöpfen, bis er vollgesogen ist.
Gugelhupfe im Kühlschrank vollständig abkühlen und in den Schüsselchen mit etwas Schlagsahne servieren.

Pro Portion:	5,23 g Ew
	12,90 g F
	31,68 g KH
	300 kcal

Tip:

Genausogut kann der Gugelhupf für Kinder mit Fruchtsäften getränkt werden. Dann serviert man dazu eine Fruchtsauce (Seite 359).

Sesam-Vollwert-Omelette *12 Portionen*

3 Eier, 40 g Bienenhonig, 50–60 g Dinkel- oder Weizenvollwertmehl, ½ TL Anis, gemahlen, eine Prise Meersalz, 1 EL Sesam.

Weizen kurz vor der Zubereitung mit der feinsten Stufe der Getreidemühle mahlen. Eidotter mit Honig und Anis gut schaumig schlagen. Eiweiß mit einer Prise Salz zu steifem Schnee schlagen und mit Weizenvollkornmehl und Sesam zugleich unter die Dottermasse heben.

Diese Masse in einen kleinen Spritzsack mit runder Tülle füllen und auf ein Backblech, mit Fettpapier belegt, spiralenförmig 8 kleine Plätzchen (∅ ca. 10 cm) aufspritzen (dressieren). Im vorgeheizten Ofen (E-Herd, 190 °C) 5 Minuten backen. Mit einer Spachtel lösen, überlappen und erkalten lassen. Die Omeletten mit einer Creme aus Erdbeeren, Himbeeren usw. (Rezept Seite 377) mittels Spritzsack halb füllen und überlappen. Eine weitere Möglichkeit besteht darin, daß man geschlagene Sahne mit frischen kleingewürfelten Früchten oder Beeren als Füllung in die Omeletten gibt. Vielleicht vorher mit Marmelade bestreichen.

Pro Portion:	
	2,60 g Ew
	2,40 g F
	5,70 g KH
	55 kcal

Tip:

Kann auch mit Hirsemehl, Maismehl, Dinkelmehl oder Buchweizenmehl gemacht werden. Bei allen Rezepten immer das Mehl wiegen.

Abendessen

Schleimsuppen

Suppentöpfe

Das Abendessen

Nach den Forschungen von *Dr. F. X. Mayr* vermindert der Verdauungsapparat des Menschen seine Tätigkeit über die Zeit der Nacht und Nachtruhe. Daher bereiten Mahlzeiten, die in dieser Zeit eingenommen werden, dem Organismus eine erhebliche und nicht naturgemäße Belastung. Dies gilt besonders für reichliche, schwer verdauliche und spät abends, unmittelbar vor dem Schlafengehen eingenommene Gerichte. Am ungünstigsten ist die spät abends verzehrte gärungsfreudige Kost, wie Rohkost, Hülsenfrüchte, Süßspeisen und frische Hefegerichte. Sie werden leicht im ruhenden Verdauungstrakt über Nacht zersetzt und führen zur Bildung schädlicher Zersetzungsgifte. Daher gilt für Obst und sonstige Rohkost:

Morgens Gold,
mittags Silber,
abends Blei!

Ebenso gilt die alte Eßregel:

Iß morgens wie ein König,
mittags wie ein Bürger und
abends wie ein Bettler!

Tip:

Für Menschen, die z. B. aus beruflichen Gründen nur am Abend gemeinsam essen können, werden vorerst Rezepte aus Rauch/Mayr, Milde Ableitungsdiät. Karl F. Haug Verlag, Heidelberg, empfohlen.

Alle diese bis heute noch viel zu wenig bekannten Zusammenhänge finden sich in dem Buch „Die Darmreinigung nach F. X. MAYR" erläutert*.

Das Abendessen sollte daher grundsätzlich a) nicht zu spät und b) bescheiden und leicht bekömmlich sein bzw. aus nicht belastender Kost bestehen, wie z. B.:

Kräutertee, evtl. mit Honig und Zitronensaft, leichtes Gebäck mit oder ohne Aufstrich, wie Butter, Reformhausmargarine, Quarkaufstriche, Hüttenkäse, Gervais und andere leichte Käsesorten, Basen-, Brot-, Hafer-, Reissuppen oder Breigerichte, Sauermilcharten, Sanoghurt, Biogarde usw., weiches Ei, gelegentlich Rinderschinken (Truthahnwürste) oder kleinere Fleisch- oder Fischgerichte, evtl. mit Gemüsebeilage usw., können als relativ geeignete Anregungen angeführt werden.

Da wegen der abendlichen Müdigkeit auch die Sättigungsreflexe übermüdet sind und ein Überschreiten der vertragenen Eßmenge verspätet oder überhaupt nicht anzeigen, ist vor allem beim Abendessen auf besonders gutes Kauen und Einspeicheln, langsames Essen und frühes Aufhören zu achten. Ein anschließender Spaziergang, der noch die Verdauungstätigkeit anregt und den Schlaf verbessert, ist nach Dr. Rauch besonders zu empfehlen.

Sämtliche Gemüse-Basensuppen sind als Abendessen empfehlenswert (Rezepte Seite 119). Dazu wird evtl. eine Dinkel-, Vollwertsemmel oder Kursemmel (zwecks Einspeichelns) gereicht.

---

*   *Rauch, E.:* Die Darmreinigung nach F. X. MAYR. Karl F. Haug Verlag, Heidelberg.

Hafersuppe I *2 Portionen*

5 dl* Gemüsebrühe (Rezept Seite 142) oder Wasser, 40 g Haferflocken (Demeter), eine Prise Meersalz.

Haferflocken mit Gemüsebrühe ca. 5 Minuten köcheln lassen, in einen Teller geben und servieren. Nach Belieben kann die Suppe auch passiert werden. Zuletzt etwas salzen.
Gedämpftes, kleingeschnittenes Gemüse kann immer dazugemischt werden. Ebenso kann man Hefeflocken oder Sojasauce zu den Getreidesuppen mischen.

Pro Portion:

2,80 g Ew
1,40 g F
13,20 g KH
80 kcal

Hafersuppe II *2 Portionen*

2½ dl Gemüsebrühe (Rezept Seite 142), 2½ dl Milch, 40 g Haferflocken (Demeter), eine Prise Meersalz.

Haferflocken mit Gemüsebrühe ca. 2 Minuten köcheln lassen, mit Milch aufgießen und weitere 3 Minuten köcheln lassen. Zuletzt etwas salzen.

Pro Portion:

6,90 g Ew
6,20 g F
19,0 g KH
163 kcal

*   1 dl = 100 g

Hafersuppe III *2 Portionen*

5 dl Basenbrühe (Rezept Seite 142) oder Wasser, 40 g Hafermehl, frisch gemahlen (feinste Stufe), eine Prise Meersalz.

Kurz vor der Zubereitung das vollwertige Haferkorn mit der Getreidemühle mahlen. Mehl mit der Gemüsebrühe glattrühren (mit einem Schneebesen) und 5–8 Minuten köcheln lassen.

Pro Portion:	3,0 g Ew
	1,40 g F
	13,20 g KH
	82 kcal

Reissuppe I *2 Portionen*

5 dl Gemüsebrühe (Rezept Seite 142) oder Wasser, 40 g Reisschleim (Demeter), eine Prise Meersalz.

Reisschleim mit Gemüsebrühe kalt anrühren und ca. 5 Minuten köcheln lassen. Zuletzt etwas salzen.

Pro Portion:	1,40 g Ew
	0,10 g F
	15,80 g KH
	70 kcal

Tip:

Sämtliche Schleime können nach Belieben auch mit halb Milch und halb Wasser gemacht werden.

Reissuppe II *2 Portionen*

5 dl Gemüsebrühe (Rezept Seite 142) oder Wasser, 40 g Naturreis (im Silberhäutchen), eine Prise Meersalz.

Reis kurz vor der Zubereitung mit der feinsten Stufe der Getreidemühle mahlen. Mehl mit Basenbrühe kalt anrühren und 5–8 Minuten köcheln lassen. Zuletzt etwas salzen.

Pro Portion:	1,50 g Ew
	0,50 g F
	15,10 g KH
	70 kcal

Dinkel- oder Weizensuppe I *2 Portionen*

5 dl Gemüsebrühe (Rezept Seite 142) oder Wasser, 40 g Weizenschleim (Demeter), eine Prise Meersalz.

Weizenschleim mit Gemüsebrühe kalt anrühren und ca. 5 Minuten köcheln lassen. Zuletzt salzen.

Pro Portion:	2,50 g Ew
	0,50 g F
	13,30 g KH
	67 kcal

Dinkel- oder Weizensuppe II *2 Portionen*

5 dl Gemüsebrühe (Rezept Seite 142) oder Wasser, 40 g Vollwertweizen.

Vollwertweizen kurz vor der Zubereitung mit der feinsten Stufe der Getreidemühle mahlen. Mehl mit Gemüsebrühe kalt anrühren und ca. 5–8 Minuten köcheln lassen. Zuletzt salzen.

Pro Portion:	2,30 g Ew
	0,40 g F
	13,90 g KH
	68 kcal

Fisch im Wurzelsud *2 Portionen*

200 g mageren Fisch (Dorsch, Forelle, Kabeljau, Scholle usw.), 200 g Karotten, jung, 50 g Lauch, 100 g Petersilienwurzel, jung, 100 g Sellerieknolle, 50 g Tiefseekrabben (gefrostet), 50 g Tomatenschnitten, geschält und entkernt, 1 EL Basilikumblätter, frisch, ca. ½ l Wasser, 3–4 Tropfen Zitronensaft und Sojasauce, 10 g Liebstöckel (Maggikraut), etwas Meersalz, 1 TL Vitam-Hefewürze.

Fisch gründlich putzen und säubern. Wasser im Kochtopf zum Kochen bringen. Salzen und das geputzte, abgeschabte und würfelförmig geschnittene Wurzelgemüse darin ca. 15 Minuten garen. Fisch und Liebstöckel zugeben und 5 Minuten im köchelnden Wasser garen. Herausheben und in einer vorgewärmten ovalen, randhohen Porzellanschüssel anrichten. Gemüsewasser mit Zitronensaft, Sojasauce und Gemüsebouillonpaste (Vitam-Hefewürze) und Basilikumblättern würzen, über dem Fisch anrichten und mit Tomatenschnitten garnieren.

Pro Portion:	38,40 g Ew
	5,35 g F
	16,10 g KH
	270 kcal

Tip:

Dazu Salz- oder Dampfkartoffeln!
Zum Abschmecken Gemüsebouillonwürfel (Vitam-Hefewürze) nehmen.
Das Abendessen soll stets einfach und bescheiden sein!

Bei allen folgenden Suppentöpfen kann das Fleisch oder der Fisch weggelassen werden. Stattdessen kann man für fleischfreie Tage etwas Polenta oder Dinkel oder Buchweizen (gedämpft) dazugeben (siehe Rezeptteil).

Huhn im Wurzelsud *2 Portionen*

½ Huhn, 200 g Karotten, jung, 100 g Petersilienwurzeln, jung, 100 g Sellerieknolle oder -stangen, 50 g Zucchini, 50 g Fenchelknollen, etwas Meersalz, 20 g Selleriegrün, 2 Zweige Rosmarin, frisch, ca. ½ l Wasser, etwas Fenchelkraut. 1 TL veget. Gemüsebouillonwürfel.

Huhn waschen und die Haut abziehen, mit einem kleinen scharfen Messer die Knochen herauslösen. Karotten, Sellerie- und Petersilienwurzel putzen, waschen und abschaben. In gleich große Würfel (Ø ca. 1 cm) schneiden und in einen Suppentopf geben. Mit Wasser auffüllen und zum Köcheln bringen. Hühnerfleisch, Salz und Rosmarin zugeben. Nach ca. 10 Minuten die in der Zwischenzeit würfelförmig geschnittenen Zucchini und Fenchelwürfel dazugeben und weitere 5 Minuten garen lassen, bis das Gemüse kernig weich ist. Brühe gut abschmecken.
In eine passende Schüssel oder ein feuerfestes, randhohes Tongeschirr geben und mit jungem Selleriegrün und etwas Fenchelkraut garnieren.

Pro Portion:	10,10 g Ew
	2,30 g F
	18,20 g KH
	138 kcal

Tip:

Dazu serviert man Dampfkartoffeln.
Natürlich darf am Abend auch eine Basensuppe (s. Seite 119) oder Gemüsebrühe (s. Seite 142) mit Einlage gegessen werden. Fleisch, Huhn oder Fisch im Wurzelsud sollte auch nur nach vorangegangenen fleischlosen Tagen zugeführt werden.
Da sämtliche Rezepte in diesem Buch „leicht bekömmlich" gestaltet sind, eignet sich der Großteil auch für ein möglichst frühes Abendessen.

Kalbfleisch im Wurzelsud   2 *Portionen*

300 g gut abgehangenes Kalbfleisch (Schlegelteil) oder Lamm, 200 g Karotten, jung, 100 g Petersilienwurzeln, jung, 100 g Selleriewurzeln, 50 g Zucchini, 2 Rosmarinzweige, frisch, 1 TL Petersilie, frischgehackt, ca. ½ l Wasser, 20 g Selleriegrün, frisch, etwas Meersalz, etwas Gemüsebouillonwürfel.

Kalbfleisch waschen. Wasser in einem Kochtopf zum Köcheln bringen, salzen und Fleisch einlegen. Ca. 10 Minuten köcheln lassen. In der Zwischenzeit Wurzelgemüse putzen, waschen, abschaben, in gleich große Würfel schneiden und bis auf die Zucchini in den Topf geben. Ca. weitere 20 Minuten köcheln lassen und in den letzten 5 Minuten Zucchiniwürfel und Selleriegrün dazugeben. Wenn alles knackig gar ist, Fleisch herausnehmen, in fingerdicke Scheiben schneiden und in einer vorgewärmten feuerfesten, randhohen Porzellan-, Ton- oder Glasschüssel anrichten. Suppe gut abschmecken. Gemüse mit der Brühe darübergeben und mit etwas Selleriegrün garnieren.

Pro Portion:	37,30 g Ew
	3,0 g F
	16,20 g KH
	244 kcal

Tip:

Serviert man diesen Fleischtopf als Mittagessen, so kann zusätzlich noch Gurkengemüse mitgedämpft werden. Der Einfachheit halber ist es bei den Suppentöpfen auch möglich, das Fleisch in Würfelform geschnitten mitzugaren.

Pellkartoffeln mit Salz und Butter oder Maisgrieß mit Milch oder Malzkaffee zählen auch zu „bescheidenen" und doch sehr guten Abendessen.

Darauf achten, daß auch hier nur jeder zweite oder dritte Tag ein Fleisch- oder Fischtag ist.

Rindfleisch im Wurzelsud *2 Portionen*

300 g gut abgehangenes Rindfleisch (Schlegelteil) oder Brustkern, 200 g Karotten, jung, 200 g Petersilienwurzeln, jung, 100 g Selleriewurzeln, 20 g Liebstöckel, 1 EL Schnittlauch, frisch, ca. 8 dl Wasser, etwas Meersalz, Vitam-Hefewürze.

Rindfleisch waschen. Wasser im Kochtopf zum Kochen bringen, salzen und Fleisch zugeben. Ca. 45 Minuten köcheln lassen. In der Zwischenzeit das Wurzelgemüse putzen, waschen und abschaben. In gleich große Würfel oder in starke Streifen schneiden. Gemüse zum Fleisch geben und die letzten 20 Minuten mitköcheln lassen. Kurz vor dem Garwerden Liebstöckel zugeben. Das gegarte Fleisch in fingerdicke Scheiben schneiden, in einer ovalen, randhohen feuerfesten Porzellanschüssel anrichten, und das kernig gegarte Wurzelwerk mit der gut abgeschmeckten Brühe darüber anrichten. Mit feinstgeschnittenem Schnittlauch bestreuen und Dampfkartoffeln als Beilage reichen.

Pro Portion:	37,20 g Ew
	7,10 g F
	15,80 g KH
	280 kcal

Tip:

Serviert man diesen Fleischtopf als Mittagessen, so kann etwas Lauch oder junge Zwiebel zusätzlich verwendet werden. Als Garnierung gibt man frisch geriebenen Meerrettich darüber.

Das Abendessen nicht kurz vor dem Schlafengehen einnehmen!

Abendtees

Kräutertee

Verschiedene einfache Kräutertees als Abendtees, z. B.:

Lindenblütentee

Gänsefingerkraut

Gänsepappel

Fencheltee

Schafgarbentee

Rosmarintee

Salbeitee

Melissentee

Kamillentee

Tee von Bitterklee

Die von 3 Fingern erfaßte Menge Tee mit siedendem Wasser überbrühen und 1–2 Minuten ziehen lassen.
Falls erwünscht, kann mit etwas Bienenhonig gesüßt werden. In diesem Fall läßt man den Tee vor dem Süßen auf Trinktemperatur abkühlen. Als Gewürzstoff können 1–2 Scheiben Zitronen oder Orangen (ungespritzt) in das Teeglas gegeben werden.

Apfelschalentee *Rezept für 2 Personen*

Apfelschalen von 2 mittleren Äpfeln, 4 Gewürznelken, etwas Zimtrinde, ca. 2 TL Bienenhonig, 2 Orangenscheiben und Zitronenscheiben (ungespritzt), ½ l Wasser.

Gut gesäuberte Apfelschalen (von ungespritzten Äpfeln) mit Wasser übergießen, Orangen- und Zitronenscheiben sowie Zimtrinde und Nelken zugeben und ca. 10 Minuten leicht köcheln lassen.
Den Tee auf Trinktemperatur abkühlen lassen und mit wenig Bienenhonig süßen.

Tip:

Natürlich können auch getrocknete Apfelschalen oder sonstige Früchtetees verwendet werden!
Ein alkoholfreies Erfrischungsgetränk (gekühlt) für die warme Jahreszeit. Für Kinder!

Für besondere
Tage
Eisparfait/Sorbet

Vanilleparfait (halbgefrorene Creme) *12 Portionen*

4 Eigelb, 40 g Bienenhonig oder Fruchtzucker, etwas Meersalz, etwas Vanille natur (gemahlen) oder ½ Vanilleschote, der Länge nach aufschneiden, Mark herausschaben und dazugeben, ⅛ l Sahne zum Dazugießen, ⅛ l Sahne zum Steifschlagen, 1 EL Orangenlikör oder Rum.

Eigelb mit Honig, Salz, Orangenlikör und Vanille in einem kleinen Schneekessel schaumig rühren. ⅛ l Sahne nach und nach zugießen. Danach ins heiße Wasserbad stellen und mit dem Schneebesen oder Rührgerät schaumig schlagen, bis die Masse cremig wird. Aus dem Wasserbad nehmen und weiterschlagen, bis die Masse erkaltet ist. Sahne in einer Schüssel steifschlagen und unter die abgekühlte Creme ziehen. In Porzellanförmchen abfüllen und 2 Stunden in den Tiefkühlschrank stellen. Vor dem Stürzen die Förmchen kurz in heißes Wasser tauchen.

Dazu passen Walderdbeeren, in etwas Butter angeschwitzt und mit etwas Honig gesüßt. Sämtliche frische Beeren oder Früchte können zum Variieren verwendet werden. Oder hausgemachte Marmeladen werden verdünnt als Fruchtsauce dazu gereicht.

Pro Portion:	1,60 g Ew
	4,0 g F
	5,30 g KH
	58 kcal

Tip:

Größere Mengen kann man in mit Klarsichtfolie ausgelegte Rehrücken- oder Kastenformen geben.

Zimtparfait mit Früchten *12 Portionen*

*3 Eier, 70 g Honig oder Fruchtzucker, 1 TL Zimtpulver, Vanille natur, gemahlen,
¼ l Schlagsahne.*
Beliebige Früchte zum Garnieren, wie etwa: Erdbeeren, Kiwis, Feigen, Pfirsiche.

Eier mit Honig, Zimt, Vanille in einem Rührkessel mit dem Schneebesen
verrühren. Über dem kochenden Wasserbad dickcremig aufschlagen. Die
Masse erkalten lassen und mit geschlagener Sahne gut vermischen. In 12
Formen füllen (oder in eine Kastenform – mit Folie ausgelegt – geben) und
im Tiefkühlfach des Kühlschrankes frieren. Mit Früchten garnieren. Am
schönsten sieht es aus, wenn man das Parfait in eine Reifenform füllt.

Pro Portion:	
	2,40 g Ew
	3,70 g F
	5,60 g KH
	82 kcal

Tip:

*Als Garnitur passen sämtliche frische Beeren – mit Honig in der Moulinex püriert
dazu. Etwas Fruchtmark zu ganzen Beeren mischen.*

Kastanienparfait *ca. 12 Portionen*

4 Eigelb, 70 g Bienenhonig oder Roh-Rohrzucker, ⅛ l Milch, 1 Vanilleschote, 200 g Kastanienpüree, 2 cl Rum, 2 Eiweiß, 40 g Roh-Rohrzucker, ½ l Sahne, Schokolade, Preiselbeersauce.

Aus 4 Eigelb, 70 g Bienenhonig oder Roh-Rohrzucker, ⅛ l Milch und einer Vanilleschote eine Parfait-Grundcreme bereiten (siehe Seite 411). Unter die noch lauwarme Creme 200 g Kastanienpüree und 2 cl Rum rühren und gut kühlen. 2 Eiweiß mit 40 g Roh-Rohrzucker zu einem sehr steifen Schnee schlagen. ½ l Sahne ebenfalls steifschlagen. Mit dem Schneebesen zuerst den Eischnee unter die Kastaniencreme rühren und dann die Schlagsahne vorsichtig unterziehen. In eine 1,5 l fassende Eisbombenform füllen und mindestens 3–4 Stunden frieren. Für die Garnierung aus gesüßtem Kastanienpüree kleine Maronis formen und in Schokolade tauchen. Preiselbeersauce dazu reichen.

Pro Portion:	3,70 g Ew
	6,90 g F
	23,90 g KH
	173 kcal

Tip:

Anstatt Kastanienpüree kann man auch ein Feigenpüree, Mangopüree oder Püree von Trockenfrüchten nehmen.

Sauerkirschparfait *8 Portionen*

500 g Sauerkirschen, 50 g Honig, etwas Zitronenschale, 4 ganze Eier, 50 g Roh-Rohrzucker, geriebene Zitronenschale, ¼ l Schlagsahne, separate Schlagsahne zum Garnieren, etwas gehackte Nüsse zum Bestreuen.

Die Sauerkirschen entstielen, waschen und entkernen. Mit ganz wenig Wasser weich dünsten. Mit wenig Saft in der Moulinex fein mixen, mit Honig süßen und erkalten lassen. In einem Rührkessel auf dem kochenden Wasserbad 4 Eier mit Roh-Rohrzucker, geriebener Zitronenschale und ca. 4 EL Sauerkirschsaft zuerst gut verrühren, dann stetig mit dem Schneebesen dickcremig aufschlagen. Kaltstellen und kaltschlagen. Die gemixten Sauerkirschen darunterrühren. Die eiskalte Masse mit der steifgeschlagenen Sahne gut verrühren und in eine schmale mit Klarsichtfolie ausgelegte Wannenform einfüllen. Im Gefrierfach oder in der Tiefkühlbox frieren. Dann das Parfait stürzen, portionieren und mit separater Schlagsahne aufdressieren, mit gehackten Nüssen bestreuen. Sofort servieren. (Evtl. mit ganzen Sauerkirschen im Saft servieren.)

Pro Portion:	
	3,0 g Ew
	10,30 g F
	21,10 g KH
	203 kcal

Tip:

Anstatt Sauerkirschen kann man jede x-beliebige Frucht, geschält und kleingeschnitten, verwenden.

Erdbeer-Sahne-Eis „Fürst Pückler" *8 Stücke*

45 cl Sahne, 100 g Fruchtzucker, 50 g Bitterschokolade, Mark von ½ Vanilleschote, 300 g pürierte vollreife Erdbeeren, ⅛ l Sahne. Eine Ziegelform von 1 l Inhalt.

Die Sahne mit dem Zucker steif schlagen und zu gleichen Teilen in drei gekühlte Schüsseln geben. Für die erste Schicht die im Wasserbad geschmolzene Schokolade unterrühren. Diese Schokoladensahne in die Ziegelform streichen und etwa 10 Minuten frieren lassen. Inzwischen das Vanillemark unter den zweiten Sahneteil rühren und auf die Schokoladenschicht streichen. Die Vanillesahne ist weicher und sollte etwa 25 Minuten Zeit zum Festwerden haben. Den letzten Sahneteil mit dem Erdbeerpüree verrühren und einfüllen. Mindestens 3 bis 4 Stunden frieren lassen. In 8 Stücke schneiden und jedes mit einer Sahnerosette, Minzen und ¼ Erdbeere garnieren.

Pro Portion:	
	2,30 g Ew
	24,70 g F
	18,70 g KH
	306 kcal

Tip:

Man kann auch Himbeeren, Walderdbeeren oder Heidelbeeren nehmen.

Fruchtsorbet   6 *Portionen*

150 g Roh-Rohrzucker oder Fruchtzucker, ½ Zimtstange, Saft einer Zitrone, 600 g Aprikosen = 500 g Fruchtpüree, 30 cl Wasser.

Zucker und Gewürze mit der Wassermenge aufkochen, erkalten lassen und durchseihen. Den Zitronensaft in das Aprikosenpüree rühren und das Ganze mit dem kalten Sirup mischen. In eine möglichst weite Schüssel umfüllen und in das Tiefkühlfach stellen. Wenn sich an der Oberfläche eine Eisschicht bildet, etwa nach 30 Minuten, die Masse mit dem Schneebesen gut durchrühren und wieder ins Tiefkühlfach stellen. Es muß wiederholt gerührt werden, die Konsistenz des Sorbets wird davon bestimmt. Je öfter gerührt wird, desto geschmeidiger wird das Sorbet. Mit einer Eiszange (Portionierer) eine Portion auf einem Teller anrichten und dazu etwas gemischte Aprikosensauce mit einem Tupfer Schlagsahne und Zitronenmelisse servieren.

Pro Portion:	1,0 g Ew
	0,20 g F
	38,40 g KH
	160 kcal

Tip:

Ein einfaches Zwischengericht für die Neutralisierung des Gaumens.
Himbeeren, Erdbeeren, Holundertrauben, Heidelbeeren oder Johannisbeeren kann man genauso nehmen.

Melonensorbet *6 Portionen*

50 g Honig oder Fruchtzucker, 1 EL Zitronensaft, 200 g Wasser, eine Honigmelone (etwa 700 g), 2 cl Cognac, frische Minzenblätter.

Wasser aufkochen, wegstellen und Honig und Zitronensaft einrühren. Erkalten lassen. Melone halbieren, die Kerne entfernen und mit einem runden Ausstecher (Kugellöffel) etwa 20 Kugeln ausstechen. Die Kugeln mit Cognac beträufeln und in den Kühlschrank stellen. Das restliche Fruchtfleisch der Melone (etwa 300 g) in der Moulinex pürieren, mit dem Sirup gut vermischen und cremig frieren. Oder wie bei „Fruchtsorbet" vorgehen. Mit dem Löffel in jedes Glas etwas Sorbet geben, darauf die Melonenkugeln setzen und nochmals etwas Sorbet daraufgeben. Mit Minzenblättern garnieren. Am schönsten sieht es aus, wenn das Sorbet mit Spritzbeutel und Lochtülle in Sektgläser verteilt wird.

Pro Portion:	
	0,80 g Ew
	0 g F
	12,0 g KH
	60 kcal

Tip:

Das Wasser kann – nach dem Erkalten – mit Sekt oder Champagner angereichert werden. In diesem Fall nur 1 dl Wasser nehmen.

Mangosorbet *ca. 6 Portionen*

500 g Mangos (gut reif), ⅛ l trockenen Weißwein, Saft einer Zitrone, ¹⁄₁₆ l Mineralwasser, ¹⁄₁₆ l frisch gepreßten Orangensaft, 1 EL Honig, 100 g Mangowürfelchen als Einlage, 12 Mangofilets und ¹⁄₁₆ l Schlagsahne zum Garnieren.

Mangos schälen und in kleine Stücke schneiden. Mit Weißwein, Zitronensaft, Mineralwasser und Orangensaft 3–4 Minuten kochen lassen. Dann im Mixglas (Moulinex) pürieren und den Honig zugeben. Erkalten lassen und dann cremig frieren lassen.
Nach dem Mixen kann man zusätzlich einige Mangowürfelchen dazugeben. Mit der Eiszange auf Tellern anrichten und mit ein paar Mangofilets und einem Tupfen Schlagsahne garnieren.

Pro Portion:	0,90 g Ew
	3,40 g F
	20,80 g KH
	130 kcal

Tip:
Jede Frucht kann dazu verwendet werden.

*Was für Geräte
werden benötigt?*

Was für Geräte werden benötigt?

1. Elektroherd oder Warmluftofen (Konvektomat) zum Backen von Brot und Gebäck, zum Braten von Fleisch und Fisch in Folie (Bratfolie) ohne Fett, zum Überbacken von Kartoffelgerichten, z. B. für Kartoffelkroketten ohne Fett, zum Backen von Kuchen, Torten und Rouladen, zum Warmhalten.

2. Ein Mixer mit Glasaufsatz für Suppen und Saucen und einem Messeraufsatz zum Pürieren von Fisch und Fleisch, zum Pürieren von hausgemachten Marmeladen (Moulinex).

3. Ein Fleischwolf zum Faschieren von Fleisch und Sojaquark. Eventuell eine grobe Scheibe zum Durchdrehen von Gemüse für die Gemüsebrühe. Ein Kühlschrank.

4. Ein starkes Rührwerk mit einem Rührkessel und Knetarm zum Kneten von sämtlichen Brotteigen, Hefegebäckstücken, Nudelteigen, Strudelteigen.

5. Eine Getreidemühle, die auch Mais mahlen kann und Natursteine hat. Feinste Mahleigenschaft ist notwendig, weil sonst die Bindung nicht stimmt. Man bedenke, daß die mitgemahlenen Randschichten sozusagen die Unterbrecher sind, deshalb muß sämtliches Getreide sehr fein gemahlen werden. Die Steine sollen zwischendurch nachgestellt werden. Dazu werden bei eingeschalteter Mühle die Steine so weit zusammengestellt, bis man eine leichte Reibung vernimmt, dann minimal zurückstellen und die Mühle ist fein eingestellt.
Nach Möglichkeit nie Roggen oder Hafer allein mahlen, sondern vorher mit Dinkel oder Weizen mischen. Sollten die Mahlsteine einmal verkleben, dann grob einstellen und etwas Mais durchmahlen. Anschließend wieder fein einstellen.

6. Ein besonderes Geschirr ist nicht unbedingt nötig. Jedoch sollte darauf geachtet werden, daß sämtliches Kochgeschirr wie Töpfe, Pfannen und Kasserollen aus Kupfer, Gußeisen oder Nirosta-Stahl ist. Gußeiserne Pfannen eignen sich besonders zum fettarmen Garen. Ein Schneekessel oder eine halbrunde Rührschüssel eignen sich für alle Tortenmassen, zum Schlagen von Eisschnee usw.

7. Gute scharfe Küchenmesser gehören auch zur Ausstattung. Man benötigt kleinere Messer zum Putzen von Gemüse, ein Buntmesser zum schöneren Schneiden von Gemüse, ein biegsames längliches Messer zum Filetieren von Fischen und ein Universalmesser mit versetztem Schaft zum Schneiden von Zwiebeln, Fleisch und dergleichem. Weiter ein Sägemesser zum Schneiden von Torten oder ein Elektromesser. Kochlöffel, Rollholz, Kartoffelschäler.

Einen Gummispachtel für leichtere Massen und eine Teigkarte, halbrund, zum Herausnehmen der Teige. Eine breite Spachtel zum Umdrehen von gegrilltem Fleisch oder Fisch und eine Eiszange (Eisportionierer) auch zum Anrichten von Stürzkartoffeln oder Maisgrieß.

8. Eine Pfeffermühle, eine Gewürzmühle, eine Mohnmühle, ein Reibeisen zum Reiben von Muskat, eine Reibe zum Einkochen von Spätzle oder kleinen Nockerln, ein großes Holz- oder Kunststoffbrett zum Schneiden, evtl. ein Nudelbrett, Fleischgabel, Palette, einen Streicher zum Schärfen der Messer, Schöpfkellen, feine Haarpinsel zum Einfetten, ein Gurkenhobel oder Universalhobel, ein Passiersieb, Schneebesen.

9. Einen kleinen, trockenen und dunklen Schrank zum Lagern aller Getreidearten. Nicht zu viel auf einmal einkaufen.

10. Eine Küchenwaage, geeichte Meßbecher, Parisienne-Ausstecher für Nußkartoffeln.

Tip:

Mit einem stumpfen Messer kann man sich eher in den Finger schneiden, als mit einem frisch geschärften.

Fachausdrücke
Bezeichnungen

Einheiten-Hilfsmittel

1 cl = 10 g
1 dl = 100 g
1 l = 1000 g

1 gestrichener Eßlöffel = 10–15 g
1 gehäufter Eßlöffel = 20–25 g
1 gestrichener Teelöffel = 3–5 g
1 gehäufter Teelöffel = 5–8 g
1 Kaffeetasse = ca. 125 g (⅛ l)
1 Bouillontasse = ca. 250 g (¼ l)

A

abfrischen oder abschrecken – kurz
    unter fließendes Kaltwasser geben
    oder kochenden Speisen Eisstücke
    oder Kaltwasser zugeben
Agar-Agar – pflanzliches Geliermittel.
    Gerüstsubstanz der Rotmeeresalge,
    wird an Stelle von Gelatine
    verwendet
aufdressieren – anrichten, vorrichten,
    formen – z. B. Schlagrosetten auf
    eine Torte aufdressieren

B

Bärlauch = wilder Knoblauch
blanchieren – kurz in kochendes
    Wasser tauchen, überbrühen,
    überkochen
Bleichsellerie = Stangensellerie
Bouquet garni – Kräutersträußchen
    aus Petersilie, Thymian,
    Selleriegrün und Lorbeerblatt
Brotcroûtons – in Butter geröstete
    kleine Brotwürfel
Buntmesser = Chartreusemesser.
    Spezielles gezacktes Messer zum
    Schneiden von Gemüse

C

Chicorée – Brüsseler Endivie. Zarte,
    weiße, schlanke Salatpflanze mit
    leicht bitterem Geschmack
Cocotte – kleine Porzellanform oder
    Timbale
Crème fraîche – saure Sahne mit 45 %
    Fett

D

Dinkel – Urform des Weizens, wie
    Weizen verwendbar
Dörrzwetschgen – gedörrte Pflaumen

E

Eierschwammerl – Pfifferlinge
einrexen – einwecken
Etamine – feines Tuchgewebe zum
    Seihen und Passieren von
    Gemüsebrühe

F

Farce – Püree von Fleisch, Fisch oder
    Gemüse
faschieren – durch den Fleischwolf
    drehen
Felchen – Forellenart, Bodenseefisch
Finocchio – Fenchelknollen
Flammeri – kalte Süßspeise, z. B.
    Grießflammeri
Fleischmus – Fleischpüree, püriertes
    Fleisch mit Sahne
Fond – Aufgußstoff von Fisch, Fleisch
    oder Gemüse
Frikassee – Ragout, Kleingericht
Frische Kräuter – Küchenkräuter je
    nach Jahreszeit
Frischkorngetreide –
    Vollwert-Getreide, kurz vor
    Verwendung frisch gemahlen

G

Gemüseterrine – in feuerfester
    Tonform gegarte Farce
Germ – Hefe, frisch, für Hefeteig
glacieren – überglänzen mit Butter
gratinieren – überbacken, überkrusten
griller – grillieren, auf dem Rost braten
Gugelhupf – Kuchenform
Gummispachtel – Teigspachtel

J

Julienne – feinstreifig geschnittenes
    Wurzelwerk
Jus – Bratensaft, Saft, Fleischsaft,
    Fruchtsaft

K

Kalbsbeuschel – Lunge und Herz
Kalbskarree – Rippenstück,
    Kotelettstück oder Kalbsrücken
Kalbsmilcher – Bries oder
    Wachstumsdrüse des saugenden
    Kalbes
Kalbsstelze – Kalbshaxe
kaltgepreßtes Öl – Pflanzenöl aus
    Erstpressung
Karfiol – Blumenkohl
Kasserolle – halbhoher oder flacher
    Kochtopf mit oder ohne Stiel, auch
    Bratengeschirr aus feuerfestem
    Porzellan mit Deckel
Kohlsprossen – Rosenkohl, Brüsseler
    Kohl
Konvektomat – Heißluft-, Umluftofen
Kren – Meerrettich

L

Läuterzucker – Zucker und Wasser zu
    gleichen Teilen gekocht
legieren – mit Sahne binden, Kochgut
    darf nicht mehr kochen

M

Magertopfen – Magerquark mit 10 %
    Fett
Maggikraut – Liebstöckel
Marillen – Aprikosen
marinieren – Beizen von Fisch oder
    Fleisch mit bestimmter Marinade
Mehlbutter – mit Mehl verknetete
    Butter zum raschen Binden von
    Suppen und Soßen
Melanzani – Auberginen, Eierfrucht
melieren – mischen, vermengen, Mehl
    in die Masse heben
Mixer – Universalzerkleinerer mit
    Mixglas
Muskatnuß – ganze Nuß vor
    Verwendung frisch reiben

N

nappieren – überziehen mit Sauce,
    überstreichen

O

Opekta – Pektin, Apfelgeliermittel,
    pflanzlich

P

Panadel – Semmeln mit Wasser
    gemischt
Paradeiser – Tomaten
parieren – zurichten,
    zurechtschneiden, überflüssige
    Haut und Sehnen wegschneiden

Parisienne – Kartoffelausstecher,
nußförmig
Parüren – Abfälle durch Parieren
passieren – durch feines Passiertuch
oder Sieb streichen, z. B.
Gemüsesuppen, Saucen, Farcen
pochieren – in Flüssigkeit mehr ziehen
lassen als kochen
Polenta – Mais
Polentagrieß – Maisgrieß
Porree – Lauch

R

reduzieren – Einkochen bis zum
gewünschten Dickegrad
Rehlendchen – Filet
verschiedene Reibeisen – a) zum
Reiben von Muskatnüssen, b) zum
Reiben von Kartoffeln oder
Gemüse, c) zum Einkochen des
Spätzleteiges
Ribisel – Johannisbeere
Rinderlende – Lende oder Filet
Rinderschinken – magerer gepökelter
und gekochter Schinken
Rohzucker – weniger industrialisierter
brauner Rohr- oder Rübenzucker,
mit Melasse angereichert
Rote Rüben – Rote Bete

S

Salamander – Gratinierapparat mit
starker Oberhitze
Sauerrahm – dicke saure Sahne
Sauteuse – Schwenkkasserolle
sautieren – Anschwenken von Gemüse
in einer Pfanne mit Butter,
schwingend kleine Stücke braten
oder rösten
Schalotten – kleine Zwiebeln
Schaumkelle – Siebschöpfer
Schinkenklößchen – kleine runde
Knödel oder oval geformte
Nockerln (z. B. als Suppeneinlage)

Schlagrahm – süße Sahne
Schlegelteil – Schinkenteil
schmoren – in Sauce dünsten, z. B.
Schmorbraten
Schneekessel – halbrunder Kessel zum
Schlagen von Tortenmassen,
Schlagsahne usw.
Schneerute – Schneebesen
schnetzeln – in Streifen oder
dünnblättrig schneiden
Spatzen – Spätzle oder kleine
Nockerln, vom Brett geschabt
Steamer – Druckdämpfer

T

Tofu – Sojaquark, frisch
Topfen – Quark
Tranche – eine Schnitte vom
gekochten Stück
tranchieren – zerlegen, in Scheiben
schneiden
Truthahn – Puter – Turkey

V

Vollwertgetreide – Getreidekorn mit
Randschichten, möglichst
unbehandelt (Weizen, Dinkel,
Hafer, Hirse, Reis, Mais, Roggen,
Gerste, Grünkern, Buchweizen)
Vollwertreis – Naturreis im
Silberhäutchen

W

Wannenform – kann rechteckig oder
halbrund wie eine Dachrinne sein.
Z. B. zum Formen von Polenta oder
Maisschnitten
Wasserbad – Garen über
Wasserdampf, z. B. Hirseaufläufe.
Warmhalten im Wasserbad
(Bain-marie)

Wurzelgemüse – Karotten, Sellerie,
Petersilienwurzel

Z

Zeste – Orangen oder Zitronen
hauchdünn schälen und Schale in
feinste Streifchen schneiden.
Zucchini – Zwergkürbisse
Zwetschgenröster – gedünstete
Pflaumen, in Kompottform

Register

A

Abendessen 393 ff.
Abendtees 405, 407, 408
Anis-Teecreme 347
Apfelcreme 343, 377
Apfel-Karotten-Mix 117
Apfelkuchen 374
Apfelkuchen, mürber 370
Apfel-Mix 116
Apfelsauce mit Curry 301
Apfelschalentee 408
Apfeltorte 374
Aprikosenmarmelade 50, 53
Aprikosenplätzchen 77
Aprikosensauce 363
Auberginen, gegrillt 321
Aufstriche 18
Avocadoaufstrich 27

B

Bachkressesauce 292
Backregeln 58
Bananen-Apfel-Creme 339
Bananencreme 339, 378
Bananen-Erdbeeer-Creme 340
Bananen-Mix 116
Bananensauce, gemixte 361
Bärlauchsauce 294
Basenbrühen 141, 142
Basensaucen aus Gemüsen und
    Kräutern 285 ff.
Basensuppen 119 ff.
Basenvorspeisen 83 ff.
Basilikumsauce 297
Beifußsauce 293
Beilagen 307 ff.
Bierrettichsalat 105
Bitterklee, Tee von 407
Blattspinat mit Rahm 327
Blattspinat natur 327
Blumenkohlsalat 92
Blumenkohlsauce 304
Blumenkohlsuppe 132
Bohnenkrautsauce 292
Bohnensalat 109

Bohnensuppe mit Croûtons 138
Borretschsauce 297
Bouillon 143
Brennesselsauce 295
Brennesselspinatspätzle 170
Brioches 73
Brokkoli mit Butter 335
Brokkoli mit Tomatensauce 336
Bröselknödel 148
Brot 55 ff.
Brotauflauf 352
Brotbacken 57
Brot, Einfrieren 60
Brotlagerung 59
Brotsuppen 135 ff., 137, 138
Buttermilchkaltschale 159
Buttermischungen 306
Butternockerln 154

C

Champignoncremesuppe 131
Champignon-Kräutersauce 298
Champignonpüreesuppe 131
Champignonschöberln 154
Chicoréesalat 103
Currysauce 304

D

Dillsauce 294
Dillsuppe 124
Dinkelmüsli 42, 43
Dinkelsuppe 399
Dinkel-Vollwert-Torte 368
Dinkel-Weizen-Brot 69
Dörrpflaumenbrot 71

E

Eibischsauce 293
Eierpuddings 148
Eierschwammerlpfanne 317
Erbsenreis 155
Erbsensuppe 129

Erdbeercreme 379
Erdbeermarmelade 51
Erdbeer-Mix 116
Erdbeer-Sahne-Eis
  „Fürst Pückler" 415
Erdbeersauce, gemixte 361
Estragonsauce 295

F

Fadennudeln 153
Fasanenbrüstchen 221
Fasanenbrüstchen, gefülltes, mit frischem
  Majoran 222
Fasanenknödel auf Thymiansauce 226
Feigen, frische, in Weinschaumsauce 341
Felchenfilet mit Estragon 271
Feldsalat 88
Fenchelgemüse, pikantes 323
Fenchelgratin 175
Fenchelpüree 331
Fenchelsalat 104
Fenchelsauce 291, 303
Fenchelsuppe 127
Fencheltee 407
Filetgulasch 253
Filetspitzen mit Gemüsestreifen 251
Filetsteak mit Rotweinsauce 252
Finocchio 323
Fisch im Wurzelsud 400
Fischnockerln 152
Fischragout 282
Fischsalat 107
Fisch-Terrine 268
Fleischlose Gerichte 161 ff.
Fleischnockerln 152
Fleischsalat 110
Forelle „Blau" 260
Forelle, gebraten 280
Frischkornfrühstück 37
Frischkornmüsli 29 ff.
Frittaten 148
Fruchtsaucen, gemixte 359 ff.
Fruchtsorbet 416
Frühlingssalat 90
Frühstücksanregungen 15
Frühstücksgebäck 17

Frühstücksgetränk 17
Frühstücksmüsli 18
Frühstücksvorschläge 20

G

Gänsefingerkraut 407
Gänsepappel 407
Gartenkressesalat 89
Gebäck 55 ff.
Geflügelsalat 105
Gemüsebrühe 142
Gemüsebutter 306
Gemüsegulasch-Ragout 320
Gemüsepüree 330
Gemüsesaucen 299 ff.
Gemüsesaucen, pikante 300
Gemüse-Sojasauce mit
  Hefeflocken 301
Gemüsestreifen 155
Gemüsesuppe, klare 143
Gemüsesuppen 122 ff., 125
Gemüseterrine 199
Geräte 421, 422
Gerstenmüsli 43
Grießflammeri mit Erdbeeren 353
Grundcreme „Vanille" 344
Grünes Püree 332
Gurkensalat 92
Gurkensauce 305
Gurkensuppe 128

H

Hafermüsli 41
Hafersuppe 397, 398
Hähnchenbrust, gefüllte 207
Hasenfilet, geschnittenes,
  mit Pilzen 244
Hasenfilet mit Wacholdergemüsesauce 242
Hasenrückenfilet, gefüllt 241
Hechtschnitte mit Buttersauce 262
Hefegebäck, feines 73
Hefeteig, fein 72
Himbeercreme 340, 380
Himbeermarmelade 52

Himbeersauce, heiße 363
Hirseauflauf 174
Hirse-Käsekrapferln 173
Hirsenockerln 144
Hirse-Pfirsichkuchen 371
Hirseschöberln 150
Hirse-Vollwert-Roulade 390
Hirse-Vollwert-Torte 368
Huhn, gebratenes, in Klarsicht-
folie 203
Huhn im Wurzelsud 401
Hühnerfleisch mit Paprikaschoten
und Champignons 204
Hühnerkeule in Paprika-
Rahmsauce 206
Hühnerknödel, gratiniert 210

K

Kaiserschöberln 154
Kalbfleisch, geschnetzelt, mit Apfel-
scheiben 194
Kalbfleisch im Wurzelsud 402
Kalbsbeuschel (Lunge und Herz)
218
Kalbsbraten mit Gemüsesauce 186
Kalbsfilet in Brunnenkresse 195
Kalbsfrikassee 190
Kalbshaxe mit Tomaten 188
Kalbskarree-Kotelette mit
Spinatsauce 196
Kalbsleber, geschnetzelte 217
Kalbsleber mit Banane 216
Kalbsmilcherschnitten auf Blattspinat
mit Tomatensauce 215
Kalbsröllchen 193
Kalbssteak auf Gemüsesockel 191
Kalbssteak mit frischen Ananas-
scheiben 197
Kalbsvogerl (Haxe) mit
Champignons 189
Kalorien 36
Kaltschalen 158, 159
Kamillensauce 297
Kamillentee 407
Karotten-Apfel-Salat 90
Karotten-Mix 117

Karottenpüree 334
Karottensalat 89
Karottensauce 303
Karottentorte ohne Mehl 373
Kartoffelauflauf mit Schinken und
Käse 181
Kartoffel-Basenbrühe 142
Kartoffelkrapferln mit Zucchini-
Gemüse 334
Kartoffel-Laibchen 314
Kartoffel-Laibchen mit
Champignons 182
Kartoffeln, gestürzte 319
Kartoffeln in Folie 312
Kartoffeln, roh geriebene 313
Kartoffelnudeln mit Käse 328
Kartoffel-Pilz-Laibchen 318
Kartoffelpizza 168
Kartoffelpüree 329
Kartoffelsauce 302
Kartoffelstrudel mit Kräutern 316
Kartoffelsuppe 122
Käsebrötchen 65
Käse-Kartoffellaibchen 315
Käseknödel 325
Käse-Kräuterkartoffeln 311
Käsekrusteln 155
Käsenockerln mit Hirse 152
Käsesalat 106
Kastanienparfait 413
Kerbelsauce 291
Kerbelsuppe 129
Kiwicreme 341
Kiwisauce, gemixte 362
Knoblauchbrötchen 66
Knoblauchbutter 306
Kohlrabisauce 303
Kohlrabisuppe 128
Kohlrouladen mit Champignon-Reis-
Füllung 178
Kräuterkalbsschnitzel, gefülltes 187
Kräuter-Kartoffellaibchen 315
Kräuterquark 23
Kräutersaucen 290
Kräutertee 407
Kräuterweckerln 66
Kresse-Eierstich 157
Kresse-Hacksteak 254

Kressesauce 296
Kroketten 314
Kümmelkartoffeln 310
Kümmelsauce 294
Kümmelsuppe 123
Kürbisgemüse 336

L

Lachsschnitte, gefüllte 263
Lammeintopf 234
Lammkoteletts mit Minzensauce 233
Lammnüßchen mit Majoransauce 232
Lauchsauce 297, 304
Lebernockerln 149
Leberreis 149
Leinsamenbrot 70
Lindenblütentee 407
Linomel-Müsli 38
Linzer Augen 78
Linzer Schnitte 372
Löwenzahnsalat 88
Löwenzahnsauce 291
Luzerner Lebkuchen 79

M

Maisgugelhupf 76
Maisnockerln 145
Mais-Vollwert-Auflauf 176
Mais-Vollwert-Roulade 389
Mais-Vollwert-Torte 368
Majoranroulade in Biersauce 198
Majoransauce 298
Mandelcreme 382
Mangocreme, gestürzte 356
Mangomarmelade 53
Mangosorbet 418
Mangotörtchen mit Mangoschaum 355
Markknödel 156
Marmeladen, selbstgemachte 45 ff.
Maßangaben 19
Melanzani 321

Melissentee 407
Melonenkaltschale 118
Melonensorbet 417
Milchbrot 74
Milch-Frucht-Mix 113 ff.
Milch-Gemüse-Mix 117
Milchlamm auf Wurzelwerk 231
Minestrone 133
Minzensauce 293
Mittagessen 83 ff.
Mohnsoufflé mit Weinschaum 350
Möhrensalat 89
Mohr im Hemd 354

N

Naturreisring mit Zucchini-Champignon-Ragout 179
Naturschnitzel mit Kräutersauce 192
Nektarinenkaltschale 158
Nougatcreme 342
Nußcreme 381

O

Obst-Gemüse-Saft 117
Ofenkartoffeln mit saurer Sahne 312
Ossobuco 188

P

Panadel-Vollwertbrötchen 153
Paprika gefüllt mit Tofu 176
Pariser-Creme 384
Petersiliensauce 293
Petersilienwurzeln, Sauce aus 302
Petersilienwurzelpüree 332
Pfirsichmarmelade 51
Pflaumenkuchen 369
Pizza Delikat 167
Polentaknödel 165
Polenta-Maisgrießschnitten 164
Polentaplätzchen 172
Provenzalische Sauce 300

Q

Quark-Brotaufstriche   25
Quarkfüllung   383
Quark-Leinöl-Creme   38
Quarkmischungen   22
Quarkstollen   75
Quark-Topfenknödel mit Mango-
   schaum   349
Quark-Topfensoufflé   348

R

Radieschensalat   104
Rapunzelsalat   88
Rehgulasch mit Calvados   240
Rehlendchen mit Orangenfilets   239
Rehmedaillons mit frischen Thymian-
   blättern   238
Rehrücken, gebraten   237
Reisfleisch   200
Reisschöberln   151
Reissuppe   398, 399
Reis Trauttmannsdorff   351
Rinderbraten mit saurer Sahne im
   Schmortopf   249
Rinderschinken   170
Rindfleisch im Wurzelsud   403
Rindfleischspeise mit Apfel-Meer-
   rettich   250
Rindsröllchen   255
Roggen-Müsli   44
Roggen-Weizen-Müsli   44
Rosenkohl Mailänder Art   329
Rosmarinsauce   296
Rosmarintee   407
Rote-Bete-Salat   110

S

Safrankartoffeln   310
Salate, einfache   83 ff.
Salat, gemischter   94
Salate, kombinierte   101 ff.
Salatmarinaden   95, 98
Salbeisauce   295

Salbeitee   407
Sauce Mayonnaise   99
Sauce mit Zitronenmelisse   292
Sauerampfersauce   295
Sauerkirschmarmelade   52
Sauerkirschparfait   414
Sauerkirschpudding   357
Sauerkraut-Rettichsalat   111
Sauerteig   63
Saure Sahnesauce   100
Scampi in Currysauce   277
Scampi mit Tomatenwürfel   276
Schafgarbentee   407
Schinkenklößchen   144
Schinkensalat   108
Schnittlauchsauce   296
Schokoladencreme   347
Schokoladentorte   367
Schollenfilet, gefülltes   275
Schollenfilet mit frischen Champi-
   gnons   274
Seezunge, gebraten   279
Seezunge, gebraten in Folie   278
Seezungenfilet mit Krabben   269
Seezungenröllchen   270
Sellerie in Zitronensauce   322
Selleriepüree   333
Selleriesalat   91
Selleriesauce   302
Selleriesuppe   130
Semmelklößchen   147
Sesambrot   69
Sesam-Vollwert-Omelette   392
Spargel mit frischen Kräutern   326
Spargelsalat   93
Spargelsuppe   125
Spinatnudeln   171
Spinatsalat   95
Spinatsauce   294, 302
Steinbutt in Dill-Rahmsauce   283
Steinpilzragout   171
St. Jakobsmuscheln gratiniert   281
Suppeneinlagen   144 ff.

T

Thymiansauce   292

Tofu-Bällchen 166
Tofu-Gemüseschnitzel 169
Tomaten, pikante, gefüllt 324
Tomatensalat 94
Tomatensauce 303
Tropfeier 156
Tropfteig 153
Truthahnröllchen mit frischen
    Kräutern 211

U

Übergewicht 13

V

Vanilleparfait 411
Vitaminaufstrich 27
Vogerlsalat 88
Vollwertbrötchen 61
Vollwert-Grießnockerln 149
Vollwertmischbrot 67
Vollwertweizenbrot 62

W

Wachteln, gefüllte 223
Walderdbeer Charlotte 346

Walderdbeergrütze 345
Walderdbeerkaltschale 158
Walderdbeersoufflé 358
Waldmeistersauce 296
Weingugelhupf 391
Weizenmüsli 42, 43
Weizensuppe 399
Weizenvollwertnockerln 146
Weizen-Vollwert-Roulade 387, 388
Weizenvollwertschöberln 150
Weizen-Vollwert-Torte 368
Wermutsauce 291
Wildknödel auf Wacholdersauce 227
Wildkräutersalat 91

Z

Zanderauflauf 266
Zanderfilet in Kressesauce 261
Zanderfilet, pochiertes, mit Tiefsee-
    krabben 264
Zandernockerln in Weinsauce 265
Zandersoufflé 267
Zimtparfait mit Früchten 412
Zucchini, gefüllte 180
Zucchinipüree 331
Zucchinisauce 304
Zucchinisuppe 126
Zucchini-Tomaten-Gemüse 321

Tafelverzeichnis

Abb. 1:   Biologisches Frühstück . . . .   nach Seite 32

Abb. 2:   Brot und Gebäck aus frisch gemahlenem
             Vollwert-Getreide . . . .   vor Seite 33

Abb. 3:   Einfache und kombinierte Salate
             mit Salatsauce und Dressing . . . .   nach Seite 48

Abb. 4:   Basensuppe, Basensauce, Gemüsesuppe und
             Suppeneinlagen aus Vollwertgetreide . . . . . .   vor Seite 49

Abb. 5:   Fleischlose Gerichte . . . .   nach Seite 80

Abb. 6:   Fleischlose Gerichte . . . .   vor Seite 81

Abb. 7:   Fleischlose Gerichte . . . .   nach Seite 96

Abb. 8:   Kohlroulade mit Champignon-Reis-Füllung . .   vor Seite 97

Abb. 9:   Kartoffelstrudel mit Kräutern, Kartoffelnudeln
             mit Käse, Sauerkraut-Rettichsalat, Minzen-
             Kräutersauce . . . .   nach Seite 208

Abb. 10:   Kartoffel-Pilz-Laibchen mit Wurzelgemüse und
             Gemüsesauce, Gemüsegulasch, Auberginen,
             gegrillt, pikantes Fenchelgemüse . . . .   vor Seite 209

Abb. 11:   Hühnerfleisch mit Paprikaschoten und
             Champignons, gefüllte Hähnchenbrust, frische
             Kräutersauce, Kartoffelkroketten und
             Kartoffel-Laibchen (ohne Fett), gestürzte
             Kartoffeln . . . .   nach Seite 224

Abb. 12:   Filetgulasch, frische Kräutersauce, Filetsteak,
             überbackenes Gemüsepüree . . . .   vor Seite 225

Abb. 13:   Gefüllte Lachsschnitte, Fisch-Terrine, gefüllte
             Seezungenröllchen, gefülltes Schollenfilet,
             Basilikumsauce, Zandersoufflé mit Lachs,
             Lachsschnitte . . . .   nach Seite 272

Abb. 14:   Lammnüßchen in Wirsing-Blätter mit
             Minzensauce, Kümmelkartoffeln, Kalbsbraten in
             Folie, gefülltes Kräuter-Kalbsschnitzel,
             Kalbsröllchen, Rindsröllchen . . . .   vor Seite 273

Abb. 15:   Apfelcreme, Erdbeer Charlotte, Anis-Teecreme
             mit Zitronenfilet, Sauerkirschpudding,
             gemischte Fruchtsaucen, Apfeltorte,
             Karottentorte . . . .   nach Seite 288

Abb. 16:   Erdbeer Charlotte, Vanille Grundcreme mit
             Früchten, Topfenknödel mit Mangoschaum,
             gestürzte Mangocreme, Sauerkirschpudding mit
             Fruchtmark . . . .   vor Seite 289

Notizen